U0576596

国家出版基金项目
NATIONAL PUBLICATION FOUNDATION

〔梁〕沈約撰

點校本
二十四史
修訂本

宋書

第一册
卷一至卷一三

中華書局

圖書在版編目(CIP)數據

宋書/(梁)沈約撰. —北京:中華書局,2019.9
(點校本二十四史修訂本)
ISBN 978-7-101-14030-9

Ⅰ.宋… Ⅱ.沈… Ⅲ.中國歷史-南朝宋-紀傳體
Ⅳ.K239.110.42

中國版本圖書館 CIP 數據核字(2019)第 151376 號

責任編輯:王芳軍 王 勖 劉彥捷
責任校對:李曉霞 彭春芳

點校本二十四史修訂本
宋 書
(全八册)
〔梁〕沈 約 撰
*
中 華 書 局 出 版 發 行
(北京市豐臺區太平橋西里 38 號 100073)
http://www.zhbc.com.cn
E-mail:zhbc@zhbc.com.cn
北京市白帆印務有限公司印刷
*
880×1230 毫米 1/32 · 87¾印張 · 19 插頁 · 1690 千字
2019 年 9 月北京第 1 版 2019 年 9 月北京第 1 次印刷
印數:1-5000 册 定價:360.00 元

ISBN 978-7-101-14030-9

本紀第一　宋書一

臣沈　撰

武帝上

高祖武皇帝諱裕字德輿小名寄奴彭城縣綏里人漢高帝弟楚元王交之後也交生紅懿侯富富生宗正辟彊辟彊生陽城繆侯德德生陽城節侯安民安民生陽城釐侯慶忌慶忌生陽城肅侯岑岑生宗正平平生東武城令某某生東萊太守景景生明經洽洽生博士弘弘生琅

一　百衲本影印宋刻宋元明遞修本（北京中華書局圖書館藏）

本紀第二　宋書二

臣沈　約　新撰

武帝中

七年正月己未振旅于京師改授大將軍揚州牧給班劍二十人本官悉如故固辭凡南北征伐戰亡者並列上賻贈尸喪未反遣主帥迎接致還本土三月盧循至番禺爲孫季高所破收餘衆南走劉藩孟懷玉斬徐道覆于始興晉自中興以來治綱大弛權門并兼彊弱相凌百姓流

二　宋刻宋元明遞修本（中國國家圖書館藏）

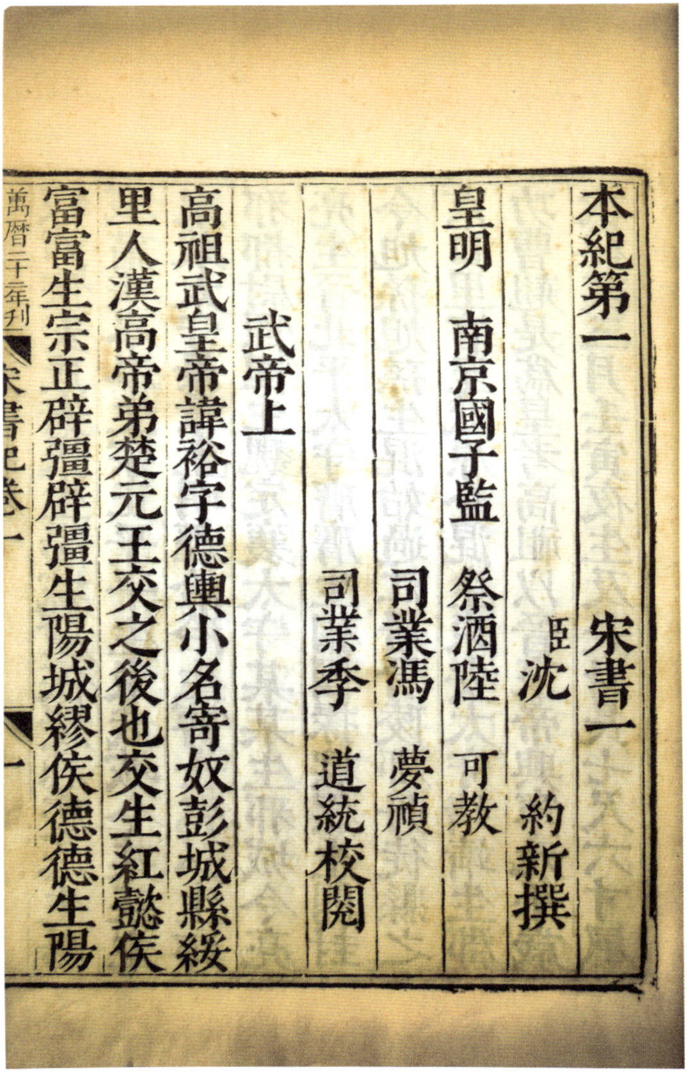
本紀第一　宋書一

臣沈　約新撰

皇明　南京國子監　祭酒陸　可教

司業馮　夢禎

司業季　道統校閲

武帝上

高祖武皇帝諱裕字德輿小名寄奴彭城縣綏里人漢高帝弟楚元王交之後也交生紅懿侯富富生宗正辟彊辟彊生陽城繆侯德德生陽

萬曆二十二年刊　宋書紀卷一　一

三　明萬曆南京國子監本（北京中華書局圖書館藏）

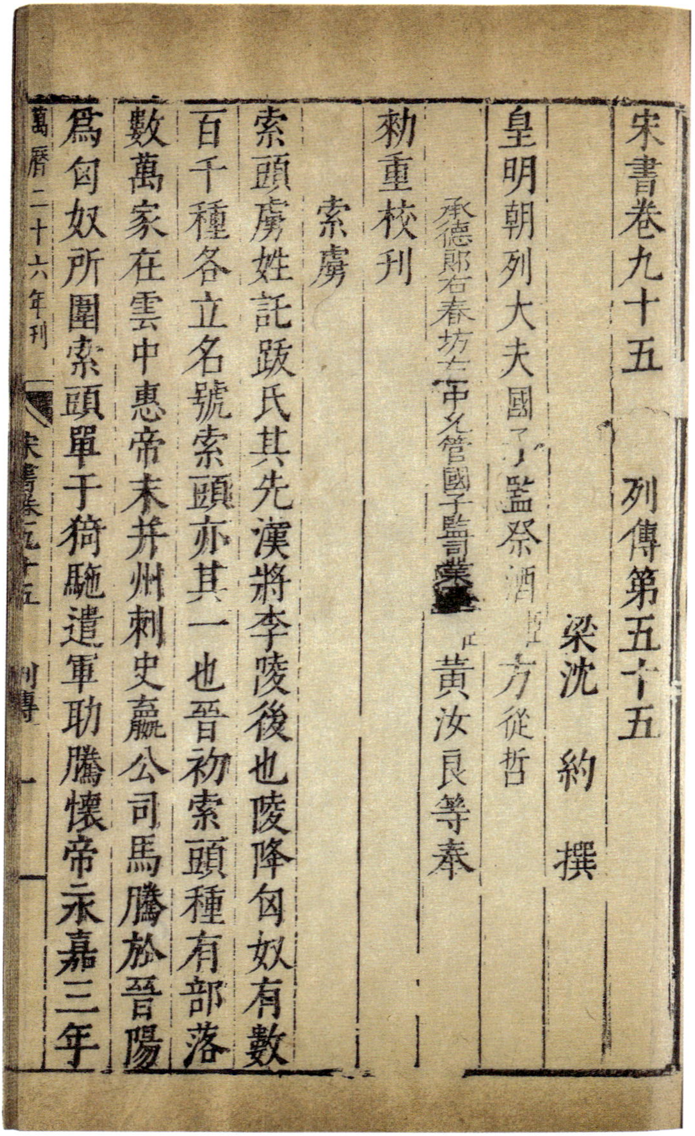

宋書卷九十五　　列傳第五十五

梁沈約撰

皇明朝列大夫國子監祭酒臣方從哲

承德郎右春坊右中允管國子監司業事臣黃汝良等奉

敕重校刊

索虜

索頭虜姓託跋氏其先漢將李陵後也陵降匈奴有數百千種各立名號索頭亦其一也晉初索頭種有部落數萬家在雲中惠帝末并州刺史東嬴公司馬騰於晉陽爲匈奴所圍索頭單于猗㐌遣軍助騰懷帝永嘉三年

萬曆二十六年刊　宋書卷九十五　列傳　一

四　明萬曆北京國子監本（中國國家圖書館藏）

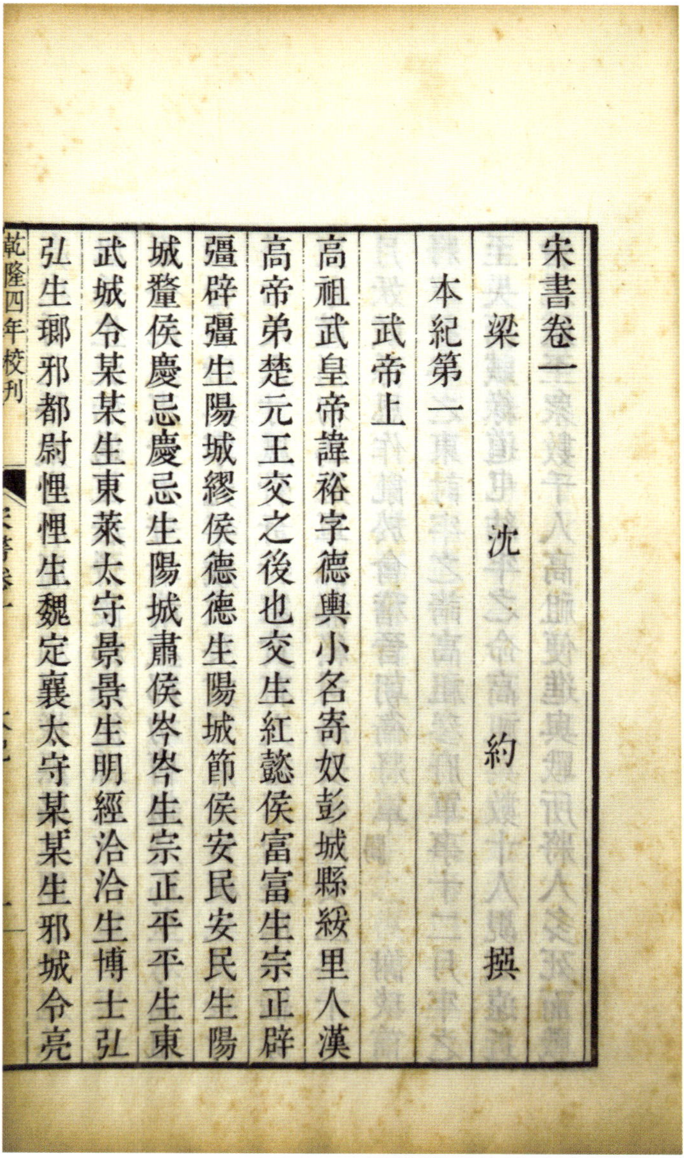

宋書卷一

梁　沈約　撰

本紀第一

武帝上

高祖武皇帝諱裕字德輿小名寄奴彭城縣綏里人漢高帝弟楚元王交之後也交生紅懿侯富富生宗正辟彊辟彊生陽城繆侯德德生陽城節侯安民安民生陽城釐侯慶忌慶忌生陽城肅侯岑岑生宗正平平生東武城令某某生東萊太守景景生明經洽洽生博士弘弘生瑯邪都尉悝悝生魏定襄太守某某生邪城令亮

乾隆四年校刊

清乾隆武英殿本（北京中華書局圖書館藏）

宋書卷三十五

志第二十五

州郡一

揚州

南徐州

徐州

南兗州

兗州

唐堯之世置十有二牧及禹平水土更制九州冀州堯都土界廣遠濟河爲兗州海岱爲青州海岱及淮爲徐州淮海爲揚州荊及衡陽爲荊州荊河爲豫州華陽黑水爲梁州黑水西河爲雍州自虞至殷無所改變周氏旣有天下以徐幷青以梁幷雝分冀州之

六 清同治金陵書局本（北京中華書局圖書館藏）

宋書整理人員名録

原點校者 王仲犖

傅璇琮

修訂主持人 丁福林

修訂承擔單位 鹽城師範學院

修訂組成員 胡阿祥　王同順　邵春駒　楊勝朋　叢玲玲

編輯組成員 許逸民　馮寶志　王芳軍　王　勖　劉彦捷　樊玉蘭

點校本二十四史及清史稿修訂緣起

以「二十四史」及清史稿爲代表的紀傳體史書，記載了中國古代從傳説中的黄帝到辛亥革命結束清朝統治前各個朝代的歷史概貌，以歷代王朝的興亡更替爲先後，反映了中國的歷史進程，構成了關於中國古代政治、經濟、軍事、科技、思想文化、社會風俗等各個方面最爲重要的基本史料，使中國和中華民族成爲世界上惟一擁有數千年連貫、完整歷史記載的國家和民族。這是中華民族引以爲榮並值得進一步發揚光大的寶貴歷史文化遺産。

爲了更好地傳承與保護這份珍貴的歷史文化遺産，二十世紀五十至七十年代，在毛澤東主席、周恩來總理的親自部署和國家有關部門的直接領導下，由中華書局承擔組織落實和編輯出版工作，集中全國學術界、出版界的力量，完成了「二十四史」及清史稿的點校整理和出版。從一九五八年九月標點「前四史」及改繪楊守敬地圖工作會議召開，次年九月點校本史記問世，到一九七八年點校本宋史完成出版，整理工作歷時二十年，其間不斷完善點校體例，逐史加以標點、分段、校勘、正誤、補闕，所積累的科學整理方法和豐富的實踐經驗，爲傳統文獻的整理做出了寶貴的探索，確立了現代古籍整理的基本範式和標準。點校本出版之後，以其優秀的學術品質和適宜閱讀的現代形式，逐漸取代了此前的各種舊本，爲學術界和廣大讀者普遍採用，成爲使用最廣泛的權威性通行本。

點校本「二十四史」及清史稿從開始出版，至今已超過半個世紀，上距一九七八年宋史出版，點校工作完成，也已經過去了三十多年。點校本「二十四史」及清史稿的整理出版工作，由於受到當時種種客觀條件的制約，加之整理出版過程歷時綿長，時間跨度大，參與點校者時有變動，點校體例未能統一，或底本選擇不够精當，或校勘過於簡略，或標點間有失誤，各史都存在着不同程度的缺憾。爲適應新時代學術發展和讀者使用的需求，亟需予以全面修訂。

中華書局於二〇〇五年開始籌備「二十四史」及清史稿的修訂工作，梳理學術界關於點校本的意見建議，清理點校工作原始檔案，進一步明確修訂工作重點。二〇〇六年四月召開專家論證會，得到了學術界的積極響應。其後，在新聞出版總署、中國出版集團公司和社會各界學術力量的支持下，正式組建了點校本「二十四史」及清史稿修訂工程組織機構，擬定了修訂工作的各項具體規定，包括修訂工作總則、修訂工作流程，以及標點分段辨法舉例、校勘記寫法細則舉例等一系列規範性文件，並在全國範圍内通過廣泛調研，遴選確定了各史修訂承擔單位和主持人。

點校本「二十四史」及清史稿，是二十世紀中國古籍整理的標誌性成果，修訂本是原點校本在新的歷史時期的延續。修訂工作在原有點校本基礎上展開，嚴格遵守在點校本基礎上進行適度、適當修訂和完善的原則，通過全面系統的版本覆核、文本校訂，解決原點校本存在的問題，彌補不足，力求在原有基礎上，形成一個體例統一、標點準確、校勘精審、閱讀方便的新的升級版本。

修訂工作的總體目標，主要包括兩個方面：一，保持點校本已取得的整理成果和學術優勢，通過各個修訂環節，消弭點校本存在的缺憾，並認真吸收前人與時賢的研究成果，包括當代學術研究的新發現（文物、文獻資料）、新結論（學術定論），使修訂本成爲符合現代古籍整理規範、代表當代學術水準、能够體現二十一世紀新的時代特點的典範之作。二，解決原點校本各史體例不一的問題，做到體例基本統一，包括：規範取校範圍、校勘取捨標準、分段及校勘記、標點方式；撰寫各史修訂本前言、凡例；編製主要參考文獻目録及其他附録、索引。

早在一九六〇年，時任國務院古籍整理出版規劃小組組長的齊燕銘同志，就曾對點校本「二十四史」提出過兩點明確的要求，其一是在學術成果上「超越前人」；其二是經過重版修訂使之「成爲定本」。點校本的學術業績，獲得了學術界和廣大讀者的高度評價和廣泛採用，經過全面修訂，希望能在保持原有學術優勢的基礎上完善提高，進一步確立並鞏固點校本「二十四史」及清史稿的現代通行本地位，「成爲定本」還需要廣大讀者的檢驗和今後不斷的努力。

點校本「二十四史」及清史稿整理工作自二十世紀五十年代起始，至本世紀全面修訂再版，五十餘年間，一代又一代學者如同接力賽跑，前赴後繼，爲之默默奉獻，傾盡心力。點校本的學術成就和首創之功，以及其間展現的幾代人鍥而不捨的爲學精神，將澤被學林，彪炳史册！值此修訂本出版之際，我們向所有參加過點校工作的前輩學者和出版工作者，表示崇高的敬意，對已故前輩表達深切的懷念，向承擔本次修訂的各位學者專家表示誠摯的謝意，向國家出版基金管理委員會及其辦公室、各史點校和修訂承擔單位、各相關圖書收藏機構，以及關注和支持本次修訂工作的社會各界人士，謹致由衷的謝忱。

中華書局編輯部　二〇一三年七月

點校本宋書修訂前言

一

宋書一百卷，包括本紀十卷、志三十卷、列傳六十卷，南朝梁沈約撰。記述了自東晉後期劉裕興起、劉宋立國至滅亡前後七十多年的歷史。

劉宋是南北朝時期第一個南朝政權。晉安帝元興二年（四〇三），桓玄代晉稱帝，國號楚。次年，北府兵將領劉裕等率衆在京口（今江蘇鎮江）和廣陵（今江蘇揚州）兩地起兵，攻滅桓玄，名義上恢復晉朝的統治，實際上掌握了東晉的軍政大權。晉恭帝元熙二年（四二〇），劉裕受禪建宋（歷史上又稱劉宋），改元永初，仍定都建康（今江蘇南京）。劉宋凡八帝，歷時六十年，至宋順帝昇明三年（四七九），蕭齊代宋，劉宋政權滅亡。劉宋之初，西有漢中，東與北魏夾黄河相對，後期疆域退縮至淮河、秦嶺一綫，與同時期統治北方的北魏形成南北對峙局面。

劉宋國史的修撰，始於宋文帝元嘉十六年（四三九），著作郎何承天「始撰宋書，草立紀傳，止於武帝功臣，篇牘未廣。其所撰志，惟天文、律曆，自此外，悉委奉朝請山謙之」。此後山謙之、蘇寶生等陸續參與編撰。「謙之，孝建初又被詔撰述，尋值病亡，仍使南臺侍御史蘇寶生續造諸傳，元嘉名臣，皆其所撰」（宋書卷一〇〇自序）。在蘇寶生前，裴松之也受詔「續何承天國史，未及撰述，二十八年，卒」（宋書卷六四裴松之傳）。宋孝武帝大明六年（四六二），徐爰領著作郎，「因何、蘇所述，勒爲一史，起自義熙之初，訖于大明之末」（宋書卷一〇〇自序）。其中臧質、魯爽、王僧達等傳，爲孝武帝劉駿親撰。隋書經籍志二著録「宋書六十五卷，宋中散大夫徐爰撰」，現在藝文類聚、太平御覽等類書中，尚保存有徐爰宋書的零篇殘段。泰始三年（四六七），徐爰爲宋明帝劉彧斥退，劉宋國史修撰隨即停止。

南齊永明五年（四八七），齊武帝蕭賾命沈約修撰宋書。沈約以何承天、徐爰等人舊作爲基礎，刪除他認爲不當列入的晉人傳記，補充宋永光（四六五）至宋齊禪代「闕而不續」的十餘年史事，用將近一年的時間，於永明六年二月完成紀傳七十卷。其上宋書表云：「本紀列傳，繕寫已畢，合七帙七十卷，臣今謹奏呈。所撰諸志，須成續上。」（宋書卷一〇〇自序）沈約宋書八志三十卷，以何承天所撰爲基礎，對「證引該博」之處「即而因之」，對「有漏闕及何氏後事」則「備加搜采，隨就補綴」（宋書卷一一志序）。志的完成時間史無明文，但據梁書裴子野傳「及齊永明末，沈約所撰宋書既行，子野更删撰爲宋略二十卷」，可知永明末宋書已經全部完成。但在八志中，符瑞志改稱「鸞鳥」爲「神鳥」，乃避齊明帝蕭鸞之諱；律曆志改「順」爲「從」，乃避梁武帝父蕭順之之諱；樂志稱「鄒衍」爲「鄒羨」，則是避梁武帝蕭衍之諱。由此或可推測，宋書的最後定稿，在齊明帝建武元年（四九四）蕭鸞稱帝之後，甚至在梁武帝即位的天監元年（五〇二）之後。

與沈約同時或稍後，記述劉宋史事的著述還有孫嚴撰宋書六十五卷、王智深撰宋紀三十卷、裴子野撰宋略二十卷、王琰撰宋春秋二十卷、鮑衡卿撰宋春秋二十卷。但這些著作都已亡佚，關於劉宋一代的史書，較爲完整流傳至今的僅有沈約的這部宋書。

二

沈約（四四一—五一三），字休文，吴興武康（今浙江德清西）人，梁書卷一三、南史卷五七有傳。宋書卷一〇〇自序，詳敘其家世及撰史經過。沈約出身於世族之家，其祖沈林子，爲劉宋開國功臣，仕至輔國將軍，留心文義，頗有著述。其父沈璞，曾官淮南太守，元嘉三十年（四五三），以奉迎武陵王劉駿（即位後爲孝武帝）不及時而被誅。其時沈約十三歲，「約幼潛竄，會赦免。既而流寓孤貧，篤志好學，晝夜不倦」（梁書卷一三沈約傳）。沈約歷宋、齊、梁三朝。宋時官至尚書度支郎，入齊後歷官著作郎、中書郎、尚書左丞、五兵尚書、國子祭酒。齊梁易代之際，沈約力勸蕭衍受禪稱帝，梁朝建立，封建昌縣侯，歷官尚書左僕射、尚書令等職。梁天監十二年（五一三）卒於官，年七十三，謚曰隱。

沈約自幼「博通羣籍，能屬文」。南齊時，受齊武帝長子文惠太子蕭長懋親遇，出入東宫，參與四部圖書的校定。齊武帝次子竟陵王蕭子良禮賢好士，沈約爲府中嘉賓，與後來的梁武帝蕭衍同在「竟陵八友」之列。史稱其「好墳籍，聚書至二萬卷，京師莫比」，「該悉舊章，博物洽聞，當世取則」。謝玄暉善爲詩，任彦昇工於文章，約兼而有之」（梁書卷一三沈約傳），是南朝齊梁時期的著名詩人和文壇領袖。沈約一生著述甚豐，除宋書一百卷外，尚有晉書一百十卷、齊紀二十卷、高祖紀十四卷、邇言十卷、謚例十卷、宋文章志三十卷，文集一百卷。今僅宋書存世，餘皆亡佚，明人輯其文集九卷。

三

宋書記述劉宋一代史事，涉獵廣博，史料豐富，唐劉知幾謂「年唯五紀，地止江、淮，書滿百篇，號爲繁富」（史通卷三書志）。後世於沈約宋書，贊譽者爲多，但評價也有爭議。清趙翼批評宋書引録文辭過於繁冗，「凡詔誥、符檄、章表，悉載全文，一字不遺，故不覺卷帙之多也」，「南史於宋書大概删十之三四，以宋書所載章表符檄，本多蕪詞也」（廿二史劄記卷一〇）。但今天看來，這也使大量原始文獻藉此得以存留，如武帝紀三卷載僑人歸土斷疏、禁淫祠詔、興學校詔等詔令、策文、奏疏、符檄三十餘篇，反映出晉末宋初的歷史狀況和劉宋初創基業的過程，是彌足珍貴的歷史資料。又如樂志記述漢晉以來宗廟雅樂舞曲的源流以及金、石、土、革、絲、木、匏、竹八音之各種樂器的形制，「自郊廟以下，凡諸樂章，非淫哇之辭，並皆詳載」（宋書卷一一志序），保存了許多漢魏以來的樂府歌辭。

劉知幾以沈約宋書八志「上括魏朝」爲病（史通卷四斷限），宋晁公武郡齋讀書志卷五沿其説，謂其「兼載魏晉，失於限斷」。沈約自述天文、五行兩志云：「何書自黄初之始，徐志肇義熙之元。今以魏接漢，式遵何氏。」（宋書卷一一志序）可知沈約乃承舊志，非其自創。宋陳振孫直齋書録解題卷四云：「揆以班馬史體，未足爲疵。」宋葉適習學記言序目卷三一論宋書諸志云：「至沈約比次漢魏以來，最爲詳悉，唐人取之以補晉記，然後歷代故實可得而推。」明清以來學者對宋志的斷限普遍持肯定評價，顧炎武謂「陳壽三國志、習鑿齒漢晉春秋無志，故沈約宋書諸志并前代所闕者補之」（日知録卷二六），四庫館臣認爲「推原溯本，事有前規」，「約詳其沿革之由，未爲大失」（四庫全書總目卷四五）。今人亦多贊同宋以來的肯定意見，余嘉錫云：「若沈約宋史，上括魏朝，蓋因三國無志，用此補亡，斯誠史氏之良規。」（四庫提要辨證卷三）唐長孺則高度肯定宋書八志「不但補闕，亦且溯源」，「其志大體係何承天之舊，諸志之中，地志遠勝晉志，固有定評，禮樂特爲詳該」（魏晉南北朝史籍舉要）。宋書律曆志收録曹魏楊偉景初曆、宋何承天元嘉曆、祖沖之大明曆全文，反映了當時數學與曆法應用的最高成就。州郡志詳記南方地區自三國以來的地理沿革，以及東晉以來的僑置州郡分布情況和各州郡户口數，是研究當時政治經濟和社會生活的重要史料。宋書八志三十卷，篇幅佔全書將半，上溯魏晉，補前史未備，是宋書獨具價值之所在。

沈約承襲徐爰舊史，於晉宋易代之際，多爲劉宋避諱，如：晉恭帝本爲劉裕所逼而遜位，而卷二武帝紀卻稱禪讓，劉裕數番推讓方即位，並封恭帝爲零陵王，「儼然唐虞揖讓光景，絶不見有逼奪之迹」；晉恭帝被殺，「其悖逆凶毒爲自古所未有」（廿二史劄記卷九），但卷三武帝紀卻記「零陵王薨，車駕三朝率百僚舉哀于朝堂，一依魏明帝服山陽公故事。

太尉持節監護，葬以晉禮」，亦不見謀害痕迹。又沈約奉齊武帝蕭賾之命修史，多遵齊武帝旨意。袁粲忠於宋室，被齊高帝蕭道成所殺，沈約擬立袁粲傳，先探問齊武帝。齊武帝説「袁粲自是宋家忠臣」，沈約才敢給袁粲立傳。沈約原本多載宋孝武、宋明帝「諸鄙瀆事」，齊武帝知道後，派左右對沈約説：「孝武事迹不容頓爾。我昔經事宋明帝，卿可思諱惡之義。」（南齊書卷五二文學王智深傳）於是沈約多所省除。事涉宋齊革易之處，宋書多爲蕭齊回護，對齊高帝蕭道成頌揚備至，「其於諸臣之效忠於宋，謀討蕭道成者，概曰反，曰有罪」，「其黨於道成而爲之助力者，轉謂之起義」（廿二史劄記卷九）。另外，宋書列傳編次多依門第，傳中往往綴列親族，對門閥士族成員普遍語多溢美，對少數聲名不佳者也不免曲飾。尤其是沈約在自序中敘及本家先人事迹，多遮掩諱飾，宋人晁説之批評沈約「巧自回隱矯誣」（嵩山文集卷一三讀宋書）。

值得一提的是，沈約爲宋書志傳撰寫了多篇序、論，或説明史例，或表達己見。如列於八志之首的志序，概述志的源流和宋書志的緣起，闡明漢晉志書的承續關係。又如謝靈運傳傳末史論，敘述自詩騷之後文學的發展和演變過程，以及作者關於詩歌聲律的主張，是南北朝文學史研究的重要資料。

四

宋書在流傳過程中，有不少散佚。到北宋時，已有脱漏數葉甚至全卷的情況。北宋末，晁説之云：「梁吏部尚書沈約宋書紀、志、傳一百卷，嘉祐末詔館閣校讎，始列學官。尚多殘脱駢舛，或雜以李延壽南史。」（嵩山文集卷一二讀宋書）宋書原文闕佚，除卷四六到彦之傳闕而未補（陳振孫直齋書録解題已謂其有闕失）外，其餘如卷四少帝紀、卷四六趙倫之傳（北宋崇文總目已記有闕卷）、卷七六朱脩之宗慤王玄謨傳，都是後人用南史等書補足。卷六二張敷傳和卷五九張暢傳，原書不闕，但補闕者未通檢全書，將南史張邵傳後的張敷、張暢附傳也一併鈔録，導致張敷、張暢各有兩傳。又清姚範援鶉堂筆記卷三三云：「後漢書皇后紀注引約作謝儼傳云：『范曄所作十志，一皆託儼。搜撰垂畢，遇曄敗，悉蠟以覆車。宋文帝令丹陽尹徐湛之就儼尋求，已不復得，一代以爲恨。其志今闕。』又班彪傳贊注内亦引沈約宋書敍謝儼事，今本宋書無之。惟王景文傳有謝儼名耳。」余嘉錫據此認爲「然則約書當有謝儼傳，此又原書亡佚，而後人并未補綴者」（四庫提要辨證卷三）。另外，卷一〇〇沈約自序敍沈亮事，於「聯事惟忝，憂同職同」下，各本皆注「闕」字；

敍其父沈璞事，於「璞有子曰」下注「闕」字；敍沈伯玉事，於「先帝在蕃」下注「闕」字。司馬光謂嘉祐校史不精，「如沈約叙傳，差卻數板亦不寤」（温國文正公文集卷六二與劉道原書）。類似的情況，書中尚有不少。

宋書的篇目，在長期流傳過程中，也衍生出一些問題。按照宋書志序所云，本書各志以律曆志居首。但歷代流傳的宋書版本，都拆分律曆志爲律志、曆志。將卷一一題作「律上」，卷一二、一三題作「曆上」、「曆下」。四庫全書總目卷四五認爲「出於後人編目，强爲分割，非約原本之舊次」。錢大昕廿二史考異卷二三律志序條云：「自孟堅合律、曆爲一志，後之作史者皆因之。休文序例不言更分爲二，則亦因固、彪之舊矣。此志三卷，首篇當題『律曆上』，次篇爲『中』，末篇爲『下』。今以首篇爲律志，下二篇爲曆上、曆下，蓋後人妄改，非休文之旨也。」故點校本宋書重編目録，卷一一志序、律曆上，卷一二律曆中，卷一三律曆下，此次修訂予以遵從。

五

宋書校刻始於北宋嘉祐年間。宋李燾續資治通鑑長編卷一九四載，嘉祐六年（一〇六一）八月「庚申，詔三館、祕閣校宋、齊、梁、陳、後魏、後周、北齊七史，書有不完者訪求之」。郡齋讀書志卷五：「曾鞏等以祕閣所藏多誤，不足憑以是正，請詔天下藏書之家，悉上異本。久之，始集。」今存宋元明三朝本南齊書卷末，保留了北宋崇文院的一通牒文：「嘉祐六年八月十一日勑節文：宋書、齊書、梁書、陳書、後魏書、北齊書、後周書，見今國子監並未有印本。宜令三館祕閣見編校書籍官員精加校勘，同與管勾使臣選擇楷書如法書寫板樣，依唐書例，逐旋封送杭州開板。治平二年六月　日。」朝廷下敕，諸史同付雕校，但校定完成及付刻的時間先後不一。郡齋讀書志卷五：「治平中，鞏校定南齊、梁、陳三書上之，劉恕等上後魏書，王安國上周書。政和中，始皆畢，頒之學官，民間傳者尚少。」其後「中原淪陷，此書幾亡」。

南宋「紹興十四年，井憲孟爲四川漕，始檄諸州學官，求當日所頒本。時四川五十餘州，皆不被兵，書頗有在者，然往往亡闕不全。收合補綴，獨少後魏書十許卷。最後得宇文季蒙家本，偶有所少者。於是七史遂全，因命眉山刊行焉」。井憲孟在眉山刊行的這一版本，即所謂宋蜀大字本「眉山七史」。

上述兩種宋代版本，都没有流傳下來。現在我們所看到的宋書三朝本，張元濟百衲本宋書跋認爲「其版心畫分五格者，可定爲蜀中紹興原刊。餘則入浙以後，由宋而元遞有補刻」，即認定其中保存了「眉山七史」部分原本。但根據王國維、趙萬里、尾崎康等人的考訂，現存三朝本實爲南宋前期江浙刊本，並非眉山原刻（參尾崎康正史宋元版之研究）。南宋前期江浙刊本一直沿用到明代中期，歷經多次補修。現存數種三朝本宋書，分藏於北京中國國家圖書館及臺北「國家圖書館」等地。中國國家圖書館所藏一部四十六册，多有「弘治四年」、「嘉靖八年」、「嘉靖九年」、「嘉靖十年」補刊之葉，其印刷時間最早不會超過嘉靖十年（一五三一）。中華再造善本即據此本影印。不同的三朝本，因其補刻情况和印刷時代的區別，文本亦有一定差別。

明清兩代，宋書多次重刊，有明萬曆二十二年（一五九四）南京國子監刻本、萬曆二十六年（一五九八）北京國子監刻本、崇禎七年（一六三四）毛氏汲古閣本、清乾隆四年（一七三九）武英殿本、同治十一年（一八七二）金陵書局本。明清刊本，迭有修訂，但總體面貌較爲一致。

民國商務印書館影印百衲本，裒集數種三朝本宋書，其來源見書末張元濟跋：「初借北平圖書館所藏六十七卷，其後假得南潯嘉業堂劉氏殘本，補入二十三卷。其志第四，列傳第四十四、五、六，第四十八、九，第五十一、二，第五十九，第六十，以常熟瞿氏鐵琴銅劍樓暨涵芬樓藏元明遞修本合配。」百衲本影印過程中，主要利用武英殿本並參以北監本、汲古閣本，對原書進行了校勘修正（張元濟百衲本二十四史校勘記宋書校勘記）。

六

中華書局點校本宋書，由王仲犖先生點校，傅璇琮先生編輯整理，一九七四年十月出版。點校本宋書以北京圖書館所藏宋元明三朝遞修本、明北監本、毛氏汲古閣本、清乾隆四年武英殿本、金陵書局本、商務印書館百衲本互校，擇善而從。紀傳部分，通校了南史、建康實録、册府元龜、資治通鑑及考異等書的有關内容。志的部分，參校了晉書、通典等書的有關内容。對於前人的校勘成果，利用了張元濟、張森楷的兩種宋書校勘記稿本，參考了成孺宋州郡志校勘記、李慈銘宋書札記、孫虨宋書考論，以及錢大昕廿二史考異等書。

宋書點校工作的成績，完整保存於王仲犖宋書校勘記長編中。長編作爲當年點校工作的原始記録，多達九千一百餘條，其中既有對前人所提問題的案斷，也有許多獨到見解和發現。點校本宋書校勘精審，考證詳核，標點準確，分段精當，出版後受到學術界的廣泛好評和廣大讀者的歡迎，成爲近半個世紀以來最爲通行的宋書整理本。

點校本宋書的修訂，按照點校本二十四史及清史稿修訂工作總則和工作程序，在原點校本基礎上，遵循適度、適當修訂和完善的原則，統一體例，彌補不足。

本次修訂以商務印書館百衲本爲底本，以中華再造善本影印中國國家圖書館藏宋刻宋元明遞修本（簡稱三朝本）、明南監本、北監本、毛氏汲古閣本（簡稱汲本）、清乾隆四年武英殿本（簡稱殿本）、金陵書局本（簡稱局本）爲通校本，以中國國家圖書館藏宋刻宋元遞修本（存三十七卷）爲參校本，重新校勘。充分運用本校、他校，審慎使用理校。我們還全面檢核了點校本以「不主一本，擇善而從」原則對原書所作的改動，並根據修訂本的校勘要求，作相應調整。凡原點校本已經釐定及改正、校勘記準確無誤者，悉予保留，並依照修訂總則要求，適當統一體例。原校勘記或可補充材料及論證者，酌情增補；原校勘記有失誤或欠妥者，予以删除或改寫。原點校本失校者，新撰校勘記。對點校本標點和分段明顯欠妥者，加以更正，其餘並依從原點校本的處理。

點校本宋書出版以來，學術界和廣大讀者提出了不少校勘或標點方面的意見，或見諸專書，或散在報刊，近年又有多篇博士、碩士學位論文涉及點校本宋書的標點校勘，我們都儘可能搜求參考，並列入主要參考文獻，限於體例，不能一一標示，謹此一併致謝。

點校本宋書修訂組　二〇一八年四月

點校本宋書修訂凡例

一　中華書局一九七四年版點校本宋書，用北京圖書館所藏宋元明三朝遞修本、明北監本、毛氏汲古閣本、清乾隆四年武英殿本、金陵書局本、商務印書館百衲本互校，擇善而從。此次修訂改以百衲本爲底本，重新校勘。

二　修訂所用通校本及簡稱如下：

（一）三朝本：中華再造善本影印中國國家圖書館藏宋刻宋元明遞修本；

（二）南監本：中華書局圖書館藏明萬曆二十二年南京國子監本；

（三）北監本：中華書局圖書館藏明萬曆二十六年北京國子監刻清康熙二十五年遞修本；

（四）汲本：中華書局圖書館藏明崇禎七年毛氏汲古閣本；

（五）殿本：中華書局圖書館藏清乾隆四年武英殿本；

（六）局本：中華書局圖書館藏清同治十一年金陵書局本。

三　修訂所用參校本及簡稱如下：

宋元遞修本：中國國家圖書館藏宋刻宋元遞修本（存三十七卷）。

四　修訂本以原點校本爲基礎。原點校本對底本所作的校改，此次修訂全部重新覆核，凡點校本已經釐定及改正、原校勘記準確無誤者，悉予保留，並依照修訂總則要求，適當統一體例。原校勘記或可補充材料及論證者，慎重斟酌，予以增補。原校勘記有誤或無須出校者，予以改寫或删除。原點校本所作校改，總體得當，大多已爲讀者接受，爲求前後銜接，校勘尺度適當放寬。

五　原點校本採用「不主一本，擇善而從」的校勘方式，對擇善而從所定文字，多有不出校記説明來源者。修訂本嚴格遵循校勘規範，凡底本不誤者，遵從底本。底本有誤而據他本改動者，出校説明。

六　此次修訂以版本對校爲基礎，充分利用本校、他校，審慎使用理校，適當參考相關文獻及類書等資料。

七　校勘記主要包括改字出校和異文校兩種形式。凡因底本訛誤及衍、脱、倒等而增删改正者，一律出校説明；凡底本疑誤，而無版本及早期書證爲據者，一般不更動底本，於校勘記中詳細説明；凡底本不誤，而版本異文或他書異文可通者，出異文校予以説明。少數明顯的版刻訛誤，隨文改正，不另出校記。

八　底本中部分專名前後不一，如地名之「姑孰」「姑熟」、「湖熟」「胡孰」、「泰山」「太山」，古書中常常混用。原點校本已據後出版本釐定，修訂本悉予遵從，不另出校。

九　底本中劉宋及南齊帝王、南齊文惠太子等諱名闕字，原點校本已補填其名，修訂本亦予遵從，並於首見處出校。

一〇　修訂本基本沿襲原點校本之標點、分段，少數標點、分段不妥或疑誤者，酌情予以改動。

一一　宋書校勘研究成果極爲豐富，如清代有趙翼廿二史劄記、錢大昕廿二史考異、孫虨宋書考論、王念孫讀書雜志、王鳴盛十七史商榷、王懋竑讀書記疑、洪頤煊諸史考異、成孺宋州郡志校勘記、牛運震讀史糾謬、張熷讀史舉正、李慈銘宋書札記、丁謙宋書夷貊傳地理考證、郝懿行晉宋書故等，近代以來有張森楷宋書校勘記、張元濟宋書校勘記、楊守敬校譚其驤補宋州郡志校勘記校補、蘇晉仁論沈約宋書八志、丁福林宋書校議、吴金華宋書校點本札迻、宋書校點續議、胡阿祥宋書州郡志匯釋、宋聞兵宋書詞語研究、真大成宋書校證等。引用諸家之説，限於體例，未能一一標明出處，統一編製主要參考文獻，附於書後。

一二　本書卷六七謝靈運傳，原點校本校勘記中多有「一本」之異文。我們在宋書各通校本及參校本之外，又核對了多種謝靈運集版本，仍未查明此異文來源。鑒於原點校本所録「一本」異文多爲今人採用，修訂本校勘記一律保留。該卷校勘記所引沈啓原輯萬曆本謝康樂集，簡稱「萬曆本謝康樂集」，張溥漢魏六朝百三家集本謝康樂集，簡稱「百三家集本謝康樂集」，兩本同者，合稱「謝康樂集」。

一三　本書卷二二樂志四、卷四六趙倫之傳卷尾，皆附有幾行小字，乃宋嘉祐時人鄭穆所作之校語，爲底本所原有，仍予保留。

一四　本書的總目，爲原點校本重編，修訂本基本沿用，只對少數訛誤及不妥之處予以改動、調整，每卷卷目也作了相應的改動、調整。

一五　爲行文簡便，校勘記常用參考文獻使用簡稱如下：

資治通鑑，簡稱通鑑。

藝文類聚，簡稱類聚。

太平御覽，簡稱御覽。

册府元龜，簡稱册府（修訂所用册府元龜爲宋本與明本二種版本，若宋本闕或二本同則徑稱「册府」，二本有異則標明版本）。
錢大昕廿二史考異，簡稱錢大昕考異。
孫虨宋書考論，簡稱孫虨考論。
李慈銘宋書札記，簡稱李慈銘札記。
楊守敬補校宋書州郡志札記，簡稱楊守敬札記。
張森楷宋書校勘記，簡稱張森楷校勘記。
張元濟百衲本二十四史校勘記，簡稱張元濟校勘記。
吴金華宋書校點本札迻，簡稱吴金華札迻。
吴金華宋書校點續議，簡稱吴金華續議。
劉次沅諸史天象記録考證，簡稱劉次沅考證。

宋書目録

第一册

第二册

第三册

第四册

第五册

卷四十二　列傳第二

卷四十六　列傳第六

卷四十七　列傳第七

卷四十八　列傳第八

第六册

第七册

卷七十九　列傳第三十九

卷八十　列傳第四十

卷八十一　列傳第四十一

第八册

卷九十三　列傳第五十三

卷九十四　列傳第五十四

附録

宋書卷一

本紀第一

武帝上

高祖武皇帝諱裕，字德輿，小名寄奴，彭城縣綏輿里人〔一〕，漢高帝弟楚元王交之後也。交生紅懿侯富，富生宗正辟彊，辟彊生陽城繆侯德，德生陽城節侯安民，安民生陽城釐侯慶忌，慶忌生陽城肅侯岑，岑生宗正平，平生東武城令某，某生東萊太守景，景生明經洽，洽生博士弘，弘生瑯邪都尉悝，悝生魏定襄太守某，某生邪城令亮，亮生晉北平太守膺，膺生相國掾熙，熙生開封令旭孫。旭孫生混，始過江，居晉陵郡丹徒縣之京口里，官至武原令。混生東安太守靖，靖生郡功曹翹，是爲皇考。高祖以晉哀帝興寧元年〔二〕歲次癸亥三月壬寅夜生〔三〕。及長，身長七尺六寸，風骨奇特。家貧，有大志，不治廉隅。事繼母以孝謹稱。

初爲冠軍孫無終司馬。安帝隆安三年十一月，妖賊孫恩作亂於會稽，晉朝衞將軍謝琰〔四〕、前將軍劉牢之東討。牢之請高祖參府軍事。十二月，牢之至吴，而賊緣道屯結，牢之命高祖與數十人覘賊遠近。會遇賊至，衆數千人，高祖便進與戰。所將人多死，而戰意方厲，手奮長刀，所殺傷甚衆。牢之子敬宣疑高祖淹久，恐爲賊所困，乃輕騎尋之。既而衆騎並至，賊乃奔退，斬獲千餘人，推鋒而進，平山陰，恩遁還入海。

四年五月，恩復入會稽，殺衞將軍謝琰。十一月，劉牢之復率衆東征，恩退走。牢之屯上虞，使高祖戍句章城。句章城既卑小，戰士不盈數百人〔五〕，高祖常被堅執鋭，爲士卒先，每戰輒摧鋒陷陣，賊乃退還浹口。于時東伐諸帥，御軍無律，士卒暴掠，甚爲百姓所苦。唯高祖法令明整，所至莫不親賴焉。

五年春，孫恩頻攻句章，高祖屢摧破之，恩復走入海。三月，恩北出海鹽，高祖追而翼之，築城于海鹽故治。賊日來攻城，城内兵力甚弱，高祖乃選敢死之士數百人，咸脱甲冑，執短兵，並鼓噪而出，賊震懼奪氣，因其懼而奔之，並棄甲散走，斬其大帥姚盛。雖連戰剋勝，然衆寡不敵，高祖獨深慮之。一夜，偃旗匿衆，若已遁者。明晨開門，使羸疾數人登城。賊遥問劉裕所在〔六〕。曰：「夜已走矣。」賊信之，乃率衆大上。高祖乘其懈怠，奮擊，大破之。恩知城不可下，乃進向滬瀆。高祖復棄城追之。海鹽令鮑陋遣子嗣之以吳兵一千，請爲前驅。高祖曰：「賊兵甚精，吳人不習戰，若前驅失利，必敗我軍。可在後爲聲援。」不從。是夜，高祖多設伏兵，兼置旗鼓，然一處不過數人。明日，賊率衆萬餘迎戰。前驅既交，諸伏皆出，舉旗鳴鼓。賊謂四面有軍，乃退。嗣之追奔，爲賊所没。高祖且戰且退，賊盛，所領死傷且盡。高祖慮不免，至向伏兵處，乃止，令左右脱取死人衣。賊謂當走反停，疑猶有伏。高祖因呼更戰，氣色甚猛，賊衆以爲然，乃引軍去。高祖徐歸，然後散兵稍集。五月，孫恩破滬瀆，殺吳國内史袁山松，死者四千人〔七〕。是月，高祖復破賊於婁縣。

六月，恩乘勝浮海，奄至丹徒，戰士十餘萬。劉牢之猶屯山陰，京邑震動。高祖倍道兼行，與賊俱至。于時衆力既寡，加以步遠疲勞，而丹徒守軍莫有鬭志。恩率衆數萬，鼓噪登蒜山，居民皆荷擔而立。高祖率所領奔擊，大破之，投巘赴水死者甚衆。恩以彭排音敗。自載〔八〕，僅得還船。雖被摧破，猶恃其衆力，徑向京師。樓船高大，值風不得進，旬日乃至白石。尋知劉牢之已還，朝廷有備，遂走向鬱洲。八月，以高祖爲建武將軍、下邳太守，領水軍追恩至鬱洲〔九〕，復大破恩。恩南走。十一月，高祖追恩於滬瀆，及海鹽，又破之。三戰並大獲，俘馘以萬數。恩自是饑饉疾疫，死者太半，自浹口奔臨海。

元興元年正月，驃騎將軍司馬元顯西伐荆州刺史桓玄，玄亦率荆楚大衆，下討元顯。元顯遣鎮北將軍劉牢之拒之，高祖參其軍事。次溧洲。玄至，高祖請擊之，不許，將遣子敬宣詣玄請和。高祖與牢之甥東海何無忌並固諫〔一〇〕，不從。遂遣敬宣詣玄。玄剋京邑，殺元顯，以牢之爲會稽内史。懼而告高祖曰：「便奪我兵，禍其至矣。今當北就高雅於廣陵舉事〔一一〕，卿能從我去乎？」答曰：「將軍以勁卒數萬，望風降服。彼新得志，威震天下。三軍人情，都已去矣，廣陵豈可得至邪！裕當反服還京口耳〔一二〕。」牢之叛走自縊死。何無忌謂高祖曰：「我將何之？」高祖曰：「鎮北去必不免，卿可隨我還京口。桓玄必能守節北面，我當與卿事之；不然，與卿圖之。今方是玄矯情任筭之日，必將用我輩也。」桓玄從兄脩以撫軍鎮丹徒，以高祖爲中兵參軍，軍、郡如故。

孫恩自奔敗之後，徒旅漸散，懼生見獲，乃於臨海投水死。餘衆推恩妹夫盧循爲主。桓玄欲且緝寧東土，以循爲永嘉太守。循雖受命，而寇暴不已。五月，玄復遣高祖東征。時循自臨海入東陽。二年正月，玄復遣高祖破循於東陽。循奔永嘉，復追破之，斬其大帥張士道，追討至于晉安，循浮海南走。六月，加高祖彭城内史。

桓玄爲楚王，將謀篡盜。玄從兄衛將軍謙屏人問高祖曰：「楚王勳德隆重，四海歸懷。朝廷之情，咸謂宜有揖讓，卿意以爲何如？」高祖既志欲圖玄，乃遜辭答曰：「楚王，宣武之子，勳德蓋世。晉室微弱，民望久移，乘運禪代，有何不可。」謙喜曰：「卿謂可爾，便當是真可爾。」十二月，桓玄篡帝位，遷天子於尋陽。桓脩入朝，高祖從至京邑。玄見高祖，謂司徒王謐曰：「昨見劉裕，風骨不恒，蓋人傑也。」每遊集，輒引接慇懃，贈賜甚厚。高祖愈惡之。或說玄曰：「劉裕龍行虎步，視瞻不凡，恐不爲人下，宜蚤爲其所。」玄曰：「我方欲平蕩中原，非劉裕莫可付以大事。關隴平定，然後當別議之耳。」玄乃下詔曰：「劉裕以寡制衆，屢摧妖鋒。汎海窮追，十殄其八。諸將力戰，多被重創。自元帥以下至于將士，並宜論賞，以敍勳烈。」

先是高祖東征盧循，何無忌隨至山陰，勸於會稽舉義。高祖以爲玄未據極位，且會稽遥遠，事濟爲難，俟其篡逆事著，徐於京口圖之，不憂不剋。至是桓脩還京，高祖託以金創疾動，不堪步從，乃與無忌同船共還，建興復之計。於是與弟道規、沛郡劉毅、平昌孟昶、任城魏詠之、高平檀憑之、琅邪諸葛長民、太原王元德、隴西辛扈興、東莞童厚之，並同義謀。時桓脩弟弘爲征虜將軍、青州刺史，鎮廣陵。道規爲弘中兵參軍，昶爲州主簿。乃令毅潛往就昶，聚徒於江北，謀起兵殺弘。長民爲豫州刺史刁逵左軍府參軍，謀據歷陽相應。元德、厚之謀於京邑聚衆攻玄，並剋期齊發。

三年二月己丑朔，乙卯，高祖託以遊獵，與無忌等收集義徒，凡同謀何無忌、魏詠之、詠之弟欣之、順之，檀憑之、憑之從子韶、韶弟祗、隆、道濟〔三〕、道濟從兄範之，高祖弟道憐，劉毅、毅從弟藩，孟昶、昶族弟懷玉，河内向彌、管義之，陳留周安穆、臨淮劉蔚、從弟珪之、東莞臧熹〔四〕、從弟寶符、從子穆生、童茂宗，陳郡周道民、漁陽田演、譙國范清等二十七人；願從者百餘人。丙辰，詰旦，城開，無忌服傳詔服，稱詔居前。義衆馳入，齊聲大呼，吏士驚散，莫敢動，即斬脩以徇。高祖哭甚慟，厚加殯斂。孟昶勸弘其日出獵。未明開門，出獵人，昶、道規、毅等率壯士五六十人因開門直入。弘方噉粥，即斬之，因收衆濟江。

義軍初剋京城，脩司馬刁弘率文武佐吏來赴。高祖登城謂之曰：「郭江州已奉乘輿反正於尋陽，我等並被密詔，誅除逆黨，同會今日。賊玄之首，已當梟於大航矣。諸君非大晉之臣乎，今來欲何爲？」弘等信之，收衆而退。毅既至，高祖命誅弘。

毅兄邁先在京師，事未發數日，高祖遣同謀周安穆報之，使爲内應。邁外雖酬許，内甚震懼。安穆見其惶駭，慮事必泄，乃馳歸。時玄以邁爲竟陵太守，邁不知所爲，便下船欲之郡。是夜，玄與邁書曰：「北府人情云何？卿近見劉裕何所道？」邁謂玄已知其謀，晨起白之。玄驚懼，封邁爲重安侯；既而嫌邁不執安穆〔五〕，使得逃去，乃殺之。誅元德、扈興、厚之等。召桓謙、卞範之等謀拒高祖。謙等曰：「亟遣兵擊之。」玄曰：「不然。彼兵速鋭，計出萬死。若行遣水軍，不足相抗，如有蹉跌，則彼氣成而吾事敗矣。不如屯大衆於覆舟山以待之。彼空行二百里，無所措手，鋭氣已挫，既至，忽見大軍，必驚懼駭愕。我案兵堅陣，勿與交鋒，彼求戰不得，自然散走。此計之上也。」謙等固請，乃遣頓丘太守吴甫之、右衞將軍皇甫敷北拒義軍。

玄自聞軍起，憂懼無復爲計。或曰：「劉裕等衆力甚弱，豈辦之有成，陛下何慮之甚。」玄曰：「劉裕足爲一世之雄；劉毅家無擔石之儲，摴蒲一擲百萬；何無忌，劉牢之甥，酷似其舅。共舉大事，何謂無成。」

衆推高祖爲盟主，移檄京邑，曰：

夫治亂相因，理不常泰，狡焉肆虐，或值聖明。自我大晉，陽九屢構，隆安以來，難結皇室，忠臣碎於虎口，貞良弊於豺狼。逆臣桓玄，陵虐人鬼，阻兵荆郢，肆暴都邑。天未亡難，凶力繁興，踰年之間，遂傾皇祚。主上播越，流幸非所，神器沉淪，七廟毁墜。夏后之罹浞、豷，有漢之遭莽、卓，方之於玄，未足爲喻。自玄篡逆，于今歷年，亢旱彌時，民無生氣。加以士庶疲於轉輸，文武困於造築，父子乖離，室家分散，豈唯大東有杼軸之悲，摽梅有傾筐之塈而已哉。仰觀天文，俯察人事，此而能久，孰有可亡。凡在有心，誰不扼腕。裕等所以叩心泣血，不遑啓處者也。是故夕寐宵興，援奬忠烈，潛搆崎嶇，險過履虎。輔國將軍劉毅、廣武將軍何無忌、鎮北主簿孟昶、兗州主簿魏詠之、寧遠將軍劉道規、龍驤將軍劉藩、振威將軍檀憑之等，忠烈斷金，精貫白日，荷戈奮袂，志在畢命。益州刺史毛璩，萬里齊契，掃定荆楚。江州刺史郭昶之，奉迎主上，宫于尋陽。鎮北參軍王元德等，並率部曲，保據石頭。揚武將軍諸葛長民，收集義士，已據歷陽。征虜參軍庾賾之等，潛相連結，以爲内應。同力協規，所在蜂起，即日斬僞徐州刺史安城王脩、青州刺史弘首。義衆既集，文武爭先，咸謂不有一統，則事無以輯。裕辭不獲已，遂總軍要。庶上憑祖宗之靈，下罄義夫之力，翦馘逋逆，蕩清京輦。

公侯諸君，或世樹忠貞，或身荷爵寵，而並俛眉猾豎，自効莫由，顧瞻周道，寧不弔乎！今日之舉，良其會也。裕以虚薄，才非古人，勢接於已踐之機，受任於既頹之運。丹誠未宣，感慨憤躍，望霄漢以永懷，眄山川以增厲。授檄之日，神馳賊廷。

以孟昶爲長史，總攝後事；檀憑之爲司馬。百姓願從者千餘人。

三月戊午朔，遇吴甫之於江乘。甫之，玄驍將也，其兵甚鋭。高祖躬執長刀，大呼以衝之，衆皆披靡，即斬甫之。進至羅落橋，皇甫敷率數千人逆戰。寧遠將軍檀憑之與高祖各御一隊，憑之戰敗見殺，其衆退散。高祖進戰彌厲，前後奮擊，應時摧破，即斬敷首。初高祖與何無忌等共建大謀，有善相者相高祖及無忌等並當大貴，其應甚近，惟云憑之無相。高祖與無忌密相謂曰：「吾等既爲同舟，理無偏異。吾徒咸皆富貴，則檀不應獨殊。」深不解相者之言。至是而憑之戰死，高祖知其事必捷。

玄聞敷等並没，愈懼。使桓謙屯東陵口，卞範之屯覆舟山西，衆合二萬。己未旦，義軍食畢，棄其餘糧，進至覆舟山東，使丐士張旗幟於山上，以爲疑兵。玄又遣武騎將軍庾禕之〔一六〕，配以精卒利器，助謙等。高祖躬先士卒以奔之，將士皆殊死戰，無不一當百，呼聲動天地。時東北風急，因命縱火，煙爓張天，鼓譟之音震京邑。謙等諸軍，一時土崩。玄始雖遣軍置陣，而走意已決，别使領軍將軍殷仲文具舟於石頭，仍將子姪浮江南走。

庚申，高祖鎮石頭城，立留臺官〔一七〕，焚桓温神主於宣陽門外，造晉新主，立于太廟。遣諸將帥追玄，尚書王嘏率百官奉迎乘輿〔一八〕。司徒王謐與衆議推高祖領揚州，固辭。乃以謐爲録尚書事，領揚州刺史。於是推高祖爲使持節、都督揚徐兖豫青冀幽并八州諸軍事、領軍將軍、徐州刺史〔一九〕。

先是朝廷承晉氏亂政，百司縱弛，桓玄雖欲釐整，而衆莫從之。高祖以身範物，先以威禁内外，百官皆肅然奉職，二三日間，風俗頓改。且桓玄雖以雄豪見推，而一朝便有極位，晉氏四方牧守及在朝大臣，盡心伏事，臣主之分定矣。高祖位微於朝，衆無一旅，奮臂草萊之中，倡大義以復皇祚。由是王謐等諸人時失民望〔一〇〕，莫不愧而憚焉。諸葛長民失期不得發，刁逵執送之，未至而玄敗。

玄經尋陽，江州刺史郭昶之備乘輿法物資之。玄收略得二千餘人，挾天子走江陵。冠軍將軍劉毅、輔國將軍何無忌、振武將軍劉道規率諸軍追討。尚書左僕射王愉、愉子荆州刺史綏等，江左冠族。綏少有重名，以高祖起自布衣，甚相凌忽。綏，桓氏甥，亦有自疑之志。高祖悉誅之。

四月，奉武陵王遵爲大將軍，承制。大赦天下，唯桓玄一祖後不在赦例。

初高祖家貧，嘗負刁逵社錢三萬，經時無以還。逵執録甚嚴，王謐造逵見之，密以錢代還，由是得釋。高祖名微位薄，盛流皆不與相知，唯謐交焉。桓玄將篡，謐手解安帝璽紱，爲玄佐命功臣。及義旗建，衆並謂謐宜誅，唯高祖保持之。劉毅嘗因朝會，問謐璽紱所在，謐益懼。及王愉父子誅，謐從弟諶謂謐曰：「王駒無罪，而義旗誅之，此是剪除勝己，以絶民望。兄既桓氏黨附，名位如此，欲求免得乎？」駒，愉小字也。謐懼，奔于曲阿。高祖牋白大將軍，深相保謐，迎還復位。光禄勳卞承之〔一一〕、左衛將軍褚粲、游擊將軍司馬秀役使官人，爲御史中丞王禎之所糾察，謝牋言辭怨憤。承之造司宜藏。高祖與大將軍牋，白「粲等備位大臣，所懷必盡。執憲不允，自應據理陳訴，而横興怨忿，歸咎有司。宜加裁當，以清風軌」。並免官。

桓玄兄子歆[二二]，聚衆向歷陽，高祖命輔國將軍諸葛長民擊走之。無忌、道規破玄大將郭銓等于桑落洲[二三]，衆軍進據尋陽。加高祖都督江州諸軍事。玄既還荆郢，大聚兵衆，召水軍造樓船、器械，率衆二萬，挾天子發江陵，浮江東下，與冠軍將軍劉毅等相遇於崢嶸洲，衆軍下擊[二四]，大破之。玄棄衆，復挾天子還復江陵。玄黨殷仲文奉晉二皇后還京師。玄至江陵，因西走。南郡太守王騰之、荆州別駕王康産奉天子入南郡府。初征虜將軍、益州刺史毛璩，遣從孫祐之與參軍費恬送弟喪州下[二五]，有衆二百。璩弟子脩之時爲玄屯騎校尉[二六]，誘玄以入蜀。至枚回洲，恬與祐之迎射之。益州督護馮遷斬玄首，傳京師。又斬玄子昇於江陵市。

初玄敗於崢嶸洲，義軍以爲大事已定，追躡不速。玄死幾一旬，衆軍猶不至。玄從子振逃於華容之涌中[二七]，招聚逆黨數千人，晨襲江陵城，居民競出赴之。騰之、康産皆被殺。桓謙先匿於沮川，亦聚衆以應。振爲玄舉哀，立喪廷。謙率衆官奉璽綬于安帝。無忌、道規既至江陵，與桓振戰于靈溪。玄黨馮該又設伏于楊林，義軍奔敗，退還尋陽。

兗州刺史辛禺懷貳。會北青州刺史劉該反，禺求征該，次淮陰，又反。禺長史羊穆之斬禺，傳首京師。十月，高祖領青州刺史。甲仗百人入殿。

劉毅諸軍復進至夏口。毅攻魯城，道規攻偃月壘，皆拔之。十二月，諸軍進平巴陵。

義熙元年正月，毅等至江津，破桓謙、桓振，江陵平，天子反正。三月，天子至自江陵。

詔曰：

古稱大者天地，其次君臣，所以列貫三辰，神人代序，諒理本於造昧，而運周於萬葉。故盈否時襲，四靈通其變，王道或昧，貞賢拯其危，天命所以永固，人心所以攸穆。雖夏、周中傾，賴靡、申之績，莽、倫載竊[二八]，寔二代是維。或乘資藉號，或業隆異世，猶詩書以之休詠，記策用爲美談。未有因心撫民，而誠發理應，援神器於已淪，若在今之盛者也。

朕以寡昧，遭家不造，越自遘閔，屬當屯極。逆臣桓玄，乘釁縱慝，窮凶恣虐，滔天猾夏。遂誣罔人神，肆其篡亂。祖宗之基既湮，七廟之饗胥殄，若墜淵谷，未足斯譬。

皇度有晉，天縱英哲，使持節、都督揚徐兖豫青冀幽并江九州諸軍事、鎮軍將軍、徐青二州刺史，忠誠天亮，神武命世，用能貞明協契，義夫響臻。故順聲一唱，二溟卷波，英風振路，宸居清翳。暨冠軍將軍毅、輔國將軍無忌、振武將軍道規，舟旗遄邁，而元凶傳首，回戈疊揮，則荆、漢霧廓。俾宣、元之祚，永固於嵩、岱，傾基重造，再集於朕躬。宗廟歆七百之祜，皇基融載新之命。念功惟德，永言銘懷。固已道冠開闢，獨絕終古，書契以來，未之前聞矣。雖則功高靡尚，理至難文，而崇庸命德，哲王攸先者，將以弘道制治，深關盛衰。故伊、望膺殊命之錫，桓、文饗備物之禮，況宏徽不世，顧邈百代者，宜極名器之隆，以光大國之盛。而鎮軍謙虛自衷〔二九〕，誠旨屢顯，朕重逆仲父，乃所以愈彰德美也。鎮軍可進位侍中、車騎將軍、都督中外諸軍事，使持節、徐青二州刺史如故。顯祚大邦，啓兹疆宇。

高祖固讓。加録尚書事，又不受，屢請歸藩。天子不許，遣百僚敦勸，又親幸公第。高祖惶懼詣闕陳請，天子不能奪。是月，旋鎮丹徒。天子重遣大使敦勸，又不受。乃改授都督荆、司、梁、益、寧、雍、涼七州，并前十六州諸軍事，本官如故。於是受命解青州，加領兗州刺史。

盧循浮海破廣州，獲刺史吴隱之。即以循爲廣州刺史，以其同黨徐道覆爲始興相。

二年三月，督交、廣二州。十月，高祖上言曰：「昔天禍皇室，巨狡縱篡，臣等義惟舊隸，豫蒙國恩，仰契信順之符，俯厲人臣之憤，雖社稷之靈，抑亦事由衆濟。其翼奬忠勲之佐，文武畢力之士，敷執在己之謙，用虧國體之大。輒攝衆軍先上〔三〇〕，同謀起義，始平京口、廣陵二城，臣及撫軍將軍毅等二百七十二人，并後赴義出都緣道大戰，所餘一千五百六十六人，又輔國將軍長民、故給事中王元德等十人，合一千八百四十八人，乞正封賞。其西征衆軍，須論集續上。」於是尚書奏封唱義謀主鎮軍將軍裕豫章郡公，食邑萬户，賜絹三萬匹。其餘封賞各有差。鎮軍府佐吏，降故太傅謝安府一等。

十一月，天子重申前令，加高祖侍中，進號車騎將軍、開府儀同三司。固讓。詔遣百僚敦勸。

三年二月，高祖還京師，將詣廷尉，天子先詔獄官不得受，詣闕陳讓，乃見聽。旋于丹徒。

閏月，府將駱冰謀作亂，將被執，單騎走，追斬之。誅冰父永嘉太守球。球本東陽郡史，孫恩之亂，起義於長山，故見擢用。初桓玄之敗，以桓沖忠貞，署其孫胤。至是冰謀以胤爲主，與東陽太守殷仲文潛相連結。乃誅仲文及仲文二弟。凡桓玄餘黨，至是皆誅夷。

天子遣兼太常葛籍授公策曰：「有扈滔天，夷羿乘釁，亂節干紀，實橈皇極。賊臣桓玄，怙寵肆逆，乃摧傾華、霍，倒拔嵩、岱，五嶽既夷，六地易所。公命世英縱，藏器待時，因心資敬，誓雪國恥，慨憤陵夷，誠發宵寐。既而歲月屢遷，神器已遠，忠孝幽寄，寔貫三靈。爾乃介石勝機，宣契畢舉，訴蒼天以爲正，揮義旅而一驅。奔鋒數百，勢烈激電，百萬不能抗限，制路日直植城〔三一〕。遂使衝鯨潰流，暴鱗江漢，廟勝遠加，重氛載滌，二儀廓清，三光反照，事遂永代，功高開闢，理微稱謂，義感朕心。若夫道爲身濟，猶糜厥爵，況乃誠德俱深，勳冠天人者乎。是用建茲邦國，永祚山河，言念載懷，匪云足報。往欽哉！俾屏余一人，長弼皇晉，流風垂祚，暉烈無窮。其降承嘉策，對敭朕命。」

十二月，司徒、録尚書、揚州刺史王謐薨。

四年正月，徵公入輔，授侍中、車騎將軍、開府儀同三司、揚州刺史、録尚書，徐兗二州刺史如故。表解兗州。先是遣冠軍劉敬宣伐蜀賊譙縱，無功而返。九月，以敬宣挫退，遜位，不許。乃降爲中軍將軍，開府如故。

初僞燕王鮮卑慕容德僭號於青州，德死，兄子超襲位，前後屢爲邊患。五年二月，大掠淮北，執陽平太守劉千載、濟南太守趙元，驅略千餘家。三月，公抗表北討，以丹陽尹孟昶監中軍留府事。四月，舟師發京都，泝淮入泗。五月，至下邳，留船艦輜重，步軍進琅邪。所過皆築城留守。鮮卑梁父、莒城二戍並奔走。

慕容超聞王師將至，其大將公孫五樓説超：「宜斷據大峴，刈除粟苗，堅壁清野以待之。彼僑軍無資，求戰不得，旬月之間，折棰以笞之耳。」超不從，曰：「彼遠來疲勞，勢不能久，但當引令過峴，我以鐵騎踐之，不憂不破也。豈有預芟苗稼，先自蹙弱邪。」初公將行，議者以爲賊聞大軍遠出，必不敢戰，若不斷大峴，當堅守廣固，刈粟清野，以絶三軍之資，非唯難以有功，將不能自反。公曰：「我揣之熟矣。鮮卑貪，不及遠計，進利剋獲，退惜粟苗。謂我孤軍遠入，不能持久，不過進據臨朐，退守廣固。我一得入峴，則人無退心，驅必死之衆，向懷貳之虜，何憂不剋。彼不能清野固守，爲諸君保之。」公既入峴，舉手指天曰：「吾事濟矣！」

六月，慕容超遣五樓及廣寧王賀賴盧先據臨朐城。既聞大軍至，留贏老守廣固，乃悉出。臨朐有巨蔑水，去城四十里。超告五樓曰：「急往據之，晉軍得水，則難擊也。」五樓馳進。龍驤將軍孟龍符領騎居前，奔往爭之，五樓乃退。

衆軍步進，有車四千兩，分車爲兩翼，方軌徐行，車悉張幔，御者執矟。又以輕騎爲遊軍。軍令嚴肅，行伍齊整。未及臨朐數里，賊鐵騎萬餘，前後交至。公命兗州刺史劉藩、弟并州刺史道憐、諮議參軍劉敬宣、陶延壽、參軍劉懷玉、慎仲道、索邈等，齊力擊之。日向昃，公遣諮議參軍檀韶直趨臨朐。韶率建威將軍向彌、參軍胡藩馳往，即日陷城，斬其牙旗，悉虜超輜重。超聞臨朐已拔，引衆走，公親鼓之，賊乃大奔。超遁還廣固。獲超馬、僞輦、玉璽、豹尾等，送于京師。斬其大將段暉等十餘人，其餘斬獲千計。

明日，大軍進廣固，即屠大城，超退保小城。於是設長圍守之，圍高三丈，外穿三重塹。停江、淮轉輸，館穀於齊土。撫納降附，華戎歡悦，援才授爵，因而任之。七月，詔加公北青、冀二州刺史。超大將垣遵、遵弟苗並率衆歸順。公方治攻具，城上人曰：「汝不得張綱，何能爲也。」綱者，超僞尚書郎，其人有巧思。會超遣綱稱藩於姚興，乞師請救。興僞許之，而實憚公，不敢遣。綱從長安還，泰山太守申宣執送之。乃升綱於樓上〔三〕，以示城内，城内莫不失色。於是使綱大治攻具。超求救不獲，綱反見虜，轉憂懼。乃請稱藩，求割大峴爲界，獻馬千疋。不聽，圍之轉急。河北居民荷戈負糧至者，日以千數。

録事參軍劉穆之，有經略才具，公以爲謀主，動止必諮焉。時姚興遣使告公云：「慕容見與隣好，又以窮告急，今當遣鐵騎十萬，逕據洛陽。晉軍若不退者，便當遣鐵騎長驅而進。」公呼興使答曰：「語汝姚興，我定燕之後，息甲三年，當平關、洛。今能自送，便可速來。」穆之聞有羌使，馳入，而公發遣已去。以興所言并答，具語穆之。穆之尤公曰：「常日事無大小，必賜與謀之。此宜善詳之，云何卒爾便答。公所答興言，未能威敵，正足怒彼耳。若燕未可拔，羌救奄至，不審何以待之？」公笑曰：「此是兵機，非卿所解，故不語耳。夫兵貴神速，彼若審能遣救，必畏我知，寧容先遣信命。此是其見我伐燕，内已懷懼，自張之辭耳。」

九月，進公太尉、中書監，固讓。

僞徐州刺史段宏先奔索虜，十月，自河北歸順〔三三〕。

張綱治攻具成，設諸奇巧，飛樓木幔之屬，莫不畢備。城上火石弓矢，無所用之。六年二月丁亥，屠廣固。超踰城走，征虜賊曹喬胥獲之，殺其王公以下〔三四〕，納口萬餘，馬二千疋，送超京師，斬于建康市。

公之北伐也，徐道覆仍有闚闞之志，勸盧循乘虚而出，循不從。道覆乃至番禺説循曰：「本住嶺外，豈以理極於此，正以劉公難與爲敵故也。今方頓兵堅城之下〔三五〕，未有旋日。以此思歸死士，掩襲何、劉之徒，如反掌耳。不乘此機而保一日之安，若平齊之後，小息甲養衆，不過一二年間，必璽書徵君。若劉公自率衆至豫章，遣鋭師過嶺，雖復將軍神武，恐必不能當也。今日之機，萬不可失。既剋都邑，傾其根本，劉公雖還，無能爲也。」循從之，乃率衆過嶺。是月，寇南康、廬陵、豫章，諸郡守皆委任奔走。于時平齊問未至，即馳使徵公。公之初剋齊也，欲停鎮下邳，清盪河、洛，既而被徵使至，即日班師。

鎮南將軍何無忌與徐道覆戰于豫章，敗績，無忌被害。内外震駭。朝廷欲奉乘輿北走就公，尋知賊定未至，人情小安。公至下邳，以船運輜重，自率精鋭步歸。至山陽，聞無忌被害，則慮京邑失守，乃卷甲兼行，與數十人至淮上，問行旅以朝廷消息。人曰：「賊尚未至，劉公若還，便無所憂也。」公大喜，單船過江，逕至京口，衆乃大安。四月癸未，公至京師，解嚴息甲。

撫軍將軍劉毅抗表南征，公與毅書曰：「吾往習擊妖賊，曉其變態，新獲姦利，其鋒不可輕。宜須裝嚴畢，與弟同舉。」又遣毅從弟藩往止之。毅不從，舟師二萬，發自姑孰。循之初下也，使道覆向尋陽，自寇湘中諸郡。荆州刺史道規遣軍至長沙，爲循所敗。逕至巴陵，將向江陵。道覆聞毅上，馳使報循曰：「毅兵衆甚盛，成敗事係之於此，宜并力摧之。若此克捷，天下無復事矣。根本既定，不憂上面不平也。」循即日發巴陵，與道覆連旗而下。別有八艚艦九枚，起四層，高十二丈。公以南藩覆没，表送章綬，詔不聽。五月，劉毅敗績于桑落洲，棄船步走，餘衆不得去者，皆爲賊所擒。

初循至尋陽，聞公已還，不信也。既破毅，乃審凱入之問，並相視失色。循欲退還尋陽，進平江陵，據二州以抗朝廷。道覆謂宜乘勝徑進，固爭之。疑議多日，乃見從。

毅敗問至，内外洶擾。于時北師始還，多創痍疾病。京師戰士，不盈數千。賊既破江、豫二鎮，戰士十餘萬，舟車百里不絶。奔敗還者，並聲其雄盛。孟昶、諸葛長民懼寇漸逼，欲擁天子過江，公不聽，昶固請不止。公曰：「今重鎮外傾，彊寇内逼，人情危駭，莫有固志。若一旦遷動，便自瓦解土崩，江北亦豈可得至！設令得至，不過延日月耳。今兵士雖少，自足以一戰。若其克濟，則臣主同休；苟厄運必至，我當以死衞社稷，横尸廟門，遂其由來以身許國之志，不能遠竄於草間求活也。我計決矣，卿勿復言！」昶恐其不濟，乃爲表曰：「臣裕北討，衆並不同，唯臣贊裕行計，致使彊賊乘間，社稷危逼，臣之辠也。今謹引分以謝天下。」封表畢，乃仰藥而死。

於是大開賞募，投身赴義者，一同登京城之科。發居民治石頭城，建牙誡嚴。時議者謂宜分兵守諸津要。公以爲：「賊衆我寡，若分兵屯，則測人虛實。且一處失利，則沮三軍之心。今聚衆石頭，隨宜應赴，既令賊無以測多少，又於衆力不分。若徒旅轉集，徐更論之耳。」移屯石頭，乃柵淮斷査浦。既而羣賊大至，公策之曰：「賊若於新亭直進，其鋒不可當，宜且回避，勝負之事，未可量也。若回泊西岸，此成擒耳。」

道覆欲自新亭、白石焚舟而上。循多疑少決，每欲以萬全爲慮，謂道覆曰：「大軍未至，孟昶便望風自裁，大勢言之，自當計日潰亂。今決勝負於一朝，既非必定之道，且殺傷士卒，不如按兵待之。」公于時登石頭城以望循軍，初見引向新亭，公顧左右失色。既而回泊蔡洲。道覆猶欲上，循禁之。自是衆軍轉集，脩治越城，築査浦、藥園、廷尉三壘，皆聚以實衆〔三六〕。冠軍將軍劉敬宣屯北郊，輔國將軍孟懷玉屯丹陽郡西，建武將軍王仲德屯越城，廣武將軍劉懷默屯建陽門外〔三七〕。使寧朔將軍索邈領鮮卑具裝虎班突騎千餘匹，皆被練五色，自淮北至于新亭。賊並聚觀，咸畏憚之；然猶冀京邑及三吴有應之者。遣十餘艦來拔石頭柵，公命神弩射之，發輒摧陷，循乃止不復攻柵。設伏兵於南岸，使羸老悉乘舟艦向白石。公憂其從白石步上，乃率劉毅、諸葛長民北出拒之，留參軍徐赤特戍南岸，命堅守勿動。公既去，賊焚查浦步上，赤特軍戰敗，死沒有百餘人。赤特棄餘衆，單舸濟淮。賊遂率數萬屯丹陽郡。公率諸軍馳歸。衆憂賊過，咸謂公當徑還拒戰。公先分軍還石頭，衆莫之曉。解甲息士，洗浴飲食之，乃出列陳於南塘。以赤特違處分，斬之。命參軍褚叔度、朱齡石率勁勇千餘人過淮〔三八〕。羣賊數千，皆長刀矛鋋，精甲曜日，奮躍爭進。齡石所領多鮮卑，善步矟，並結陳以待之。賊短兵弗能抗，死傷者數百人，乃退走。會日莫，衆亦歸。

劉毅之敗，豫州主簿袁興國反叛，據歷陽以應賊。琅邪內史魏順之遣將謝寶討斬之。興國司馬襲寶，順之不救而退，公怒斬之。順之，詠之之弟也。於是功臣震懾，莫敢不用命。

六月，更授公太尉、中書監，加黃鉞。受黃鉞，餘固辭。以司馬庾悅爲建威將軍、江州刺史，自東陽出豫章。

七月庚申，羣賊自蔡洲南走，還屯尋陽。遣輔國將軍王仲德、廣川太守劉鍾、河間太守蒯恩追之。公還東府，大治水軍，皆大艦重樓，高者十餘丈。盧循遣其大將荀林寇江陵〔三九〕，桓謙先於江陵奔羌，又自羌入蜀，僞主譙縱以爲荊州刺史。謙及譙道福率軍二萬，出寇江陵，適與林會，相去百餘里。荊州刺史道規斬謙于枝江，破林於江津，追至竹町斬之。

初循之走也，公知其必寇江陵，登遣淮陵内史索邈領馬軍步道援荊州。又遣建威將軍孫季高率衆三千，自海道襲番禺。江州刺史庾悦至五畝嶠，賊遣千餘人據斷嶠道，悦前驅鄱陽太守虞丘進攻破之。公治兵大辦。十月，率兗州刺史劉藩、寧朔將軍檀韶等舟師南伐。以後將軍劉毅監太尉留守府，後事皆委焉。

是月，徐道覆率衆三萬寇江陵。荊州刺史道規又大破之，斬首萬餘級，道覆走還湓口。初公之遣索邈也，邈在道爲賊所斷，道覆敗後方達。自循東下，江陵斷絶京邑之問，傳者皆云已没。及邈至，方知循走。

循初自蔡洲南走，留其親黨范崇民五千人，高艦百餘，戍南陵。王仲德等聞大軍且至，乃進攻之。十一月，大破崇民軍，焚其舟艦，收其散卒。

循廣州守兵，不以海道爲防。是月，建威將軍孫季高乘海奄至，而城池峻整，兵猶數千。季高焚賊舟艦，悉力而上，四面攻之，即日屠其城。循父以輕舟奔始興。季高撫其舊民，戮其親黨，勒兵謹守。初公之遣季高也，衆咸以海道艱遠，必至爲難；且分徹見力，二三非要。公不從。勑季高曰：「大軍十二月之交，必破妖虜。卿今時當至廣州，傾其巢窟，令賊奔走之日，無所歸投。」季高受命而行，如期剋捷。

循方治兵旅舟艦，設諸攻備。公欲御以長箄，乃屯軍雷池。賊揚聲不攻雷池，當乘流逕下。公知其欲戰，且慮賊戰敗，或於京江入海，遣王仲德以水艦二百於吉陽下斷之。十二月，循、道覆率衆數萬，方艦而下，前後相抗，莫見舳艫之際。公悉出輕利鬬艦，躬提幡鼓，命衆軍齊力擊之。又上步騎於西岸。右軍參軍庾樂生乘艦不進，斬而徇之。於是衆軍並踊騰爭先。軍中多萬鈞神弩，所至莫不摧陷。公中流蹙之，因風水之勢，賊艦悉泊西岸。岸上軍先備火具〔四〇〕，乃投火焚之，煙燄張天，賊衆大敗，追奔至夜乃歸。循等還尋陽。初分遣步軍，莫不疑怪，及燒賊艦，衆乃悦服。召王仲德，請還爲前驅。留輔國將軍孟懷玉守雷池。循聞大軍上，欲走向豫章，乃悉力柵斷左里。大軍至左里，將戰，公所執麾竿折，折幡沈水，衆並怪懼。公歡笑曰：「往年覆舟之戰，幡竿亦折，今者復然，賊必破矣。」即攻柵而進。循兵雖殊死戰，弗能禁。諸軍乘勝奔之，循單舸走。所殺及投水死，凡萬餘人。納其降附，宥其逼略。遣劉藩、孟懷玉輕軍追之。循收散卒，尚有數千人，逕還廣州。道覆還保始興。公旋自左里。天子遣侍中、黄門勞師于行所。

校勘記

〔一〕彭城縣綏輿里人　「輿」字原闕，據本書卷二八符瑞志中、南史卷一宋本紀上、御覽卷一二八引徐爰宋書補。

〔二〕興寧元年　「年」，原作「帝」，據三朝本、南監本、北監本、汲本、殿本、局本改。

〔三〕高祖以晉哀帝興寧元年歲次癸亥三月壬寅夜生　「三月壬寅」，南史卷一宋本紀上同，本書卷四一后妃孝穆趙皇后傳則作「四月二日」，按是年三月丙戌朔，壬寅爲月之十七日，紀傳互異。

〔四〕晉朝衞將軍謝琰　「衞將軍」下原有三字空格，三朝本、北監本、汲本、殿本、局本注「闕」字，册府卷一八四無空格，今據南監本删。按殿本考證云：「晉書，謝琰爲衞將軍，與下句前將軍劉牢之書法正是一例，並無闕文，因諸本多同，姑仍其舊。」

〔五〕戰士不盈數百人　「人」字原闕，據三朝本、北監本、汲本、殿本、局本補。

〔六〕賊遥問劉裕所在　「劉裕」，原作「劉諱」，蓋避諱劉裕名，今回改作「劉裕」。下同改，不另出校。

〔七〕死者四千人　「四」，汲本、局本作「數」。

〔八〕恩以彭排音敗自載　「彭排」，原作「鼓排」，據御覽卷三五七引晉書安帝紀改。按釋名：「彭排，彭，旁也。在旁排敵禦攻也。」本書卷四五王鎮惡傳亦有「見軍人擔彭排戰具」語。

〔九〕領水軍追恩至鬱洲　「恩」，原作「罰」，册府卷一八四作「討」，今據三朝本、南監本、北監本、汲本、殿本、局本改。

〔一〇〕高祖與牢之甥東海何無忌並固諫　「諫」，原作「請」，據南史卷一宋本紀上改。

〔一一〕今當北就高雅於廣陵舉事　「高雅」，即「高雅之」，六朝以「之」字爲人名者，時或省之。

〔一二〕裕當反服還京口耳　「反服」，三朝本、北監本、汲本、殿本作「反復」。通鑑卷一一二晉紀元興元年作「反服」，胡注：「反服謂反初服也。離騷曰：『退將復脩吾初服。』此言釋戎服而服常服。」

〔一三〕憑之從子韶韶弟祗隆道濟　「韶」字原不疊，又「道濟」上有「與叔」二字。按孫虨考論卷一：「祗、隆、道濟並韶弟，依文義當疊『韶』字。」又張熷讀史舉正：「韶、祗、道濟並兄弟，此云『與叔』，誤。」今據孫、張二説補删。

〔一四〕東莞臧熹　「臧熹」，原作「臧喜」，按本書卷五五臧燾傳、卷七四臧質傳並作「臧熹」，今據改。

〔一五〕既而嫌邁不執安穆　「嫌」，原作「廉」，據通鑑卷一一三晉紀元興三年改。

〔一六〕玄又遣武騎將軍庾禕之　「武騎將軍庾禕之」，晉書卷九九桓玄傳作「武衞將軍庾頤之」。

〔一七〕立留臺官　北監本、殿本、局本作「立留臺總百官」，通鑑卷一一三晉紀元興三年作「立留臺百官」。按時晉安帝尚在尋陽，故建康稱留臺。據下文衆欲推劉裕領揚州，裕固辭，則此時劉裕必無總百官之事。又通鑑記是時「劉裕稱受帝密詔，以武陵王遵稱制，總百官行事，加侍中、大將軍」，則總百官者，乃武陵王遵。

〔一八〕尚書王嘏率百官奉迎乘輿　「王嘏」，原作「王假」，據南史卷一宋本紀上、通鑑卷一一三晉紀元興三年改。

〔一九〕領軍將軍徐州刺史　「領軍將軍」，魏書卷九七島夷劉裕傳、建康實録卷一一、御覽卷一二八引徐爰宋書並作「鎮軍將軍」。按孫彪考論卷一：「領軍與都督刺史異職，晉書及宋本紀同卷後進位侍中詔皆作『鎮軍將軍』，則都督刺史加號也。當從之。然高祖時蓋兼領軍，南史書領軍在徐州刺史下。」

〔二〇〕由是王謐等諸人時失民望　「失」，原作「衆」，據三朝本、汲本、局本改。按李慈銘札記云「當作『時失人望』」。

〔二一〕光禄勳卞承之　「卞承之」，原作「丁承之」，據晉書卷九九桓玄傳改。按通鑑卷一一四晉紀義熙三年殺殷仲文時，並誅卞承之，蓋即其人。

〔二二〕桓玄兄子歆　「兄子歆」，原作「兒子韶」，據本書卷四七劉敬宣傳、通鑑卷一一三晉紀元興三年改。

〔二三〕無忌道規破玄大將郭銓等于桑落洲　「郭銓」，原作「鄭鈴」，據本書卷四七劉懷肅傳、晉書卷九九桓玄傳、南齊書卷一五州郡志下改。

〔二四〕衆軍下擊　「軍」，原作「驚」，據册府卷一八四改。

〔二五〕遣從孫祐之與參軍費恬送弟喪州下　「費恬」，原作「費括」，據三朝本、南監本、北監本、汲本、殿本、局本、晉書卷八一毛寶傳附毛璩傳改。下出並改。「州」字原闕，據三朝本、南監本、北監本、汲本、殿本、局本補。

〔二六〕璩弟子脩之時爲玄屯騎校尉　「脩之」，原作「循之」，據三朝本、南監本、北監本、汲本、殿本、局本改。

〔二七〕玄從子振逃於華容之涌中　「涌中」，原作「浦中」，據南史卷一宋本紀上、晉書卷七四桓彝傳附桓振傳改。按左傳莊公十八年杜預注：「涌水在南郡華容縣。」水經注卷三五江水三：「江水又東，涌水注之。水自夏水南通於江，謂之涌口。」

〔二八〕莽倫載竊　「莽」，原作「恭」，據局本改。按莽、倫，謂王莽、司馬倫也。

〔二九〕而鎮軍謙虛自衷　「鎮軍」，原作「領軍」，據南監本、北監本、殿本、局本改。參見本卷校勘記〔一九〕。

〔三〇〕輒攝衆軍先上　「攝」字上原有一字空格，據三朝本、南監本、北監本、汲本、殿本、局本删。按册府卷一八四作「申攝」。

〔三一〕制路日直植城　疑句有訛奪。

〔三二〕乃升綱於樓上　「樓上」，御覽卷三三六引沈約宋書、通鑑卷一一五晉紀義熙五年、通志卷一一作「樓車」。

〔三三〕自河北歸順　「自」字原闕。通鑑卷一一五晉紀義熙五年云「段宏自魏奔於裕」。孫彪考論卷一：「『河北』上當有『自』字。」按孫説是，今據補。

〔三四〕殺其王公以下　「王公」，原作「亡命」，據南史卷一宋本紀上、册府卷一八四、通鑑卷一一五晉紀義熙六年改。

〔三五〕今方頓兵堅城之下　「頓」，原作「領」，據建康實録卷一一、通鑑卷一一五晉紀義熙六年改。

〔三六〕皆聚以實衆　「聚」，原作「衍」，據三朝本、北監本、汲本、殿本、局本改。

〔三七〕廣武將軍劉懷默屯建陽門外　「劉懷默」，原作「劉默」，據晉書卷一〇安帝紀、建康實録卷一〇、通志卷一〇下補正。劉懷默見本書卷四五劉懷慎傳。

〔三八〕命參軍褚叔度朱齡石率勁勇千餘人過淮　「褚叔度」，原作「諸葛叔度」，據本書卷五二褚叔度傳改。

〔三九〕盧循遣其大將荀林寇江陵　「荀林」，晉書卷一一八姚興載記下、通鑑卷一一五晉紀義熙六年、通志卷一〇下並作「苟林」。

〔四〇〕岸上軍先備火具　「岸」字原闕，據南史卷一宋本紀上、通典卷一六二兵一五、通鑑卷一一五晉紀義熙六年補。

宋書卷二

本紀第二

武帝中

七年正月己未，振旅于京師。改授大將軍、揚州牧，給班劍二十人，本官悉如故，固辭。凡南北征伐戰亡者，並列上賻贈。尸喪未反，遣主帥迎接，致還本土。

二月，盧循至番禺，爲孫季高所破，收餘衆南走。劉藩、孟懷玉斬徐道覆于始興。

晉自中興以來，治綱大弛，權門并兼，彊弱相凌，百姓流離，不得保其產業。桓玄頗欲釐改，竟不能行。公既作輔，大示軌則，豪彊肅然，遠近知禁。至是會稽餘姚虞亮復藏匿亡命千餘人。公誅亮，免會稽內史司馬休之。

天子又申前命，公固辭。於是改授太尉、中書監，乃受命。奉送黃鉞，解冀州。

交州刺史杜慧度斬盧循，傳首京師。

先是諸州郡所遣秀才、孝廉，多非其人，公表天子，申明舊制，依舊策試。

征西將軍、荆州刺史道規疾患求歸，八年四月，改授豫州刺史，以後將軍、豫州刺史劉毅代之。毅與公俱舉大義，興復晉室，自謂京城、廣陵，功業足以相抗。雖權事推公，而心不服也。毅既有雄才大志，厚自矜許，朝士素望者多歸之。與尚書僕射謝混、丹陽尹郗僧施並深相結。及西鎮江陵，豫州舊府，多割以自隨，請僧施爲南蠻校尉。既知毅不能居下，終爲異端，密圖之。毅至西，稱疾篤，表求從弟兗州刺史藩以爲副貳，僞許焉。九月，藩入朝，公命收藩及謝混，並於獄賜死。自表討毅。又假黄鉞，率諸軍西征。以前鎮軍將軍司馬休之爲平西將軍、荆州刺史，兗州刺史道憐鎮丹徒，豫州刺史諸葛長民監太尉留府事，加太尉司馬、丹陽尹劉穆之建威將軍，配以實力。壬午，發自京師。遣參軍王鎮惡、龍驤將軍蒯恩前襲江陵。十月，鎮惡剋江陵，毅及黨與皆伏誅。

十一月己卯，公至江陵，下書曰：

夫去弊拯民〔一〕，必存簡恕，捨網修綱，雖煩易理。江、荆彫殘，刑政多闕，頃年事故，綏撫未週。遂令百姓疲匱，歲月滋甚，財傷役困，慮不幸生。凋殘之餘，而不減舊，刻剥徵求，不循政道。宰莅之司，或非良幹，未能菲躬儉〔二〕，苟求盈給，積習生常，漸不知改。

近因戎役，來涉二州，踐境親民，愈見其瘼，思欲振其所急，衈其所苦。凡租税調役，悉宜以見户爲正。州郡縣屯田池塞，諸非軍國所資，利入守宰者，今一切除之。州郡縣吏，皆依尚書定制實户置。臺調癸卯梓材，庚子皮毛，可悉停省，別量所出。巴陵均折度支，依舊兵運。原五歲刑已下。凡所質録賊家餘口，亦悉原放。

以荆州十郡爲湘州，公乃進督〔三〕。以西陽太守朱齡石爲益州刺史，率衆伐蜀。進公太傅、揚州牧，加羽葆鼓吹，班劍二十人。

九年二月乙丑，公至自江陵。初諸葛長民貪淫驕横，爲士民所患苦，公以其同大義，優容之。劉毅既誅，長民謂所親曰：「昔年醢彭越，今年誅韓信，禍其至矣。」將謀作亂。公克期至京邑，而每淹留不進。公卿以下頻日奉候於新亭，長民亦驟出。既而公輕舟密至，已還東府矣。長民到門。引前，卻人閑語，凡平生於長民所不盡者，皆與及之。長民甚説。已密命左右壯士丁旿等自幔後出，於坐拉焉。長民墜牀，又於地毆之，死於牀側。輿尸付廷尉。并誅其弟黎民。旿驍勇有氣力，時人爲之語曰：「勿跋扈，付丁旿。」

先是山湖川澤，皆爲豪彊所專，小民薪採漁釣，皆責税直，至是禁斷之。時民居未一，公表曰：

臣聞先王制治，九土攸序，分境畫疆，各安其居。在昔盛世，人無遷業，故井田之制，三代以隆。秦革斯政，漢遂不改，富彊兼并，於是爲弊。然九服弗擾，所託成舊，在漢西京，大遷田、景之族，以實關中，即以三輔爲鄉閭，不復係之於齊、楚。自永嘉播越，爰託淮、海，朝有匡復之筭，民懷思本之心，經略之圖，日不暇給。是以寧民綏治，猶有未遑。及至大司馬桓温，以民無定本，傷治爲深，庚戌土斷，以一其業。于時財阜國豐，實由於此。自茲迄今，彌歷年載，畫一之制，漸用頹弛。雜居流寓，閭伍弗脩，王化所以未純，民瘼所以猶在。

臣荷重任，恥責實深，自非改調解張，無以濟治。夫人情滯常，難與慮始，所謂父母之邦以爲桑梓者，誠以生焉終焉，敬愛所託耳。今所居累世，墳壟成行，敬恭之誠，豈不與事而至。請準庚戌土斷之科，庶子本所弘，稍與事著。然後率之以仁義，鼓之以威武，超大江而跨黄河，撫九州而復舊土，則戀本之志，乃速申於當年〔四〕，在始暫勤，要終所以能易。

伏惟陛下，垂矜萬民，憐其所失，永懷鴻鴈之詩，思隆中興之業。既委臣以國重，期臣以寧濟，若所啓合允，請付外施行。

於是依界土斷，唯徐、兗、青三州居晉陵者，不在斷例。諸流寓郡縣，多被併省。

以公領鎮西將軍、豫州刺史。公固讓太傅、州牧及班劍，奉還黄鉞。七月，朱齡石平蜀，斬僞蜀王譙縱，傳首京師。九月，封公次子義真爲桂陽縣公，以賞平齊及定盧循也。天子重申前命，授公太傅、揚州牧，加羽葆、鼓吹、班劍二十人。將吏百餘敦勸，乃受羽葆、鼓吹、班劍，餘固辭。

十年，息民簡役。築東府，起府舍。

平西將軍、荆州刺史司馬休之，宗室之重，又得江漢人心，公疑其有異志，而休之兄子譙王文思在京師，招集輕俠，公執文思送還休之，令自爲其所。休之表廢文思，并與公書陳謝。十一年正月，公收休之子文寶、兄子文祖，並於獄賜死，率衆軍西討。復加黄鉞〔五〕，領荆州刺史。辛巳，發京師，以中軍將軍道憐監留府事。休之上表自陳曰：

臣聞運不常一，治亂代有，陽九既謝，圮終則泰。昔篡臣肆逆，皇綱絶紐，卜世未改〔六〕，鼎祚再隆。太尉臣裕威武明斷，首建義旗，除蕩元凶，皇居反正。布衣匹夫，匡復社稷，南剿盧循，北定廣固〔七〕，千載以來，功無與等。由是四海歸美，朝野推崇。既位窮台牧，權傾人主，不能以道處功，恃寵驕益。自以酬賞既極，便情在無上，刑戮逆濫，政用暴苛。問鼎之迹日彰，人臣之禮頓缺。陛下四時膳御，觸事縣空，宫省供奉，十不一在。皇后寢疾之際，湯藥不周，手與家書，多所求告。皆是朝士共所聞見，莫不傷懷憤歎，口不敢言。前揚州刺史元顯第五息法興，桓玄之覺，逃遠於外，王路既開，始得歸本。太傅之胤，絶而復興，凡在有懷，誰不感慶。裕吞噬之心，不避輕重，以法興聰敏明慧，必爲民望所歸，芳蘭既茂，内懷憎惡，乃妄扇異言，無罪即戮。大司馬臣德文及王妃公主，情計切逼，並狼狽請命。逆肆禍毒，誓不矜許，冤酷之痛，感動行路。自以地卑位重，荷恩崇大，乃以庶孽與德文嫡婚，致茲非偶，寔由威逼。故衞將軍劉毅、右將軍劉藩、前將軍諸葛長民、尚書僕射謝混、南蠻校尉郗僧施，或盛勳德胤，令望在身，皆社稷輔弼，協讚所寄，無罪無辜，一旦夷滅。猜忍之性，終古所希。

臣自惟門户衰破，賴之獲存，皇家所重，終古難匹。是以公私歸凴，事盡祇順。前經攜侍再授荆州，輒苦陳告，自以才弱位隆，不宜久荷分陝，屢求解任，必不見聽。前經攜侍老母，半家俱西，凡諸子姪，悉留京輦。臣兄子譙王文思，雖年少常人，粗免咎悔，性好交遊，未知防遠，羣醜交構，爲其風聲。裕遂翦戮人士，遠送文思。臣順其此旨，表送章節，請廢文思，改襲大宗，遣息文寶送女東歸。自謂推誠奉順，理不過此。豈意裕苞藏禍心，遂見討伐，加惡文思，構生罪釁。羣小之言，遠近噂喈，而臣純愚，闇信必謂不然。尋臣府司馬張茂度狼狽東歸，南平太守檀範之復以此月三日委郡叛逆，尋有審問，東軍已上。裕今此舉，非有怨憎，正以臣王室之幹，位居藩岳，時賢既盡，唯臣獨存，規以翦滅，成其篡殺。鎮北將軍臣宗之、青州刺史臣敬宣，並是裕所深忌憚，欲以次除蕩，然後傾移天日，於事可易。

今荆、雍義徒，不召而集，子來之衆，其會如林。豈臣無德所能綏致，蓋七廟之靈，理貫幽顯。輒授文思振武將軍、南郡太守，宗之子竟陵太守魯軌進號輔國將軍。臣今與宗之親御大衆，出據江津，案甲抗威，隨宜應赴。今絳旗所指，唯裕兄弟父子而已。須剋蕩寇逆，尋續馳聞。由臣輕弱，致裕凌橫，上慙俯愧，無以厝顏。

休之府録事參軍韓延之，故吏也〔八〕，有幹用才能。公未至江陵，密使與之書曰：「文思事源，遠近所知，去秋遣康之送還司馬君者〔九〕，推至公之極也。而了不遜愧，又無表疏。文思經正不反，此是天地之不容。吾受命西討，止其父子而已。彼土僑舊，爲所驅逼，一無所問。往年郗僧施、謝邵、任集之等，交構積歲，專爲劉毅謀主，所以至此。卿等諸人，一時逼迫，本無纖釁。吾處懷期物，自有由來。今在近路，正是諸人歸身之日。若大軍登道，交鋒接刃，蘭艾吾誠不分。故具示意，并示同懷諸人。」延之報曰：

承親率戎馬，遠履西畿，闔境士庶，莫不恇駭。何者？莫知師出之名故也。今辱來疏，始知以譙王前事，良增歎息。司馬平西體國忠貞，欵愛待物，當於古人中求耳。以君公有匡復之勳，家國蒙賴，推德委誠，每事詢仰。譙王往以微事見劾，猶自表遜位；況以大過而當嘿然邪。但康之前言有所不盡，故重使胡道諮白所懷。道未及反，已奏表廢之，所不盡者命耳。推寄相與之懷，正當如此？有何不可，便興兵戈。自義旗秉權以來，四方方伯，誰敢不先相諮疇，而逕表天子邪。譙王爲宰相所責，又表廢之，經正何歸，表使何因，可謂「欲加之罪，其無辭乎」！

劉裕足下，海内之人，誰不見足下此心，而復欲欺誑國士！天地所不容，在彼不在此矣。來示言「處懷期物，自有由來」。今伐人之君，啗人以利，真可謂「處懷期物，自有由來」者矣。劉藩死於閶闔之内〔一〇〕，諸葛斃於左右之手，甘言詫方伯，襲之以輕兵，遂使席上靡款懷之士，閫外無自信諸侯，以是爲得筭，良可恥也。貴府將佐及朝廷賢德，寄性命以過日，心企太平久矣。吾誠鄙劣，嘗聞道於君子。以平西之至德，寧可無授命之臣乎！未能自投虎口，比迹郗、任之徒明矣。假令天長喪亂，九流渾濁，當與臧洪遊於地下，不復多言。

公視書歎息，以示諸佐曰：「事人當如此。」

三月，軍次江陵。初雍州刺史魯宗之常慮不爲公所容，與休之相結，至是率其子竟陵太守軌會于江陵。江夏太守劉虔之邀之，軍敗見殺。公命彭城内史徐逵之、參軍王允之出江夏口，復爲軌所敗，並没。時公軍泊馬頭，即日率衆軍濟江，躬督諸將登岸，莫不奮踊爭先。休之衆潰，與軌等奔襄陽，江陵平。加領南蠻校尉。

將拜，值四廢日，佐史鄭鮮之、褚叔度、王弘、傅亮白遷日，不許。下書曰：「此州積弊，事故相仍，民疲田蕪，杼軸空匱。加以舊章乖昧，事役頻苦，童耄奪養，老稺服戎，空户從役，或越紼應召。每永懷民瘼，宵分忘寢，誠宜蠲除苛政，弘兹簡惠。庶令凋風弊政，與事而新，寧一之化，成於朞月。荆、雍二州，西局、蠻府吏及軍人年十二以還，六十以上，及扶養孤幼，單丁大艱，悉仰遣之。窮獨不能存者，給其長賑。府州久勤將吏，依勞銓序。并除今年租税。」

四月，公復率衆進討。至襄陽，休之奔羌。天子復重申前命，授太傅、揚州牧，劍履上殿，入朝不趨，贊拜不名，加前部羽葆、鼓吹，置左右長史、司馬、從事中郎四人。封公第三子義隆爲北彭城縣公〔一一〕。以中軍將軍道憐爲荆州刺史。

八月甲子，公至自江陵，奉還黄鉞，固辭太傅、州牧、前部羽葆、鼓吹，其餘受命。朝議以公道尊勳重，不宜復施敬護軍，既加殊禮，奏事不復稱名。以世子爲兗州刺史。

十二年正月，詔公依舊辟士。加領平北將軍、兗州刺史。增都督南秦，凡二十二州。公以平北文武寡少，不宜別置。於是罷平北府，以併大府〔一二〕。以世子爲豫州刺史。三月，加公中外大都督。

初公平齊，仍有定關、洛之意，值盧循侵逼，故其事不諧。荆、雍既平，方謀外略。會羌主姚興死，子泓立，兄弟相殺，關中擾亂，公乃戒嚴北討。加領征西將軍、司豫二州刺史。以世子爲徐、兗二州刺史。下書曰：「吾倡大義，首自本州，克復皇祚，遂建勳烈，外夷勍敵，内清姦軌，皆邦人州黨竭誠盡力之效也。情若風霜，義貫金石。今當奉辭西旆，有事關、河，弱嗣叨蒙，復忝今授，情事纏綿，可謂深矣。頃軍國務殷，刑辟未息，眷言懷之，能不多歎。其犯辠繫五歲以還，可一原遣。文武勞滿未蒙榮轉者，便隨班序報。」

公受中外都督及司州，並辭大司馬琅邪王禮敬，朝議從之。公欲以義聲懷遠，奉琅邪王北伐。五月，羌僞黄門侍郎尹沖率兄弟歸順。又加公北雍州刺史，前部羽葆、鼓吹，增班劍爲四十人。解中書監。八月丁巳，率大衆發京師。以世子爲中軍將軍，監太尉留府事。尚書右僕射劉穆之爲左僕射，領監軍、中軍二府軍司〔一三〕，入居東府，總攝内外。九月，公次于彭城，加領徐州刺史。

先是遣冠軍將軍檀道濟、龍驤將軍王鎮惡步向許、洛，羌緣道屯守，皆望風降服。僞兗州刺史韋華先據倉垣，亦率衆歸順。公又遣冀州刺史王仲德先以水軍入河〔一四〕。仲德破索虜於東郡涼城，進平滑臺。十月，衆軍至洛陽，圍金墉。泓弟僞平南將軍洸請降，送于京師。脩復晉五陵，置守衞。

天子詔曰：

夫嵩、岱配極，則乾道增輝，藩嶽作屏，則帝王成務。是以夏、殷資昆、彭之伯，有周倚齊、晉之輔。鑒諸前典，儀形萬代，翼治扶危，靡不由此。

太尉公命世天縱，齊聖廣淵，明燭四方，道光宇宙。爰自□□初迪，則投懃王國，妖盭孔熾，則功存社稷。固以四維是荷，萬邦攸賴者矣。曁桓玄僭逆，傾蕩四海，公深秉大節，靈武霆震，弘濟朕躬，再造王室。每惟勳德，銘于厥心，遂北清海、岱，南夷百越，荆、雍稽服，庸、岷順軌，剋黜方難，式遏寇虐。及阿衡王猷，班序内外，仰興絶風，傍嗣逸業。秉禮以整俗，遵王以垂訓，聲教遠被，無思不洽。爰曁木居海處之酋，被髪彫題之長，莫不忘其陋險，九譯來庭，此蓋播諸徽策，靡究其詳者也。曩者永嘉不綱，諸夏幅裂，終古帝居，淪胥戎虜，永言園陵，率土同慕。公明發遐慨，撫機電征，親董侯伯，稜威致討。旗旝首塗，則八表響震；偏師先路，則多壘雲徹。舊都載清，五陵復禮，百城屈膝，千落影從。自篇籍所載，生民以來，勳德懋功，未有若此之盛者也。

昔周、吕佐叡聖之主，因三分之形，把旄仗鉞，一時指麾，皆大啓壃宇，跨州兼國。

其在桓、文，方茲尤儉，然亦顯被寵章，光錫殊品。況乃獨絶百代，顧邈前烈者哉！朕每弘鑒古訓，思遵令圖。以公深秉沖挹，用闕大禮，天人引領，于茲歷載。況今禹迹齊軌，九隩同文，司勳抗策，普天增佇。遂公高挹，大愆國章，三靈眷屬，朕實祗懼。便宜顯答羣望，允崇盛典。其進位相國，總百揆，揚州牧，封十郡爲宋公，備九錫之禮，加璽綬、遠遊冠，位在諸侯王上，加相國綠綟綬。

策曰：

朕以寡昧，仰贊洪基，夷羿乘釁，蕩覆王室，越在南鄙，遷于九江。宗祀絶饗，人神無位，提挈羣凶，寄命江滸。則我祖宗之業，奄墜于地，七百之祚，翦焉既傾，若涉淵海，罔知攸濟。天未絶晉，誕育英輔，振厥弛維，再造區寓〔二五〕，興亡繼絶，俾昏作明。元勳至德，朕實賴焉。今將授公典策，其敬聽朕命：

乃者桓玄肆僭，滔天泯夏，拔本塞源，顛倒六位，庶僚俛眉，四方莫卹。公精貫朝日，氣凌霄漢，奮其靈武，大殲羣慝，剋復皇邑，奉帝歆神。此公之大節〔二六〕，始於勤王者也。授律羣后，泝流長鶩，薄伐崢嶸，獻捷南郢，大憝折首，羣逆畢夷，三光旋采，舊物反正。此又公之功也。出藩入輔，弘茲保弼，阜財利用，繁殖生民，編户歲滋，壃宇日啓，導德明刑，四境有截。此又公之功也。鮮卑負衆，僭盜三齊，狼噬冀、青，虔劉沂、岱，介恃遐阻，仍爲邊毒。公蒐乘秣駟，夐入遠壃，銜橹四臨，萬雉俱潰，竊號之虜，顯戮司寇，拓土三千，申威龍漠。此又公之功也。盧循妖凶，伺隙五嶺，乘虚肆逆，侵覆江、豫，矜拂寰內，矢及王城，朝野喪沮，莫有固志，家獻徙卜之計，國議遷都之規。公乘輶南濟，義形于色，嶷然內湛，視嶮若夷，攄略運奇，英謨不世，狡寇窮衂，喪旗宵遁，俾我畿甸，拯於將墜。此又公之功也。追奔逐北，揚旍江瀆，偏旅浮海，指日遄至。番禺之功，俘級萬數，左里之捷，魚潰鳥散。元凶遠迸，傳首萬里，海南肅清，荒服來款。此又公之功也。劉毅叛換，負釁西夏，凌上罔主，志肆姦暴，附麗協黨，扇蕩王畿。公御軌以刑，消之不日，倉兕電泝，神兵風掃，罪人斯得，荆、衡清晏。此又公之功也。譙縱怙亂，寇竊一隅，王化阻閡，三巴淪溺。公指命偏師，授以良圖，凌波浮湍，致届井絡，僭豎伏鑕，梁、岷草偃。此又公之功也。馬休、魯宗，阻兵內侮，驅率二方，連旗稱亂。公投袂星言，研其上略，江津之師，勢踰風電，迴旆沔川，寔繁震慴，二叛奔迸，荆、雍來蘇，玄澤浸育，溫風潛被。此又公之功也。永嘉不競，四夷擅華，五都幅裂，山陵幽辱，祖宗懷没世之憤，遺氓有匪風之思。公遠齊伊宰納隍之仁，近同小白滅亡之恥，鞠旅陳師，赫然大號，分命羣帥，北徇司、兗。許、鄭風靡，鞏、洛載清，僞牧逆藩，交臂請罪，百年榛穢，一朝掃滌〔一七〕。此又公之功也。

公有康宇内之勳，重之以明德。爰初發迹，則奇謨冠古，電擊强妖，則鋒無前對，聿寧東畿，大造黔首。若乃草昧經綸，化融於歲計，扶危静亂，道固於苞桑。辯方正位，納之軌度，蠲削煩苛，較若畫一，淳風美化，盈塞宇宙。是以絶域獻琛，遐夷納貢，王略所宣，九服率從。雖文命之東漸西被，咎繇之邁于種德，何以尚兹。朕聞先王之宰世也，庸勳尊賢，建侯胙土，褒以寵章，崇其徽物，所以協輔皇家，永隆藩屏。故曲阜光啓，遂荒徐宅，營丘表海，四履有聞。其在襄王，亦賴匡霸，又命晉文，備物光錫。惟公道冠前烈，勳高振古，而殊典未加，朕甚憒焉。今進授相國，以徐州之彭城沛蘭陵下邳淮陽山陽廣陵、兗州之高平魯泰山十郡，封公爲宋公。錫兹玄土，苴以白茅，爰定爾居，用建冢社。昔晉、鄭啓藩，入作卿士，周、邵保傅，出總二南，内外之重，公實兼之。今命使持節、兼太尉、尚書右僕射、晉寧縣五等男湛授相國印綬〔一八〕，宋公璽紱；使持節、兼司空、散騎常侍、尚書、陽遂鄉侯泰授宋公茅土，金虎符第一至第五左〔一九〕，竹使符第一至第十左。相國位無不總，禮絶朝班，居常之名，宜與事革。其以相國總百揆〔二〇〕，去「録尚書」之號。上送所假節、侍中貂蟬、中外都督太傅太尉印綬〔二一〕，豫章公印策。進揚州牧，領征西將軍、司豫北徐雍四州刺史如故。

公紀綱禮度，萬國是式，乘介蹈方，罔有遷志。是以錫公大輅、戎輅各一，玄牡二駟。公抑末敦本，務農重積，采蘩實殷，稼穡惟阜。是用錫公衮冕之服，赤舄副焉。公閑邪納正，移風改俗，陶鈞品物，如樂之和。是用錫公軒縣之樂，六佾之舞。公宣美王化，導揚休風，華夷企踵，遠人胥萃。是用錫公朱户以居。公官方任能，網羅幽滯，九皋辭野，髦士盈朝。是用錫公納陛以登。公當軸處中，率下以義，式遏寇讎，清除苛慝。是用錫公虎賁之士三百人。公明罰恤刑，庶獄詳允，放命干紀，罔有攸縱。是用錫公鈇、鉞各一。公龍驤鳳矯，咫尺八紘，括囊四海，折衝無外。是用錫公彤弓一，彤矢百，盧弓十，盧矢千。公温恭孝思，致虔禋祀，忠肅之志，儀刑萬方。是用錫公秬鬯一卣，圭瓚副焉。宋國置丞相以下，一遵舊儀。欽哉！其祗服往命，茂對天休，簡恤庶邦，敬敷顯德，以終我高祖之嘉命。」

枹罕虜乞佛熾槃遣使詣公求効力討羌，拜平西將軍、河南公〔二二〕。

置宋國侍中、黄門侍郎、尚書左丞、郎，隨大使奉迎〔二三〕。

十三年正月，公以舟師進討，留彭城公義隆鎮彭城。軍次留城，經張良廟，令曰：「夫盛德不泯，義在祀典，微管之歎，撫事彌深。張子房道亞黄中，照隣殆庶，風雲玄感〔二四〕，蔚爲帝師，大拯横流，夷項定漢，固以參軌伊、望，冠德如仁。若乃神交圯上，道契商洛，顯晦之間，窈然難究，源流淵浩，莫測其端矣。塗次舊沛，佇駕留城，靈廟荒殘，遺象陳昧，撫迹懷人，慨然永歎。過大梁者或佇想於夷門，遊九原者亦流連於隨會。可改構榱桷，脩飾丹青，蘋蘩行潦，以時致薦。以紓懷古之情，用存不刊之烈。」天子追贈公祖爲太常，父爲左光禄大夫，讓不受。

二月，冠軍將軍檀道濟等次潼關。三月庚辰，大軍入河。索虜步騎十萬，營據河津。公命諸軍濟河擊破之。公至洛陽。七月，至陝城。龍驤將軍王鎮惡伐木爲舟，自河浮渭。八月，扶風太守沈田子大破姚泓於藍田。王鎮惡剋長安，生擒泓。九月，公至長安。長安豐全，帑藏盈積。公先收其彝器、渾儀、土圭之屬，獻于京師；其餘珍寶珠玉，以班賜將帥。執送姚泓，斬于建康市。謁漢高帝陵，大會文武於未央殿。

十月，天子詔曰：

朕聞先王之莅天下也，上則大寶以尊德，下則建侯以褒功。是以成勳告就，文命有玄圭之錫，四海來王，姬旦饗龜、蒙之封。夫翼聖宣績，輔德弘猷，禮窮元賞，寵章希世。況明保沖昧，獨運陶鈞者哉！

朕以不德，遭家多難，雲雷作屯，夷羿竊命，失位京邑，遂播蠻荆，艱難卑約，制命凶醜。相國宋公，天縱睿聖，命世應期，誠貫三靈，大節宏發。拯朕躬於巢幕，迴靈命於已崩，固已道窮北面，暉格八表者矣。及外積全國之勳，内累戡黎之伐，芟夷彊妖之始，藴崇姦猾之源，顯仁藏用之道，六府孔脩之績，莫不雲行雨施，能事必舉，諒已方軌於三五，不容於典策者焉。自永嘉喪師，綿踰十紀，五都分崩，然正朔時暨；唯三秦懸隔，未之暫賓。至令羌虜襲亂，淫名三世〔二五〕，資百二之易守，恃函谷之可關，廟筭韜略，不謀之日久矣。公命世撫運，闡曜威靈，内研諸侯之慮，外致上天之罰。故能倉兕甫訓，則許、鄭風偃，鉦鉞未指，則瀍、洛霧披。俾舊闕之陽，復集萬國之軫，東京父老，重覩司隸之章。俾朕負扆高拱，而保大洪烈。是用遠鑒前典，延即羣謀，敬授殊錫，光啓壃宇。乘馬之制，有陋舊章；徽稱之美，未窮上爵。豈足以顯報懋功，允塞民望；藩輔王畿，長轡六合者乎。寔以公每秉謙德，卑不可踰，難進之道，以寵爲戚。是故降損盛制，且有後命也。自茲迄今，洪勳彌劭，稜威九河，魏、趙底服，迴轅崤、潼，連城冰泮。遂長驅灞、滻，懸旍龍門，逆虜姚泓，係頸就擒。百稔梗穢，滌於崇朝；祖宗遺憤，雪於一旦。涉禹之迹，方行天下，至于海外，罔有不服。功固萬世，其寧惟永，豈金石雅頌所能讚揚，寔可以告於神明，勒銘嵩、岱者已。

朕又聞之，周道方遠，則鸑鷟鳴岐，二南播德，則麟騶呈瑞。自公大號初發，爰暨告成，靈祥炳焕，不可勝紀，豈伊素雉遠至，嘉禾近歸而已哉！朕每仰鑒玄應，俯察人謀，進惟道勳，退惟國典，豈得遂公沖挹，而久藴盛策。便宜敬行大禮，允副幽顯之望。其進宋公爵爲王，以徐州之海陵東安北琅邪北東莞北東海北譙北梁、豫州之汝南北潁川北南頓凡十郡，益宋國。其相國、揚州牧、領征西將軍、司豫北徐雍四州刺史如故。

十一月，前將軍劉穆之卒，以左司馬徐羨之代掌留任。大事昔所決於穆之者，皆悉以諮。公欲息駕長安，經略趙、魏，會穆之卒，乃歸。十二月庚子，發自長安，以桂陽公義真爲安西將軍、雍州刺史，留腹心將佐以輔之。閏月，公自洛入河，開汴渠以歸。

十四年正月壬戌，公至彭城，解嚴息甲。以輔國將軍劉遵考爲并州刺史，領河東太守，鎮蒲坂。公解司州，領徐、冀二州刺史，固讓進爵。

六月，受相國宋公九錫之命。令曰：「孤以寡薄，負荷殊重，守位奉藩，危溢是懼。朝恩隆泰，委美推功，遂方軌齊、晉，擬議國典〔二六〕。雖亮誠守分，十稔于今，而成命弗迴，百辟胥暨内外庶僚，敦免周至。籍運來之功，參休明之迹，乘菲薄之資，同盛德之事，監寐永言，未知攸託。隆祚之始，思覃斯慶。其赦國内殊死以下，今月二十三日昧爽以前，悉皆原宥。鰥寡孤獨不能自存者，人賜粟五斛。府州刑罪，亦同蕩然。其餘詳依舊準。」詔崇豫章公太夫人爲宋公太妃，世子中軍將軍，副貳相國府。以太尉軍諮祭酒孔季恭爲宋國尚書令，青州刺史檀祗爲領軍將軍，相國左長史王弘爲尚書僕射。其餘百官悉依天朝之制。又詔宋國所封十郡之外，悉得除用。

先是安西中兵參軍沈田子殺安西司馬王鎮惡〔二七〕，諸將軍復殺安西長史王脩。關中亂。十月，公遣右將軍朱齡石代安西將軍桂陽公義真爲雍州刺史。義真既還，爲佛佛虜所追，大敗，僅以身免。諸將帥及齡石並没。領軍檀祗卒，以中軍司馬檀道濟爲中領軍。

十二月，天子崩，大司馬琅邪王即帝位。

元熙元年正月，詔遣大使徵公入輔。又申前命，進公爵爲王。以徐州之海陵北東海北譙北梁、豫州之新蔡、兖州之北陳留、司州之陳郡汝南潁川滎陽十郡，增宋國〔二八〕。七月，乃受命，赦國内五歲刑以下。遷都壽陽。以尚書劉懷慎爲北徐州刺史，鎮彭城。九月，解揚州。

十二月，天子命王冕十有二旒，建天子旌旗，出警入蹕，乘金根車，駕六馬，備五時副車，置旄頭雲罕，樂舞八佾，設鍾虡宫縣。進王太妃爲太后，王妃爲王后，世子爲太子，王子、王孫爵命之號，一如舊儀。

二年四月，徵王入輔。六月，至京師。晉帝禪位于王，詔曰：

夫天造草昧，樹之司牧，所以陶鈞三極，統天施化。故大道之行，選賢與能，隆替無常期，禪代非一族，貫之百王，由來尚矣。晉道陵遲，仍世多故，爰暨元興，禍難既積，至三光貿位，冠履易所，安皇播越，宗祀墮泯，則我宣、元之祚，永墜于地，顧瞻區域，翦焉已傾。相國宋王，天縱聖德，靈武秀世，一匡頹運，再造區夏，固以興滅繼絶，舟航淪溺矣。若夫仰在璿璣，旁穆七政，薄伐不庭，開復疆宇。遂乃三俘僞主，開滌五都，雕顔卉服之鄉，龍荒朔漠之長，莫不迴首朝陽，沐浴玄澤。故四靈効瑞，川岳啓圖，嘉祥雜遝，休應炳著，玄象表革命之期，華裔注樂推之願。代德之符，著乎幽顯，瞻烏爰止，允集明哲，夫豈延康有歸，咸熙告謝而已哉！

昔火德既微，魏祖底績，黄運不競，三后肆勤。故天之曆數，寔有攸在。朕雖庸闇，昧於大道，永鑒廢興，爲日已久。念四代之高義，稽天人之至望，予其遜位別宮，歸禪于宋，一依唐虞、漢魏故事。

詔草既成，送呈天子使書之，天子即便操筆，謂左右曰：「桓玄之時，天命已改，重爲劉公所延，將二十載。今日之事，本所甘心。」甲子，策曰：

咨爾宋王：夫玄古權輿，悠哉邈矣，其詳靡得而聞。爰自書契，降逮三五，莫不以上聖君四海，止戈定大業。然則帝王者，宰物之通器；君道者，天下之至公。昔在上葉，深鑒茲道，是以天禄既終，唐、虞弗得傳其嗣；符命來格，舜、禹不獲全其謙。所以經緯三才，澄序彝化，作範振古，垂風萬葉，莫尚於茲。自是厥後，歷代彌劭，漢既嗣德於放勛，魏亦方軌於重華。諒以協謀乎人鬼，而以百姓爲心者也。

昔我祖宗欽明，辰居其極，而明晦代序，盈虧有期。翦商兆禍，非唯一世，曾是弗剋，矧伊在今，天之所廢，有自來矣。惟王體上聖之姿，苞二儀之德，明齊日月，道合四時。乃者社稷傾覆，王拯而存之，中原蕪梗，又濟而復之。自負固不賓，干紀放命，肆逆滔天，竊據萬里。靡不潤之以風雨，震之以雷霆。九伐之道既敷，八法之化自理。豈伊博施於民，濟斯黔庶，固以義洽四海，道威八荒者矣。至於上天垂象，四靈效徵，圖讖之文既明，人神之望已改。百工歌於朝，庶民頌于野，億兆抃踊，傾佇惟新。自非百姓樂推，天命攸集，豈伊在予，所得獨專。是用仰祇皇靈，俯順羣議，敬禪神器，授帝位于爾躬。大祚告窮，天祿永終。於戲！王其允執其中，敬遵典訓，副率土之嘉願，恢洪業於無窮，時膺休祐，以答三靈之眷望。

又璽書曰：

蓋聞天生蒸民，樹之以君，帝皇寄世，實公四海，崇替係於勳德，升降存乎其人。故有國必亡，卜年著其數，代謝無常，聖哲握其符。昔在上世，三聖係軌，疇咨四嶽，以弘揖讓。惟先王之有作，永垂範於無窮。及劉氏致禪，寔堯是法，有魏告終，亦憲茲典。我世祖所以撫歸運而順人事，乘利見而定天保者也。而道不常泰，戎夷亂華，喪我洛食，蹙國江表，仍遘否運，淪没相因〔二九〕。逮于元興，遂傾宗祀。幸賴神武光天，大節宏發，匡復我社稷，重造我國家。惟王聖德欽明，則天光大，應期誕載，明保王室。内紓國難，外播宏略，誅大憝於漢陽，逋僭盜於沂渚，澄氛西岷，肅清南越，再靜江、湘，拓定樊、沔。若乃永懷區宇，思一聲教，王師首路，則伊、洛澄流，稜威崤、潼，則華嶽褰靄，僞酋銜璧，咸陽即序。雖彝器所銘，詩書所詠，庸勳之盛，莫之與二也。遂偃武脩文，誕敷德政，八統以馭萬民，九職以刑邦國，思兼三王，以施四事。故能信著幽顯，義感殊方。自歷世所賓，舟車所暨，靡不謳歌仁德，抃舞來庭。

朕每敬惟道勳，永察符運，天之曆數，實在爾躬。是以五緯升度，屢示除舊之迹；三光協數，必昭布新之祥。圖讖禎瑞，皎然斯在。加以龍顔英特，天授殊姿，君人之表，焕如日月。傳稱「惟天爲大，惟堯則之」。詩云：「有命自天，命此文王。」夫「或躍在淵」者，終饗九五之位；「勳格天地」者，必膺大寶之業。昔土德告沴，傳胙于我有晉；今曆運改卜，永終于兹，亦以金德而傳于宋。仰四代之休義，鑒明昏之定期，詢于羣公，爰逮庶尹，咸曰休哉，罔違朕志。今遣使持節、兼太保、散騎常侍、光禄大夫澹，兼太尉、尚書宣範奉皇帝璽綬，受終之禮，一如唐虞、漢魏故事。王其允答人神，君臨萬國，時膺靈祉，酬于上天之眷命。

王奉表陳讓，晉帝已遜琅邪王第，表不獲通。於是陳留王虔嗣等二百七十人〔三〇〕，及宋臺羣臣，並上表勸進。上猶不許。太史令駱達陳天文符瑞數十條，羣臣又固請，王乃從之。

校勘記

〔一〕夫去弊拯民　「去」，原作「弘」，據南監本、北監本、汲本、殿本、局本改。

〔二〕未能菲躬儉　殿本考證：「『躬』下當有『節』字。或『儉』下脫一『用』字。」嚴可均全宋文卷一：「句脫一字。」

〔三〕公乃進督　「乃」，南史卷一宋本紀上作「仍」。

〔四〕乃速申於當年　「申」，原作「由」，據建康實録卷一一、通典卷三食貨三、册府卷四八六改。

〔五〕復加黃鉞　錢大昕考異卷二二：「『加』當作『假』。使持節得殺二千石以下，假黃鉞則可專戮節將矣。」按劉裕此前西討劉毅，有假黃鉞事，劉毅平後當奉還，今次伐司馬休之當曰「復假黃鉞」。

〔六〕卜世未改　「卜世」，原作「十世」。按自西晉武帝至東晉安帝，已十四世，言十世無據。今改正。

〔七〕北定廣固　「北」，原作「女」，據南監本、北監本、汲本、殿本、局本改。

〔八〕故吏也　「故吏」上，南監本有「公之」二字。

〔九〕去秋遣康之送還司馬君者　「君」，原作「軍」，據晉書卷三七宗室譙剛王遜傳附司馬休之傳、冊府卷七二五改。

〔一〇〕劉藩死於閶闔之內　「內」，原作「明」，南監本、局本、晉書卷三七宗室譙剛王遜傳附司馬休之傳、南史卷一宋本紀上作「門」，今據北監本、汲本、殿本改。

〔一一〕封公第三子義隆爲北彭城縣公　「義隆」，原作「諱」，據北監本、汲本、殿本、局本改。下同改，不另出校。

〔一二〕以併大府　「併」，原作「軍」，據南監本、北監本、汲本、殿本、局本、南史卷一宋本紀上改。

〔一三〕尚書右僕射劉穆之爲左僕射領監軍中軍二府軍司　劉穆之由尚書右僕射遷左僕射，本書卷四二劉穆之傳、南史卷一宋本紀上並繫於義熙十二年八月，晉書卷一〇安帝紀、建康實録卷一〇、通鑑卷一一七晉紀繫於義熙十一年八月。

〔一四〕公又遣冀州刺史王仲德先以水軍入河　「冀州」，原作「北兗州」，孫虨考論卷一：「仲德傳云冀州刺史，通鑑同。此誤『冀』爲『北兗』。案北兗州，河南平後始立。」按本書卷四六王懿傳：「義熙十二年北伐，進仲德征虜將軍，加冀州刺史，爲前鋒諸軍事。」通鑑卷一一七晉紀亦云今歲八月，「以冀州刺史王仲德督前鋒諸軍，開巨野入河」。仲德時爲北伐之前鋒都督，故加冀州刺史。孫説是，今據以改正。

〔一五〕再造區寓　「寓」，原作「物」，據南監本改。

〔一六〕此公之大節　「大」字原闕，據南史卷一宋本紀上、建康實録卷一一補。

〔一七〕一朝掃滌　「滌」，原作「濟」，據南史卷一宋本紀上、建康實録卷一一改。

〔一八〕今命使持節兼太尉尚書右僕射晉寧縣五等男湛授相國印綬　「今」、「兼」二字原闕，並據南史卷一宋本紀上、建康實録卷一一補。「右僕射」，原作「左僕射」，據本書卷五二袁湛傳改。按本書卷六〇范泰傳：「與右僕射袁湛授宋公九錫。」又據本卷上文、本書卷四二劉穆之傳、晉書卷一〇安帝紀，時爲尚書左僕射者乃劉穆之。

〔一九〕金虎符第一至第五左　「第五」，原作「第十」，據南史卷一宋本紀上改。

〔二〇〕其以相國總百揆　「以」字原闕，據南史卷一宋本紀上、建康實録卷一一補。

〔二一〕上送所假節侍中貂蟬中外都督太傅太尉印綬　「貂蟬」二字原闕，據南史卷一宋本紀上、建康實録卷一一補。孫虨考論卷一：「按宋、齊志皆不見侍中印綬，蓋但給朝服武冠貂蟬而已。南史『侍中』下有『貂蟬』二字，是。」

〔二二〕置宋國侍中黄門侍郎尚書左丞郎隨大使奉迎　下「郎」字，南監本、北監本、殿本、南史卷一宋本紀上作「相」。李慈銘越縵堂日記補：「當作『即隨大使奉迎』。」

〔二三〕拜平西將軍河南公　「平西將軍」，原作「西平將軍」，據南監本、局本、南史卷一宋本紀上改。按本書卷三武帝紀下，永初元年七月甲辰，「平西將軍乞佛熾盤進號安西大將軍」。

〔二四〕風雲玄感　「玄」，原作「言」，據南監本、局本、文選卷三六傅季友爲宋公修張良廟教、建康實録卷一一、册府卷二一〇改。

〔二五〕淫名三世　「淫名」，局本作「淫虐」。

〔二六〕擬議國典　「國」，原作一字空格，據南監本、北監本、汲本、殿本、局本補。

〔二七〕先是安西中兵參軍沈田子殺安西司馬王鎮惡　「沈田子」，原作「沈由子」，據南監本、北監本、汲本、殿本、局本改。

〔二八〕以徐州之海陵北東海北譙北梁豫州之新蔡兗州之北陳留司州之陳郡汝南潁川滎陽十郡增宋國　「北東海」，原作「東海」，據南史卷一宋本紀上、建康實録卷一一補正。

〔二九〕淪没相因　「没」，原作「陂」，據南監本、北監本、汲本、殿本、局本改。

〔三〇〕於是陳留王虔嗣等二百七十人　「虔嗣」，原作「度嗣」，據局本、本書卷三武帝紀下、卷一五禮志二、南史卷一宋本紀上改。

宋書卷三

本紀第三

武帝下

永初元年夏六月丁卯，設壇於南郊，即皇帝位，柴燎告天。策曰：

皇帝臣裕，敢用玄牡，昭告皇天后帝〔一〕。晉帝以卜世告終，歷數有歸，欽若景運，以命于裕。夫樹君宰世，天下爲公，德充帝王，樂推攸集。越俶唐、虞，降暨漢、魏，靡不以上哲格文祖，元勳陟帝位，故能大拯黔首，垂訓無窮。晉自東遷，四維不振，宰輔焉依〔二〕，爲日已久。難棘隆安，禍成元興，遂至帝主遷播〔三〕，宗祀堙滅。裕雖地非齊、晉，衆無一旅，仰憤時難，俯悼横流，投袂一麾〔四〕，則皇祀克復。及危而能持，顛而能扶，姦宄具殲，僭僞必滅。誠興廢有期，否終有數。至於大造晉室，撥亂濟民，因藉時來，實尸其重。加以殊俗慕義，重譯來庭，正朔所暨，咸服聲教。至乃三靈垂象，山川告祥，人神協祉，歲月滋著。是以羣公卿士，億兆夷人，僉曰皇靈降鑒於上，晉朝款誠於下，天命不可以久淹，宸極不可以暫曠。遂逼羣議，恭茲大禮。猥以寡德，託於兆民之上，雖仰畏天威，略是小節，顧深永懷〔五〕，祗懼若寘。敬簡元辰，升壇受禪，告類上帝，用酬萬國之情。克隆天保，永祚于有宋。惟明靈是饗。

禮畢，備法駕幸建康宮，臨太極前殿。詔曰：「夫世代迭興，承天統極，雖遭遇異塗，因革殊事，若乃功濟區宇，道振生民，興廢所階，異世一揆。朕以寡薄，屬當艱運，藉否終之期，因士民之力，用獲拯溺，匡世撥亂，安國寧民，業未半古，功參曩烈。晉氏以多難仍遘，曆運已移，欽若前王，憲章令軌，用集大命于朕躬。惟德匪嗣，辭不獲申，遂祗順三靈，饗茲景祚，燔柴于南郊，受終于文祖。猥當與能之期，爰集樂推之運，嘉祚肇開，隆慶惟始，思俾休嘉，惠茲兆庶。其大赦天下。改晉元熙二年爲永初元年。賜民爵二級。鰥寡孤獨不能自存者，人穀五斛。逋租宿債勿復收。其有犯鄉論清議、贓汙淫盜，一皆蕩滌洗除，與之更始。長徒之身，特皆原遣。亡官失爵，禁錮奪勞，一依舊准。」

封晉帝爲零陵王，令食一郡〔六〕。載天子旍旗，乘五時副車，行晉正朔，郊祀天地，禮樂制度，皆用晉典。上書不爲表，答表勿稱詔。追尊皇考爲孝穆皇帝，皇妣爲穆皇后，尊王太后爲皇太后。詔曰：「夫微禹之感，歎深後昆，盛德必祀，道隆百世。晉氏封爵，咸隨運改，至於德參微管，勳濟蒼生，愛人懷樹，猶或勿翦，雖在異代，義無泯絶。降殺之宜，一依前典。可降始興公封始興縣公，廬陵公封柴桑縣公，各千户；始安公封荔浦縣侯，長沙公封醴陵縣侯，康樂公可即封縣侯，各五百户：以奉晉故丞相王導、太傅謝安、大將軍温嶠、大司馬陶侃、車騎將軍謝玄之祀。其宣力義熙，豫同艱難者，一仍本秩，無所減降。」封晉臨川王司馬寶爲西豐縣侯，食邑千户。

庚午，以司空道憐爲太尉，封長沙王。追封司徒道規爲臨川王。尚書僕射徐羡之加鎮軍將軍，右衞將軍謝晦爲中領軍，宋國領軍檀道濟爲護軍將軍，中領軍劉義欣爲青州刺史。立南郡公義慶爲臨川王。又詔曰：「夫銘功紀勞，有國之要典，慎終追舊，在心之所隆。自大業創基，十有七載，世路迍邅，戎車歲動，自東徂西，靡有寧日。實賴將帥竭心，文武盡効，寧内拓外，迄用有成。威靈遠著，寇逆消蕩，遂當揖讓之禮，猥饗天人之祚。念功簡勞，無忘鑒寐，凡厥誠勤，宜同國慶。其酬賞復除之科，以時論舉。戰亡之身，厚加復贈。」乙亥，立桂陽公義真爲廬陵王，彭城公義隆爲宜都王，第四皇子義康爲彭城王。

丁丑，詔曰：「古之王者，巡狩省方，躬覽民物，搜揚幽隱，拯災卹患，用能風澤遐被，遠至邇安。朕以寡闇，道謝前哲，因受終之期，託兆庶之上，鑒寐屬慮，思求民瘼。才弱事艱，若無津濟，夕惕永念，心馳遐域。可遣大使分行四方，旌賢舉善，問所疾苦。其有獄訟虧濫，政刑乖愆，傷化擾治，未允民聽者，皆當具以事聞。萬事之宜，無失厥中，暢朝廷乃眷之旨，宣下民壅隔之情。」戊寅，詔曰：「百官事殷俸薄，禄不代耕。雖國儲未豐，要令公私周濟。諸供給昔減半者〔七〕，可悉復舊。六軍見禄粗可，不在此例。其餘官寮，或自本俸素少者，亦疇量增之。」

己卯，改晉泰始曆爲永初曆。

秋七月丁亥，原放劫賊餘口没在臺府者，諸流徙家並聽還本〔八〕。又運舟材及運船，不復下諸郡輸出，悉委都水別量。臺府所須，皆別遣主帥與民和市，即時裨直，不復責租民求辦。又停廢虜車牛，不得以官威假借。又以市税繁苦，優量減降。從征關、洛，殞身戰場，幽没不反者，贍賜其家。己丑，陳留王曹虔嗣薨。

辛卯，復置五校三將官，增殿中將軍員二十人，餘在員外。戊戌，後將軍、雍州刺史趙倫之進號安北將軍，征虜將軍、北徐州刺史劉懷慎進號平北將軍，征西大將軍、開府儀同三司楊盛進號車騎大將軍。甲辰，鎮西將軍李歆進號征西大將軍〔九〕，平西將軍乞佛熾盤進號安西大將軍，征東將軍高句驪王高璉進號征東大將軍，鎮東將軍百濟王扶餘映進號鎮東大將軍。置東宮冗從僕射、旅賁中郎將官。

戊申，遷神主於太廟，車駕親奉。

壬子，詔曰：「往者軍國務殷，事有權制，劫科峻重，施之一時。今王道惟新，政和法簡，可一除之，還遵舊條。反叛淫盜三犯補冶士，本謂一事三犯，終無悛革。主者頃多并數衆事，合而爲三，甚違立制之旨，普更申明。」

八月戊午，西中郎將、荆州刺史宜都王義隆進號鎮西將軍。

辛酉，開亡叛赦，限内首出，蠲租布二年。先有資狀、黄籍猶存者，聽復本注。諸舊郡縣以北爲名者，悉除；寓立於南者，聽以南爲號。又制有無故自殘傷者補冶士，實由政刑煩苛，民不堪命，可除此條。

罷青州併兖州。

戊辰，詔曰：「彭、沛、下邳三郡，首事所基，情義繾綣，事由情獎，古今所同。彭城桑梓本鄉，加隆攸在，優復之制，宜同豐、沛。其沛郡、下邳可復租布三十年。」

辛未，追謚妃臧氏爲敬皇后。癸酉，立王太子爲皇太子。乙亥，詔曰：「朕承曆受終，猥饗天命。荷積善之祚，藉士民之力，七廟備文，率由令範。先后祗嚴，獲遂宣訓，蒸嘗肇建〔一〇〕，情敬無違。加以儲宫備禮，皇基彌固，國慶家禮，爰集旬日，豈予一人，獨荷兹慶。其見刑罪無輕重，可悉原赦。限百日，以今爲始。先因軍事所發奴僮，各還本主；若死亡及勳勞破免，亦依限還直。」

閏月壬午朔，詔曰：「晉世帝后及藩王諸陵守衞，宜便置格。其名賢先哲，見優前代，或立德著節，或寧亂庇民，墳塋未遠，並宜洒掃。主者具條以聞。」丁酉，特進、左光禄大夫孔季恭加開府儀同三司。

辛丑，詔曰：「主者處案雖多所諮詳，若衆官命議，宜令明審。自頃或總稱參詳，於文漫略。自今有厝意者，皆當指名其人；所見不同，依舊繼啓。」又詔曰：「諸處冬使，或遣或不，事役宜省，今可悉停[二]。唯元正大慶，不在其例。郡縣遣冬使詣州及都督府，亦停之。」

九月壬子朔，置東宮殿中將軍十人，員外二十人。壬申，置都官尚書。

冬十月辛卯，改晉所用王肅祥禫二十六月儀，依鄭玄二十七月而後除。

十二月辛巳朔，車駕臨延賢堂聽訟。

二年春正月辛酉，車駕祠南郊，大赦天下。丙寅，斷金銀塗。以揚州刺史廬陵王義真爲司徒，以尚書僕射、鎮軍將軍徐羨之爲尚書令、揚州刺史。丙子，南康揭陽蠻反，郡縣討破之。己卯，禁喪事用銅釘。罷會稽郡府。

二月己丑，車駕幸延賢堂策試諸州郡秀才、孝廉。揚州秀才顧練、豫州秀才殷朗所對稱旨，並以爲著作佐郎。戊申，制中二千石加公田一頃。

三月乙丑，初限荆州府置將不得過二千人，吏不得過一萬人；州置將不得過五百人，吏不得過五千人。兵士不在此限。

夏四月己卯朔，詔曰：「淫祠惑民費財，前典所絶，可並下在所除諸房廟。其先賢及以勳德立祠者，不在此例。」戊申，車駕於華林園聽訟。己亥，以左衞將軍王仲德爲冀州刺史〔一二〕。

五月己酉，置東宫屯騎、步兵、翊軍三校尉官。甲戌，車駕又幸華林園聽訟。

六月壬寅，詔曰：「杖罰雖有舊科，然職務殷碎，推坐相尋。若皆有其實，則體所不堪；文行而已，又非設罰之意。可籌量觕爲中否之格。」車駕又於華林園聽訟。甲辰，制諸署敕吏四品以下，又府署所得輒罰者，聽統府寺行四十杖。

秋七月己巳，地震。

八月壬辰，車駕又於華林園聽訟。

九月己丑，零陵王薨〔一三〕。車駕三朝率百僚舉哀于朝堂，一依魏明帝服山陽公故事。太尉持節監護，葬以晉禮。

冬十月丁酉，詔曰：「兵制峻重，務在得宜。役身死叛，輒考傍親，流遷彌廣，未見其極。遂令冠帶之倫，淪陷非所。宜革以弘泰，去其密科。自今犯罪充兵合舉户從役者，便付營押領。其有户統及謫止一身者〔一四〕，不得復侵濫服親，以相連染。」己亥，以涼州胡帥大沮渠蒙遜爲鎮軍大將軍〔一五〕、開府儀同三司、涼州刺史。癸卯，車駕於延賢堂聽訟，以員外散騎常侍應襲爲寧州刺史。

三年春正月甲辰朔，詔刑罪無輕重，悉皆原降。壬子，以前冀州刺史王仲德爲徐州刺史。癸丑，以尚書令、揚州刺史徐羨之爲司空、録尚書事，刺史如故。撫軍將軍、江州刺史王弘進號衞將軍、開府儀同三司，太子詹事傅亮爲尚書僕射，中領軍謝晦爲領軍將軍〔一六〕。乙卯，以輔國將軍毛德祖爲司州刺史〔一七〕。乙丑，詔曰：「古之建國，教學爲先，弘風訓世，莫尚於此，發蒙啓滯，咸必由之。故爰自盛王，迄于近代，莫不敦崇學藝，脩建庠序。自昔多故，戎馬在郊，旍旗卷舒，日不暇給。遂令學校荒廢，講誦蔑聞，軍旅日陳，俎豆藏器，訓誘之風，將墜于地。後生大懼於牆面，故老竊歎於子衿。此國風所以永思，小雅所以懷古。今王略遠届，華域載清，仰風之士，日月以冀。便宜博延胄子，陶獎童蒙，選備儒官，弘振國學。主者考詳舊典，以時施行。」

二月丁丑，詔曰：「豫州南臨江滸，北接河、洛，民荒境曠，轉輸艱遠，撫莅之宜，各有其便。淮西諸郡，可立爲豫州；自淮以東，爲南豫州。」以豫州刺史彭城王義康爲南豫州刺史，征虜將軍劉粹爲豫州刺史。又分荆州十郡還立湘州，左衞將軍張邵爲湘州刺史〔一八〕。戊寅，以徐州之梁，還屬豫州。

三月，上不豫。太尉長沙王道憐、司空徐羨之、尚書僕射傅亮、領軍將軍謝晦、護軍將軍檀道濟並入侍醫藥。羣臣請祈禱神祇，上不許，唯使侍中謝方明以疾告廟而已。丁未，以司徒廬陵王義真爲車騎將軍、開府儀同三司、南豫州刺史。上疾瘳。己未，大赦天下。辛酉，時秦雍流户悉南入梁州。庚申，送綜絹萬匹〔一九〕，荆、雍州運米，委州刺史隨宜賦給。辛酉，亡命刁彌攻京城，得入，太尉留府司馬陸仲元討斬之。

夏四月乙亥，封仇池公楊盛爲武都王〔二〇〕，平南將軍楊撫進號安南將軍。丁亥，以車騎司馬徐琰爲兗州刺史。庚寅，左光禄大夫、開府儀同三司孔季恭薨。

五月，上疾甚，召太子誡之曰：「檀道濟雖有幹略，而無遠志，非如兄韶有難御之氣也。徐羨之、傅亮當無異圖。謝晦數從征伐，頗識機變，若有同異，必此人也。小却，可以會稽、江州處之。」又爲手詔曰：「朝廷不須復有别府，宰相帶揚州，可置甲士千人。若大臣中任要，宜有爪牙以備不祥人者，可以臺見隊給之。有征討悉配以臺見軍隊，行還復舊。後世若有幼主，朝事一委宰相，母后不煩臨朝。仗既不許入臺殿門，要重人可詳給班劍。」癸亥，上崩于西殿，時年六十〔三一〕。秋七月己酉，葬丹陽建康縣蔣山初寧陵。

上清簡寡欲，嚴整有法度，未嘗視珠玉輿馬之飾，後庭無紈綺絲竹之音。寧州嘗獻虎魄枕，光色甚麗。時將北征，以虎魄治金創，上大悅〔三二〕，命擣碎分付諸將。平關中，得姚興從女，有盛寵，以之廢事。謝晦諫，即時遣出。財帛皆在外府，內無私藏。宋臺既建，有司奏東西堂施局脚牀、銀塗釘，上不許；使用直脚牀，釘用鐵。諸主出適，遣送不過二十萬，無錦繡金玉。內外奉禁，莫不節儉。性尤簡易，常著連齒木履〔三三〕，好出神虎門逍遥，左右從者不過十餘人。時徐羨之住西州，嘗幸羨之，便步出西掖門〔三四〕，羽儀絡驛追隨，已出西明門矣。諸子旦問起居，入閤稅公服，止著裙帽，如家人之禮。孝武大明中，壞上所居陰室，於其處起玉燭殿，與羣臣觀之。牀頭有土鄣，壁上挂葛燈籠、麻繩拂〔三五〕。侍中袁顗盛稱上儉素之德。孝武不答〔三六〕，獨曰：「田舍公得此，以爲過矣。」故能光有天下，克成大業者焉。

史臣曰：漢氏載祀四百，比胙隆周，雖復四海横潰，而民繫劉氏，惵惵黔首，未有遷奉之心。魏武直以兵威服衆，故能坐移天曆，鼎運雖改，而民未忘漢。及魏室衰孤，怨非結下。晉藉宰輔之柄，因皇族之微，世擅重權，用基王業。至於宋祖受命，義越前模。晉自社廟南遷，禄去王室，朝權國命，遞歸台輔。君道雖存，主威久謝〔二七〕。桓温雄才蓋世，勳高一時，移鼎之業已成，天人之望將改。自斯以後，晉道彌昏，道子開其禍端，元顯成其末釁，桓玄藉運乘時，加以先父之業，因基革命，人無異心。高祖地非桓、文，衆無一旅，曾不浹旬，夷凶翦暴，祀晉配天，不失舊物，誅内清外，功格區宇。至於鍾石變聲，柴天改物，民已去晉，異於延康之初，功實靜亂，又殊咸熙之末。所以恭皇高遜，殆均釋負。若夫樂推所歸，謳歌所集，魏、晉采其名，高祖收其實矣。盛哉！

校勘記

〔一〕皇天后帝　本書卷一六禮志三、南史卷一宋本紀上作「皇皇后帝」。

〔二〕宰輔焉依　「焉」，原作「憑」，據局本、本書卷一六禮志三、南史卷一宋本紀上改。

〔三〕遂至帝主遷播　「主」，原作「三」，據南監本、北監本、汲本、殿本、局本、南史卷一宋本紀上改。

〔四〕投袂一麾　「麾」，原作「援」，南史卷一宋本紀上作「起」，今據本書卷一六禮志三改。

〔五〕顧深永懷　「深」，原作「探」，據本書卷一六禮志三改。

〔六〕令食一郡　「令」，殿本、局本、南史卷一宋本紀上作「全」。

〔七〕諸供給昔減半者　「給」，原作「納」，據册府卷五〇五改。

〔八〕諸流徙家並聽還本　「流」字原闕，據南史卷一宋本紀上補。

〔九〕鎮西將軍李歆進號征西大將軍　「大」字原闕，據南史卷一宋本紀上、通鑑卷一一九宋紀永初元年補。按本書卷九八氐胡大且渠蒙遜傳：「高祖踐阼，以歆爲使持節、都督高昌敦煌晉昌酒泉西海玉門堪泉七郡諸軍事、護羌校尉、征西大將軍、酒泉公。」即是時事。

〔一〇〕七廟備文率由令範先后祇嚴獲遂宣訓蒸嘗肇建　「七廟備文」、「獲遂」六字原闕，據册府卷二〇七補。又「蒸嘗」，原作「七廟」，據册府卷二〇七改。

〔一一〕今可悉停　「今」字原闕，據本書卷一四禮志一、册府卷一九一補。

〔一二〕戊申車駕於華林園聽訟己亥以左衞將軍王仲德爲冀州刺史　按是月己卯朔，二十一日己亥，三十日戊申。戊申不當在己亥前，當有誤。

〔一三〕九月己丑零陵王薨　通鑑考異卷五：「宋本紀『九月己丑，零陵王薨』。晉本紀『九月丁丑』。據長曆，九月丙午朔，無己丑、丁丑，今不書日。」張熷讀史舉正：「推此九月無己丑日。」

〔一四〕其有户統及謫止一身者　「户統」，册府卷二〇九作「科户絶」。

〔一五〕以涼州胡帥大沮渠蒙遜爲鎮軍大將軍　「帥大」，原作「大師」，北監本、汲本、殿本作「太師」，今據局本、南史卷一宋本紀上、建康實録卷一一改。

〔一六〕中領軍謝晦爲領軍將軍　「謝晦」，原作「謝莊」，據殿本、通鑑卷一一九宋紀永初三年改。

〔一七〕乙卯以輔國將軍毛德祖爲司州刺史　「毛德祖」，原作「毛德」。按本書卷九五索虜傳，時有司州刺史毛德祖。晉書卷八一毛寶傳附毛德祖傳：「尋遷督司雍并三州諸軍事、冠軍將軍、司州刺史。」今據以補正。

〔一八〕左衞將軍張邵爲湘州刺史　「張邵」，原作「張紀」，據通鑑卷一一九宋紀永初三年改。按本書卷四六張邵傳，宋武帝時，「分荆州立湘州，以邵爲刺史」。

〔一九〕送綜絹萬匹　「綜絹」，册府卷一九五作「紵絹」。

〔二〇〕封仇池公楊盛爲武都王　「楊盛」，原作「楊威」，據殿本、局本、南史卷一宋本紀上改。按本書卷九八氐胡傳亦作「楊盛」。

〔二一〕時年六十　「六十」，原作「六十七」，據南史卷一宋本紀上、御覽卷一二八引徐爰宋書、通鑑卷一一九宋紀永初三年胡注訂正。洪頤煊諸史考異卷四：「案高祖以晉哀帝興寧元年歲癸亥三月壬寅夜生，下距永初三年，止六十歲。『七』字當衍。」

〔二二〕時將北征以虎魄治金創上大悦　建康實録卷一一：「時將北伐，或曰療金瘡。上大悦，命碎之分賜諸將。」

〔二三〕常著連齒木履　「履」，南監本、局本、南史卷一宋本紀上作「屐」，疑作「屐」是。

〔二四〕時徐羨之住西州嘗幸羨之便步出西掖門　「嘗幸羨之」，南史卷一宋本紀上、建康實録卷一〇作「嘗思羨之」。蓋謂劉裕性極簡易，因思徐羨之，乃即步行前往西州就之也。疑「幸」或「思」之訛。

〔三五〕壁上挂葛燈籠麻繩拂　「挂」字原闕，據類聚卷一三引沈約宋書、南史卷一宋本紀上、建康實録卷一一、御覽卷一二八、卷四三一引沈約宋書補。「繩」，類聚卷一三引沈約宋書作「蠅」。吳金華續議以作「蠅」是。

〔三六〕孝武不答　「孝武」，原作「太祖」，據南監本、北監本、汲本、殿本、局本、南史卷一宋本紀上、册府卷一九八改。

〔三七〕君道雖存主威久謝　「道」字原闕，據南監本、殿本、局本補。

宋書卷四

本紀第四

少帝

少帝諱義符，小字車兵，武帝長子也〔一〕。母曰張夫人。晉義熙二年，生於京口。武帝晚無男，及帝生，甚悅。年十歲，拜豫章公世子。帝有旅力，善騎射，解音律。宋臺建，拜宋世子。元熙元年，進爲宋太子。武帝受禪，立爲皇太子。

永初三年五月癸亥，武帝崩，是日，太子即皇帝位。大赦。尊皇太后曰太皇太后。六月壬申，以尚書僕射傅亮爲中書監，司空徐羨之、領軍將軍謝晦及亮輔政。戊子，太尉長沙王道憐薨。

秋九月丁未，有司奏武皇帝配南郊，武敬皇后配北郊。

冬十一月戊午，有星孛于營室。

十二月庚戌，魏軍克滑臺。

明年春正月己亥朔，大赦，改元爲景平元年。文武進位二等。辛丑，祀南郊〔二〕。虜將達奚卬破金墉，進圍虎牢〔三〕。毛德祖擊虜敗之，虜退而復合。拓跋木末又遣安平公涉歸寇青州〔四〕。癸卯，河南郡失守。乙卯，有星孛于東壁。

二月丁丑，太皇太后崩。沮渠蒙遜、吐谷渾阿豺並遣使朝貢。庚辰〔五〕，爵蒙遜爲驃騎大將軍〔六〕，封河西王。以阿豺爲安西將軍、沙州刺史，封澆河公。辛未，富陽人孫法光反，寇山陰，會稽太守褚淡遣山陰令陸劭討敗之〔七〕。

三月壬寅，孝懿皇后祔葬于興寧陵。是月，高麗國遣使朝貢。甲子，豫州刺史劉粹遣軍襲許昌，殺虜潁川太守庾龍〔八〕。乙丑，虜騎寇高平。初虜自河北之敗，請修和親；及聞高祖崩，因復侵擾，河、洛之地騷然矣。

夏四月，檀道濟北征，次臨朐，焚虜攻具〔九〕。乙未，魏軍克虎牢〔一〇〕，執司州刺史毛德祖以歸。

秋七月癸酉，尊所生張夫人爲皇太后。丁丑，以旱，詔赦五歲刑以下罪人〔一一〕。冬十月己未，有星孛于氐，指尾，貫攝提，向大角，仲月在危，季月掃天倉而後滅。是歲，魏主拓跋嗣薨，子燾立。

十二月丙寅〔一二〕，省寧州之江陽、犍爲、安上三郡，合爲宋昌郡。

二年春二月癸巳朔，日有蝕之〔一三〕。廢南豫州刺史廬陵王義真爲庶人，徙新安郡。乙未，以皇弟義恭爲冠軍將軍，南豫州刺史。乙巳，大風〔一四〕，天有五色雲，占者以爲有兵。高麗國遣使貢獻。執政使使者誅義真于新安〔一五〕。

夏五月，江州刺史王弘、南兗州刺史檀道濟入朝〔一六〕。帝居處所爲多過失。乙酉，皇太后令曰：

王室不造，天禍未悔，先帝創業弗永，棄世登遐。義符長嗣，屬當天位，不謂窮凶極悖，一至於此。大行在殯，宇内哀惶，幸災肆於悖詞，喜容表於在慼。至乃徵召樂府，鳩集伶官，優倡管絃，靡不備奏，珍羞甘膳，有加平日。採擇媵御，產子就宮，靦然無怍，醜聲四達。及懿后崩背，重加天罰，親與左右執紼歌呼，推排梓宮，抃掌笑謔，殿省備聞。加復日夜媟狎，羣小慢戲，興造千計，費用萬端，帑藏空虛，人力殫盡。刑罰苛虐，幽囚日增。居帝王之位，好皂隸之役，處萬乘之尊，悦厮養之事。親執鞭撲，毆擊無辜，以爲笑樂。穿池築觀，朝成暮毁，徵發工匠，疲極兆民。遠近歎嗟，人神怨怒，社稷將墜，豈可復嗣守洪業，君臨萬邦。今廢爲營陽王〔一七〕，一依漢昌邑、晉海西故事。

鎮西將軍宜都王，仁明孝弟，著自幼辰。德業沖粹，識心明允。宜纂洪統，光臨億兆。主者詳依典故，以時奉迎。未亡人嬰此百罹，雖存若隕。永悼情事，撫心摧塞〔一八〕。

始徐羡之、傅亮將廢帝，諷王弘、檀道濟求赴國訃。弘等來朝。使中書舍人邢安泰、潘盛爲内應。是旦，道濟、謝晦領兵居前，羡之等隨後，因東掖門開，入自雲龍門。盛等先戒宿衛，莫有禦者。時帝於華林園爲列肆，親自酤賣。又開瀆聚土，以象破岡埭，與左右引船唱呼，以爲歡樂。夕游天淵池，即龍舟而寢。其朝未興，兵士進，殺二侍者於帝側，傷帝指。扶出東閤，就收璽紱，羣臣拜辭，送於東宫，遂幽於吴郡。是日，赦死罪以下。太后令奉還璽紱。檀道濟入守朝堂。

六月癸丑，徐羡之等使中書舍人邢安泰弑帝於金昌亭。帝有勇力，不即受制，突走出昌門，追以門關踣之，致殞。時年十九〔一九〕。

上闕則創業之君，自天所啓；守文之主，其難乎哉〔一〇〕！

校勘記

〔一〕武帝長子也　錢大昕考異卷二三：「按紀傳書諸帝皆稱廟號，獨此紀書武帝者四，而仍有稱高祖者。又它篇例稱魏爲『索虜』，而此紀一云『魏軍克滑臺』，一云『魏主拓跋嗣薨』，全非休文之例。又如義熙十二年正月，以豫章公世子爲西中郎將、豫州刺史。三月，除征虜將軍、徐兗二州刺史，鎮京口。十四年六月，除中軍將軍，副貳相國府。皆宜見於本紀，而略不及。卷末無史臣論。其非休文書顯然。蓋此篇久亡，後人雜採它書以補之，故義例乖舛如此。」

〔二〕辛丑祀南郊　「辛丑」，原作「辛巳」，汲本作「辛卯」，今據局本、南史卷一宋本紀上改。按是年正月己亥朔，無辛巳及辛卯，初三日辛丑。南齊書卷九禮志上載王儉永明元年議亦云「景平元年正月辛丑南郊」。

〔三〕虜將達奚印破金墉進圍虎牢　按據魏書卷二九奚斤傳，圍虎牢者爲奚斤，斤本姓達奚氏，達奚斤亦見本書卷九五索虜傳。「印」當爲「斤」字之訛。

〔四〕拓跋木末又遣安平公涉歸寇青州　拓跋木末即魏主拓跋嗣，本卷下文又稱「嗣」。蓋所採雜異，故前後不一致。「安平公」，原作「平安公」，據局本改。按本書卷九五索虜傳，景平元年，

「虜又遣楚兵將軍徐州刺史安平公涉歸幡能健（中略）東擊青州。」涉歸幡能健即叔孫建，魏書卷二九有傳，魏道武時，曾賜爵安平公。

〔五〕庚辰　張熷讀史舉正：「二月丁丑、庚辰書辛未前，誤。」按張説是。二月戊辰朔，初四日辛未，初十日丁丑，十三日庚辰，辛未不當在庚辰後。

〔六〕爵蒙遜爲驃騎大將軍　「驃騎」二字原闕，據本書卷九八氐胡傳、南史卷一宋本紀上補。按本書卷五文帝紀，元嘉三年，驃騎大將軍涼州牧大沮渠蒙遜改爲車騎大將軍。

〔七〕會稽太守褚淡遣山陰令陸劭討敗之　「褚淡」，原作「褚談」，據本書卷五二褚叔度傳，時會稽太守爲褚淡之，「談」蓋「淡」之形訛，今據改。按六朝人名後之「之」字，有時可以省去。

〔八〕殺虜潁川太守庾龍　「潁川」，原作「潁州」，據本書卷四五劉粹傳、卷九五索虜傳改。

〔九〕夏四月檀道濟北征次臨朐焚虜攻具　按本書卷四三檀道濟傳、卷九五索虜傳、建康實録卷一一、通鑑卷一一九宋紀景平元年並云是時檀道濟軍未至東陽，北魏將乃燒營及器械遁走。證之魏書卷三八刁雍傳云：「是時攻東陽，（中略）夔欲東走，會義符遣其將檀道濟等救青州，（中略）建乃引還。」是攻具乃北魏將所自焚。疑「焚虜攻具」當作「虜焚攻具」。

〔一〇〕乙未魏軍克虎牢　「乙未」，三朝本、北監本、汲本、局本作「己未」。按南史卷一宋本紀上、通鑑卷一一九宋紀景平元年皆繫於是年閏四月己未。魏書卷三太宗紀繫於北魏泰常八年閏月己未，即宋景平元年閏四月己未。是年閏四月丁酉朔，無乙未，己未爲月之二十三日。疑此於「乙未」上脫「閏月」二字，又誤「己未」爲「乙未」。

〔一一〕以旱詔赦五歲刑以下罪人　「刑」字原闕，據南史卷一宋本紀上補。

〔一二〕十二月丙寅　按景平元年十二月癸巳朔，無丙寅。

〔一三〕二年春二月癸巳朔日有蝕之　「二月癸巳朔」，原作「正月癸巳朔」，據局本、本書卷三四五行志五改。按景平二年正月癸亥朔，二月壬辰朔。正月無癸巳，癸巳爲二月初二日。然日蝕當在朔日，是年正月止二十九日，作二月壬辰朔者，蓋後人定朔有誤。

〔一四〕乙未以皇弟義恭爲冠軍將軍南豫州刺史乙巳大風　按景平二年正月癸亥朔，是月無乙未、乙巳。二月壬辰朔，初三日乙未，十三日乙巳。可證上之春正月應作春二月。

〔一五〕執政使使者誅義真于新安　按劉義真之死，本書卷六一武三王傳、通鑑卷一二〇宋紀元嘉元年則繫於是年六月。通鑑考異卷五：「宋、南史本紀，二月廢義真徙新安之下即云：『執政使使者殺義真於新安。』宋義真傳：『六月癸未，羨之等遣使殺義真於徙所。』羨之傳亦云：廢帝後『殺義真於新安，殺帝於吴縣』。按長曆，六月庚寅朔，無癸未，蓋癸丑也。」

〔一六〕江州刺史王弘南兗州刺史檀道濟入朝　原作「江州刺史檀道濟揚州刺史王弘入朝」，據建康實録卷一一訂正。錢大昕考異卷二三：「案是時道濟爲南兗州刺史，非江州；弘爲江州刺史，非揚州也。揚州治輦下，時以司空徐羨之領之。紀所書皆誤。」

〔一七〕今廢爲營陽王　「營陽王」，原作「滎陽王」，據殿本、局本、南史卷一宋本紀上改。

〔一八〕「鎮西將軍宜都王」至「撫心摧塞」 此五十九字原闕，三朝本、南監本、北監本、汲本、殿本、局本、南史卷二宋本紀中作「奉迎鎮西將軍宜都王義隆入纂皇統」，建康實録卷一二作「鎮西將軍宜都王仁明，尤篤孝弟，自幼及長，德業沖粹，識心明允。宜纂承皇統，光臨億兆。主者詳行舊典，以時奉迎。未亡人婴此百罹，雖存若隕。永悼怯事，撫心崩寒」，今據册府卷一八八補。

〔一九〕「始徐羨之傅亮將廢帝」至「時年十九」 此段原作空白闕葉，版框小字旁注「原闕，實闕幾葉因未葉未編號未能臆定」，據三朝本、南監本、北監本、汲本、殿本、局本、南史卷一宋本紀上補。按徐羨之、傅亮、檀道濟、謝晦等入雲龍門至華林園廢少帝一段，又見本書卷四三徐羨之傳中。「天淵池」，三朝本、南監本、北監本、汲本、殿本、局本作「天泉池」，蓋據李延壽南史，乃避唐諱，今仍據本書徐羨之傳改爲「天淵池」。

〔二〇〕則創業之君自天所啓守文之主其難乎哉 三朝本、南監本、北監本、汲本、殿本、局本並脱此一行，蓋即本卷史臣曰之殘存結尾語。

宋書卷五

本紀第五

文帝

太祖文皇帝諱義隆，小字車兒，武帝第三子也。晉安帝義熙三年，生於京口。盧循之難，上年四歲，高祖使諮議參軍劉粹輔上鎮京城〔一〕。十一年，封彭城縣公。高祖伐羌至彭城，將進路，板上行冠軍將軍留守。晉朝加授使持節、監徐兗青冀四州諸軍事、徐州刺史，將軍如故。關中平定，高祖還彭城，又授監司州豫州之淮西兗州之陳留諸軍事、前將軍、司州刺史，持節如故，將鎮洛陽。仍改授都督荆益寧雍梁秦六州豫州之河南廣平揚州之義成松滋四郡諸軍事、西中郎將、荆州刺史，持節如故。永初元年，封宜都王，食邑三千户。進督北秦，并前七州。進號鎮西將軍，給鼓吹一部。又進督湘州。是歲入朝。時年十四。長七尺五寸，博涉經史，善隸書。

景平二年七月中，少帝廢，百官備法駕奉迎，入奉皇統，行臺至江陵，進璽紱。侍中臣琇、散騎常侍臣嶷之、中書監尚書令護軍將軍建城縣公臣亮、左衛將軍臣景仁、給事中游擊將軍龍鄉縣侯臣隆、越騎校尉都亭侯臣綱、給事黄門侍郎臣孔璩之、散騎侍郎臣劉思考、員外散騎侍郎臣潘盛、中書侍郎臣何尚之、羽林監封陽縣開國侯臣蕭思話、長兼尚書左丞德陽縣侯臣孫康、吏部郎中騎都尉臣張茂度、儀曹郎中臣徐長琳、倉部郎中臣庾俊之、都官郎中臣袁洵等上表曰：「臣聞否泰相革，數窮則變，天道所以不謟，卜世所以靈長。乃者運距陵夷，王室艱晦，九服之命，靡所適歸，高祖之業，將墜于地。賴基厚德深，人神同奬，社稷以寧，有生獲乂。伏惟陛下君德自然，聖明在御，孝悌著於家邦，風猷宣於蕃牧。是以徵祥雜沓，符瑞燿煇。宗廟神靈，乃睠西顧，萬邦黎獻，望景託生。臣等忝荷朝列，豫充將命，復集休明之運，再覩太平之業。行臺至止〔二〕，瞻望城闕，不勝喜說鳧藻之情，謹詣門拜表以聞。」上答曰：「皇運艱弊，數鍾屯夷，仰惟崇基，感尋國故，永慕厥躬〔三〕，悲慨交集。賴七百祚永，股肱忠賢，故能休否以泰，天人式序。猥以不德，謬降大命，顧己兢悸，何以克堪。輒當暫歸朝庭，展哀陵寢，并與賢彦申寫所懷。望體其心，勿爲辭費。」府州佐史並稱臣，請題牓諸門，一依宫省，上不許。甲戌，發江陵。八月丙申，車駕至京城〔四〕。丁酉，謁初寧陵，還於中堂即皇帝位。

元嘉元年秋八月丁酉，大赦天下，改景平二年爲元嘉元年。文武賜位二等，逋租宿債勿復收。庚子，以行撫軍將軍、荆州刺史謝晦爲撫軍將軍、荆州刺史。癸卯，司空、録尚書事、揚州刺史徐羨之進位司徒，衞將軍、江州刺史王弘進位司空，中書監、護軍將軍傅亮加左光禄大夫、開府儀同三司，撫軍將軍、荆州刺史謝晦進號衞將軍，鎮北將軍、南兗州刺史檀道濟進號征北將軍。甲辰，追尊所生胡婕妤爲皇太后，謚曰章后。右將軍、南徐州刺史彭城王義康進號驃騎將軍〔五〕，冠軍將軍、南豫州刺史義恭進號撫軍將軍，封江夏王。立第六皇弟義宣爲竟陵王，第七皇弟義季爲衡陽王。戊申，以豫州刺史劉粹爲雍州刺史，驍騎將軍管義之爲豫州刺史，南蠻校尉到彦之爲中領軍。己酉，減荆、湘二州今年税布之半。

九月丙子，立妃袁氏爲皇后。

二年春正月丙寅，司徒徐羨之、尚書令傅亮奉表歸政，上始親覽。辛未，車駕祠南郊〔六〕，大赦天下。

三月乙丑，左將軍、徐州刺史王仲德進號安北將軍。

夏五月戊寅，特進謝澹卒。

秋八月甲申，以關中流民出漢川，置京兆、扶風、馮翊等郡。乙酉，驃騎將軍、南徐州刺史彭城王義康爲開府儀同三司，新除司空王弘爲車騎大將軍、開府儀同三司，以右軍長史江恒爲廣州刺史。

冬十一月癸酉，以前將軍楊玄爲征西將軍、北秦州刺史。

三年春正月丙寅，司徒、録尚書事、揚州刺史徐羨之，尚書令、護軍將軍、左光禄大夫傅亮，有罪伏誅。遣中領軍到彦之、征北將軍檀道濟討荆州刺史謝晦，上親率六師西征。大赦天下。丁卯，以車騎大將軍、江州刺史王弘爲司徒、録尚書事、揚州刺史，驃騎將軍、南徐州刺史彭城王義康改爲荆州刺史，撫軍將軍、南豫州刺史江夏王義恭改爲南徐州刺史。己巳，以前護軍將軍趙倫之爲鎮軍將軍。

閏月丙戌，皇子劭生。

二月乙卯，繫囚見徒，一皆原赦。戊午，以金紫光禄大夫王敬弘爲尚書左僕射，豫章太守鄭鮮之爲尚書右僕射。建安太守潘盛有罪伏誅〔七〕。庚申，特進范泰加光禄大夫。

是日，車駕發京師。戊辰，到彦之、檀道濟大破謝晦於隱磯。丙子，車駕自蕪湖反旆。己卯，擒晦於延頭，送京師伏誅。

三月辛巳，車駕還宫。

夏五月乙未，以征北將軍、南兖州刺史檀道濟爲征南大將軍、江州刺史，中領軍到彦之爲南豫州刺史。戊戌，以後將軍長沙王義欣爲南兖州刺史。乙巳，驃騎大將軍、涼州牧大且渠蒙遜改爲車騎大將軍。詔曰：「夫哲王宰世，廣達四聰，猶巡嶽省方，採風觀政。所以情僞必審，幽遐罔滯，王澤無擁，九皋有聞者也。朕以寡薄，猥纂洪緒。雖永念治道，志存昧旦，顧言傅巖，發想宵寐，而丘園之秀，藏器未臻，物情民隱，尚隔視聽。乃眷區域，輟寢忘飡。今氛祲祛蕩，宇内寧晏，旌賢弘化，於是乎始。可遣大使巡行四方。其宰守稱職之良，閭蓽一介之善，詳悉列奏，勿或有遺。若刑獄不卹，政治乖謬，傷民害教者，具以事聞。其高年、鰥寡、幼孤、六疾不能自存者，可與郡縣優量賑給。博採輿誦，廣納嘉謀，務盡銜命之旨，俾若朕親覽焉。」丙午，車駕臨延賢堂聽訟。

六月己未，以鎮軍將軍趙倫之爲左光禄大夫、領軍將軍。丙寅，車駕又於延賢堂聽訟。丙子，又聽訟。以右衞王華爲中護軍。

冬十一月戊寅，以梁、南秦二州刺史吉翰爲益州刺史，驃騎參軍劉道産爲梁、南秦二州刺史。己亥，以南蠻校尉劉遵考爲雍州刺史。

十二月癸丑，以中書侍郎蕭思話爲青州刺史。壬戌，前吴郡太守徐佩之謀反，及黨與皆伏誅。

四年春正月乙亥朔，曲赦都邑百里内。辛巳，車駕親祠南郊。

二月乙卯，行幸丹徒，謁京陵。

三月丙子，詔曰：「丹徒桑梓綢繆，大業攸始，踐境永懷，觸感罔極。昔漢章南巡，加恩元氏，況情義二三，有兼曩日。思播遺澤，酬慰士民。其蠲此縣今年租布，五歲刑以下皆悉原遣；登城三戰及大將家，隨宜隱卹。」丁亥，車駕還宫。戊子，尚書右僕射鄭鮮之卒。壬寅，禁斷夏至日五絲命縷之屬，富陽令諸葛闡之之議也。

夏四月庚戌，以廷尉王徽之爲交州刺史。

五月壬午，中護軍王華卒。京師疾疫，甲午，遣使存問，給醫藥；死者若無家屬，賜以棺器。

六月癸卯朔，日有蝕之。庚申，以金紫光禄大夫殷穆爲護軍將軍。

五年春正月乙亥，詔曰：「朕恭承洪業，臨饗四海，風化未弘，治道多昧，求之人事，鑒寐惟憂。加頃陰陽違序，旱疫成患，仰惟災戒，責深在予。思所以側身剋念，議獄詳刑，上答天譴，下恤民瘼。羣后百司，其各獻讜言，指陳得失，勿有所諱。」甲申，車駕臨玄武館閱武。戊子，京邑大火，遣使巡慰賑賜。

夏四月己亥，以南蠻校尉蕭摹之爲湘州刺史。戊午，以始興太守徐豁爲廣州刺史。

五月己卯，以湘州刺史張邵爲雍州刺史。

六月庚戌，司徒王弘降爲衞將軍、開府儀同三司。京邑大水，乙卯〔八〕，遣使檢行賑贍。以江夏内史程道惠爲廣州刺史。

秋八月壬戌，特進、左光禄大夫范泰卒。

冬十月甲辰，車駕於延賢堂聽訟。

閏月癸未，以右軍司馬劉德武爲豫州刺史。辛卯，安陸公相周籍之爲寧州刺史。

十二月庚寅，左光禄大夫、領軍將軍趙倫之卒。

是歲，天竺國遣使獻方物。

六年春正月辛丑，車駕親祠南郊。癸丑，以驃騎將軍、荆州刺史彭城王義康爲司徒、録尚書事，領平北將軍、南徐州刺史〔九〕。

三月丁巳，立皇子劭爲皇太子。戊午，大赦天下，賜文武位一等。辛酉，以左衞將軍殷景仁爲中領軍。

夏四月癸亥，以尚書左僕射王敬弘爲尚書令，丹陽尹臨川王義慶爲尚書左僕射，吏部尚書江夷爲尚書右僕射。

五月壬辰朔，日有蝕之。癸巳，以新除尚書令王敬弘爲特進、左光禄大夫。甲午，以撫軍司馬劉道濟爲益州刺史。乙卯，於雍州置馮翊郡。

七月己酉，以尚書左丞孔默之爲廣州刺史。是月，百濟王遣使獻方物。

九月戊午，於秦州置隴西、宋康二郡。

冬十月壬申，中領軍殷景仁丁艱去職。

十一月己丑朔，日有蝕之。

十二月丁亥，河南國、河西王遣使獻方物〔一〇〕。

七年春正月癸巳，以吐谷渾慕容璝爲征西將軍、沙州刺史。是月，倭國王遣使獻方物。

三月戊子，遣右將軍到彦之北伐，水軍入河。甲午，以前征虜司馬尹沖爲司州刺史〔一一〕。甲寅，以前中領軍殷景仁爲領軍將軍。

夏四月癸未，訶羅單國遣使獻方物。

六月己卯，以冠軍將軍氐楊難當爲秦州刺史。

秋七月戊子，索虜碻磝戍棄城走。丙申，以平北諮議參軍甄法護爲梁、南秦二州刺史。戊戌，索虜滑臺戍棄城走。甲寅，林邑國、訶羅陁國〔一二〕、師子國遣使獻方物。

冬十月甲寅，罷南豫州并豫州。以左將軍竟陵王義宣爲徐州刺史。戊午，立錢署，鑄四銖錢。戊寅，金墉城爲索虜所陷。

十一月癸未，虎牢城復爲索虜所陷。壬辰，遣征南大將軍檀道濟北討。右將軍到彦之自滑臺奔退。

十二月辛酉，以南兗州刺史長沙王義欣爲豫州刺史，司徒司馬吉翰爲司州刺史。乙亥，京邑火，延燒太社北牆。兗州刺史竺靈秀有罪伏誅。

八年春正月庚寅，於交州復立珠崖郡。癸巳，以左軍將軍申宣爲兗州刺史。丁酉，征南大將軍檀道濟破索虜於東平壽張〔一三〕。

二月乙卯，以平北司馬韋朗爲青州刺史。戊午，以尚書右僕射江夷爲湘州刺史。辛酉，滑臺爲索虜所陷。癸酉，征南大將軍檀道濟引軍還。丁丑，青州刺史蕭思話棄城走。以太子右衞率劉遵考爲南兗州刺史。

三月甲申，車駕於延賢堂聽訟。戊申，詔曰：「自頃軍役殷興，國用增廣，資儲不給，百度尚繁。宜存簡約，以應事實。内外可通共詳思，務令節儉。」

夏四月甲寅，以衡陽王師阮萬齡爲湘州刺史。乙卯，以後軍參軍徐遵之爲兗州刺史。

六月乙丑，大赦天下。己卯，割江南及揚州晉陵郡屬南徐州，江北屬兗州。以徐州刺史竟陵王義宣爲南兗州刺史，司徒司馬吉翰爲徐州刺史。

閏月庚子，詔曰：「自頃農桑惰業，遊食者衆，荒萊不闢，督課無聞。一時水旱，便有罄匱，苟不深存務本〔四〕，豐給靡因。郡守賦政方畿，縣宰親民之主，宜思獎訓，導以良規。咸使肆力，地無遺利，耕蠶樹藝，各盡其力。若有力田殊衆，歲竟條名列上。」揚州旱。乙巳，遣侍御史省獄訟，申調役。丙午，以左軍諮議參軍劉道産爲雍州刺史。

秋八月甲辰，臨川王義慶解尚書僕射。丁未，割豫州秦郡屬南兗州。

冬十二月，罷湘州還并荆州。

九年春三月庚戌，衞將軍王弘進位太保，加中書監。丁巳，征南大將軍、江州刺史檀道濟進位司空。

夏四月乙亥，以護軍將軍殷穆爲特進、右光禄大夫，建昌縣公到彦之爲護軍將軍。

五月壬申，中書監、録尚書事、衞將軍、揚州刺史王弘薨。

六月甲戌，以左軍諮議參軍申宣爲青州刺史。分青州置冀州。戊寅，司徒、南徐州刺史彭城王義康改領揚州刺史。己卯，以司徒參軍崔諲爲冀州刺史。壬午，以吐谷渾慕容延爲平東將軍〔一五〕，吐谷渾拾虔爲平北將軍，吐谷渾輝伐爲鎮軍將軍〔一六〕。癸未，詔曰：「益、梁、交、廣，境域幽遐，治宜物情，或多偏擁。可更遣大使，巡求民瘼。」置積射、彊弩將軍官。乙未，以征西將軍、沙州刺史吐谷渾慕容璝爲征西大將軍、西秦河二州刺史、隴西王。北秦州刺史氐楊難當加號征西將軍。壬寅，以撫軍將軍、荆州刺史江夏王義恭爲征北將軍、開府儀同三司、南兗州刺史，前將軍臨川王義慶爲平西將軍、荆州刺史，南兗州刺史竟陵王義宣爲中書監、中軍將軍，征虜將軍衡陽王義季爲南徐州刺史。

秋七月戊辰，以尚書王仲德爲鎮北將軍、徐州刺史。庚午，以領軍將軍殷景仁爲尚書僕射，太子詹事劉湛爲領軍將軍。壬申，河南國、河西王遣使獻方物。

九月，妖賊趙廣寇益州，陷没郡縣，州府討平之〔一七〕。

冬十一月壬子，以少府甄法崇爲益州刺史。癸丑，於廣州立宋康郡。

十二月甲戌，以右軍參軍李秀之爲交州刺史。庚寅，立第五皇子紹爲廬陵王，江夏王義恭子朗爲南豐縣王。

十年春正月甲寅，竟陵王義宣改封南譙王。鎮北將軍、徐州刺史王仲德加領兗州刺史，淮南太守段宏爲青州刺史。己未，大赦天下。孤老、六疾不能自存者，人賜穀五斛。

夏四月戊戌，青州刺史段宏加冀州刺史。封陽縣侯蕭思話爲梁、南秦二州刺史。後將軍、豫州刺史長沙王義欣進號鎮軍將軍。

五月，林邑王遣使獻方物。

六月乙亥，以前青州刺史韋朗爲廣州刺史。闍婆州訶羅單國遣使獻方物。

秋七月戊戌，曲赦益、梁、秦三州。於益州立宋寧、宋興二郡。

八月丁丑，於青州立太原郡。辛巳，護軍將軍到彦之卒。

冬十一月，氐楊難當寇漢川。丁未，梁州刺史甄法護棄城走，難當據有梁州。

十一年春正月，亡命馬大玄羣黨數百人寇泰山〔一八〕，州郡討平之。

二月癸酉，以交阯太守李耽之爲交州刺史。

夏四月，梁、秦二州刺史蕭思話破氐楊難當，梁州平。

五月丁卯，曲赦梁、南秦二州劍閣北。戊寅，以大沮渠茂虔爲征西大將軍、涼州刺史。

是月，京邑大水。

六月丁未，省魏郡。

是歲，林邑國、扶南國、訶羅單國遣使獻方物〔一九〕。

十二年春正月辛酉，大赦天下。辛未，車駕親祠南郊。癸酉，封黄龍國主馮弘爲燕王。

夏四月乙酉〔二〇〕，尚書僕射殷景仁加中護軍。丙辰，詔曰：「周宗以寧，寔由多士，漢室之隆〔二一〕，亦資得人。朕寤寐樂賢，爲日已久，而則哲難階，明揚莫効。用令遺才在野，管庫虛朝，永懷前載，慙德深矣。夫舉爾所知，宣尼之篤訓，貢士任官，先代之成准。便可宣敕内外，各有薦舉。當依方銓引，以觀厥用。」是夜，京都地震。

六月，丹陽、淮南、吴、吴興、義興大水，京邑乘船〔二二〕。己酉，以徐豫南兖三州、會稽宣城二郡米數百萬斛賜五郡遭水民。是月，斷酒。師子國遣使獻方物。

秋七月乙酉〔二三〕，闍婆娑達國、扶南國並遣使獻方物。

八月壬申，於益州立南晉壽、南新巴、北巴西三郡〔二四〕。乙亥，原遭水郡諸逋負。

九月，蜀郡賊張尋爲寇。

冬十一月，以右軍行參軍苟道覆爲交州刺史。

十三年春正月癸丑，上有疾，不朝會。

三月己未，司空、江州刺史檀道濟有罪伏誅。庚申，大赦天下。以中軍將軍南譙王義宣爲鎮南將軍、江州刺史。

夏五月戊辰，鎮北將軍、徐兗二州刺史王仲德進號鎮北大將軍。庚辰，以征北司馬王方俳爲兗州刺史。

六月，高麗國、武都王遣使獻方物。

秋七月己未，零陵王太妃薨。追崇爲晉皇后，葬以晉禮。

八月庚寅，尚書僕射、中護軍殷景仁改爲護軍將軍。

九月癸丑，立第二皇子濬爲始興王，第三皇子駿爲武陵王〔二五〕。

十四年春正月辛卯，車駕親祠南郊，大赦天下。文武賜位一等；孤老、六疾不能自存者，人賜穀五斛。

二月壬子，以步兵校尉劉真道爲梁、南秦二州刺史〔二六〕。

夏四月丁未，以輔國將軍周籍之爲益州刺史。

秋八月戊午，以尚書金部郎中徐森之爲交州刺史。

冬十二月辛酉，停賀雪。河南國、河西王、訶羅單國並遣使獻方物。

十五年春二月丁未，以平東將軍吐谷渾慕容延爲鎮西將軍、秦河二州刺史〔二七〕。

夏四月甲辰，燕王弘遣使獻方物〔二八〕。立皇太子妃殷氏，賜王公以下各有差。己巳，以倭國王珍爲安東將軍。

五月己丑，特進、右光禄大夫殷穆卒。辛卯，鎮北大將軍、徐州刺史王仲德卒。壬辰，以右衛將軍劉遵考爲徐、兗二州刺史。

秋七月辛未，地震。甲戌，以陳、南頓二郡太守徐循爲寧州刺史。

八月辛丑，以左衛將軍趙伯符爲徐、兗二州刺史。甲寅，以始興内史陸徽爲廣州刺史。丁巳，以兗州刺史王方俳爲青、冀二州刺史。

是歲，武都王、河南國、高麗國、倭國、扶南國、林邑國並遣使獻方物。

十六年春正月戊寅，車駕於北郊閲武。庚寅，司徒、録尚書事、揚州刺史彭城王義康進位大將軍，領司徒，餘如故。征北將軍、開府儀同三司、南兗州刺史江夏王義恭進位司空，刺史如故。特進、左光禄大夫王敬弘開府儀同三司。癸巳，復分荆州置湘州。

二月己亥，以南徐州刺史衡陽王義季爲安西將軍、荆州刺史。丁未，以始興王濬爲湘州刺史。癸亥，割梁州之巴西梓潼南宕渠南漢中、南秦州之南安懷寧凡六郡〔二九〕，屬益州。分長沙江夏郡立巴陵郡，屬湘州。

夏四月丁巳，以鎮南將軍、江州刺史南譙王義宣爲征北將軍、南徐州刺史。平西將軍臨川王義慶爲衞將軍、江州刺史。

六月己酉，隴西吐谷渾慕容延改封河南王。癸丑，以吐谷渾拾寅爲平西將軍，吐谷渾繁曜爲撫軍將軍。

秋八月庚子，立第四皇子鑠爲南平王。

閏月乙未，鎮軍將軍、豫州刺史長沙王義欣薨。戊戌，復分豫州之淮南爲南豫州。癸卯，以左衛將軍劉遵考爲豫州刺史。戊申，以湘州刺史始興王濬爲南豫州刺史，武陵王駿爲湘州刺史。

冬十二月乙亥，皇太子冠，大赦天下。

是歲，武都王、河南王、林邑國、高麗國並遣使獻方物。

十七年夏四月戊午朔，日有蝕之。

五月癸巳，領軍將軍劉湛母憂去職。

秋七月壬寅，以征虜諮議參軍杜驥爲青州刺史。壬子，皇后袁氏崩。

八月，徐、兗、青、冀四州大水，己未，遣使檢行賑卹。

九月壬子，葬元皇后於長寧陵。

冬十月戊午，前丹陽尹劉湛有罪，及同黨伏誅。大赦天下，文武賜爵一級。以大將軍、領司徒、録尚書、揚州刺史彭城王義康爲江州刺史，大將軍如故。以司空、南兗州刺史江夏王義恭爲司徒、録尚書事。戊寅，衛將軍臨川王義慶以本號爲南兗州刺史，尚書僕射、護軍將軍殷景仁爲揚州刺史，僕射如故。

十一月丙戌，以尚書劉義融爲領軍將軍，祕書監徐湛之爲中護軍。丁亥，詔曰：「前所給揚、南徐二州百姓田糧種子，兗、兩豫、青、徐諸州比年所寬租穀應督入者，悉除半。今年有不收處〔三〇〕，都原之。凡諸逋債，優量申減。又州郡估税，所在市調，多有煩刻。山澤之利，猶或禁斷；役召之品，遂及稚弱。諸如此比，傷治害民。自今咸依法令，務盡優允。如有不便，即依事别言，不得苟趣一時，以乖隱卹之旨。主者明加宣下，稱朕意焉。」癸丑，尚書僕射、揚州刺史殷景仁卒。

十二月癸亥，以光禄大夫王球爲尚書僕射〔三一〕。戊辰，以南豫州刺史始興王濬爲揚州刺史，湘州刺史武陵王駿爲南豫州刺史，南平王鑠爲湘州刺史。

是歲，武都王、河南王、百濟國遣使獻方物。

十八年春二月乙卯，以豫章太守庾登之爲江州刺史。

夏五月壬午〔三二〕，衞將軍南兗州刺史臨川王義慶、征北將軍南徐州刺史南譙王義宣並開府儀同三司。癸巳，於交州置宋熙郡。是月，沔水泛溢。

六月戊辰，遣使巡行賑贍。辛未，領軍將軍劉義融卒。

秋七月戊戌，以徐、兗二州刺史趙伯符爲領軍將軍。

冬十月辛亥，以巴東、建平二郡太守臧質爲徐、兗二州刺史。乙卯，省南徐州之南燕、濮陽、南廣平郡。

十一月戊子，尚書僕射王球卒。己亥，以丹陽尹孟顗爲尚書僕射。

氏楊難當又寇漢川。十二月癸亥，遣龍驤將軍裴方明與梁、秦二州刺史劉真道討之。

十二月〔三三〕，晉寧太守爨松子反叛，寧州刺史徐循討平之。

是歲，肅特國、高麗國、蘇靡黎國、林邑國並遣使獻方物。

十九年正月乙巳，詔曰：「夫所因者本，聖哲之遠教；本立化成，斆學之爲貴。故詔以三德，崇以四術，用能納諸義方，致之軌度。盛王聖世〔三四〕，咸必由之。永初受命，憲章弘遠，將陶鈞庶品，混一殊風，有詔典司，大啓庠序，而頻遘屯夷，未及脩建。永瞻前猷，思敷鴻烈。今方隅乂寧，戎夏慕嚮，廣訓胄子，實維時務。便可式遵成規，闡揚景業。」

夏四月甲戌，以久疾愈，始奉祠祠〔三五〕，大赦天下。

五月庚寅，梁秦二州刺史劉真道、龍驤將軍裴方明破氐楊難當，仇池平〔三六〕。

閏月，京邑雨水；丁巳，遣使巡行賑卹。

六月壬午，以大沮渠無諱爲征西大將軍、涼州刺史。

秋七月，以梁、秦二州刺史劉真道爲雍州刺史，龍驤將軍裴方明爲梁、南秦二州刺史。

甲戌晦，日有蝕之。

冬十月甲申，芮芮國遣使獻方物。己亥，以晉寧太守周萬歲爲寧州刺史。

十二月丙申，詔曰：「胄子始集，學業方興。自微言泯絶，逝將千祀，感事思人，意有慨然。奉聖之胤，可速議繼襲。於先廟地，特爲營造，依舊給祠，直令四時饗祀〔三七〕。闕里往經寇亂，黌校殘毁，并下魯郡修復學舍，採召生徒。昔之賢哲及一介之善，猶或衛其丘壟，禁其芻牧，況尼父德表生民，功被百代，而墳塋荒蕪，荆棘弗翦。可蠲墓側數户，以掌洒掃。」魯郡上民孔景等五户居近孔子墓側，蠲其課役，供給洒掃，并種松柏六百株。

是歲，婆皇國遣使獻方物〔三八〕。

二十年春正月，於臺城東西開萬春、千秋二門。

二月甲戌，江州刺史庾登之爲中護軍。庚申〔三九〕，以廬陵王紹爲江州刺史。仇池爲索虜所没。甲申，車駕於白下閱武。

三月辛亥，安西將軍、荆州刺史衡陽王義季進號征西大將軍。以巴西、梓潼二郡太守申坦爲梁、南秦二州刺史。

夏四月甲午，立第六皇子誕爲廣陵王。

五月癸丑，中護軍庾登之卒。

秋七月癸丑，以楊文德爲征西大將軍、北秦州刺史，封武都王〔四〇〕。辛酉，以南蠻校尉蕭思話爲雍州刺史。甲子，前雍州刺史劉真道、梁南秦二州刺史裴方明有罪，下獄死。

八月癸未，以廷尉陶愍祖爲廣州刺史。

冬十二月庚午，以始興内史檀和之爲交州刺史。壬午，詔曰：「國以民爲本，民以食爲天。故一夫輟稼，饑者必及。倉廩既實，禮節以興。自頃在所貧罄，家無宿積。賦役暫偏，則人懷愁墊；歲或不稔，而病乏比室。誠由政德弗孚，以臻斯弊；抑亦耕桑未廣，地利多遺。宰守微化導之方，萌庶忘勤分之義。永言弘濟，明發載懷。雖制令亟下，終莫懲勸，而坐望滋殖，庸可致乎。有司其班宣舊條，務盡敦課。遊食之徒，咸令附業，考覈勤惰，行其誅賞，觀察能殿，嚴加黜陟。古者躬耕帝籍，敬供粢盛，仰瞻前王，思遵令典。便可量處千畝，考卜元辰。朕當親率百辟，致禮郊甸，庶幾誠素，將被斯民。」

是歲，河西國、高麗國、百濟國、倭國並遣使獻方物。

是歲，諸州郡水旱傷稼，民大饑。遣使開倉賑卹，給賜糧種。

二十一年春正月己亥，南徐、南豫州、揚州之浙江西〔四一〕，並禁酒。大赦天下。諸逋債在十九年以前，一切原除。去歲失收者，疇量申減。尤弊之處，遣使就郡縣隨宜賑卹。凡欲附農，而種糧匱乏者，並加給貸。營千畝諸統司役人，賜布各有差。戊午，衞將軍臨川王義慶薨。辛酉，以太子詹事劉義宗爲南兗州刺史。

二月庚午，以領軍將軍趙伯符爲豫州刺史。己丑，司徒、録尚書事江夏王義恭進位太尉，領司徒。庚寅，以右衞將軍沈演之爲中領軍。辛卯，立第七皇子宏爲建平王。甲午，以廣陵王誕爲南兗州刺史。

夏四月，晉陵延陵民徐耕以米千斛助卹饑民。

五月壬戌，以尚書何尚之爲中護軍，諮議參軍劉道錫爲廣州刺史。

六月，連雨水。丁亥，詔曰：「霖雨彌日，水潦爲患，百姓積儉，易致乏匱。二縣官長及營署部司，各隨統檢實，給其柴米，必使周悉。」

秋七月丁酉，揚州刺史始興王濬加中軍將軍，南豫州刺史武陵王駿加撫軍將軍〔四二〕。乙巳，詔曰：「比年穀稼傷損，淫亢成災，亦由播殖之宜，尚有未盡。南徐、兗、豫及揚州浙江西屬郡，自今悉督種麥，以助闕乏。速運彭城、下邳郡見種，委刺史貸給。徐、豫土多稻田，而民間專務陸作，可符二鎮，履行舊陂，相率修立，并課墾闢，使及來年。凡諸州郡，皆令盡勤地利，勸導播殖，蠶桑麻紵，各盡其方，不得但奉行公文而已。」

八月戊辰，征西大將軍、荆州刺史衡陽王義季爲征北大將軍、開府儀同三司、南兗州刺史，征北將軍、南徐州刺史南譙王義宣爲車騎將軍、荆州刺史〔四三〕。南兗州刺史廣陵王誕爲南徐州刺史。

九月甲辰，以大沮渠安周爲征西將軍、涼州刺史，封河西王。

冬十月己卯，以左軍將軍徐瓊爲兗州刺史，大將軍參軍申恬爲冀州刺史。

二十二年春正月辛卯朔，改用御史中丞何承天元嘉新曆。壬辰，撫軍將軍、南豫州刺史武陵王駿改爲雍州刺史，湘州刺史南平王鑠爲南豫州刺史。

二月辛巳，以侍中王僧朗爲湘州刺史。甲戌，立第八皇子禕爲東海王，第九皇子昶爲義陽王。

夏六月辛亥，以南豫州刺史南平王鑠爲豫州刺史。

秋七月己未，以尚書僕射孟顗爲尚書左僕射，中護軍何尚之爲尚書右僕射。雍州刺史武陵王駿討緣沔蠻，移一萬四千餘口於京師。乙酉，征北大將軍、南兗州刺史衡陽王義季改爲徐州刺史。

九月己未〔四四〕，開酒禁。

冬十月，起湖熟廢田千頃。

十二月乙未，太子詹事范曄謀反，及黨與皆伏誅。丁酉，免大將軍彭城王義康爲庶人。庚戌，以前豫州刺史趙伯符爲護軍將軍。

二十三年春正月丁巳，以長沙内史陸徽爲益州刺史。庚申，尚書左僕射孟顗去職。遷漢川流民於沔次〔四五〕。

二月癸卯，以左衞將軍劉義賓爲南兗州刺史。

三月，索虜寇兗、豫、青、冀，刺史申恬破之。

夏四月丁未，大赦天下。

六月癸未朔，日有蝕之。交州刺史檀和之伐林邑國，剋之。

秋七月辛未，以散騎常侍杜坦爲青州刺史。

八月癸卯，揭陽赭賊攻建安郡，燔燒城府。

九月己卯，車駕幸國子學，策試諸生，答問凡五十九人。

冬十月戊子，詔曰：「庠序興立累載，冑子肄業有成。近親策試，覩濟濟之美，緬想洙、泗，永懷在昔〔四六〕。諸生答問，多可採覽。教授之官，並宜沾賚。」賜帛各有差。

十二月丁酉，以龍驤司馬蕭景憲爲交州刺史。

是歲，大有年。築北堤，立玄武湖，築景陽山於華林園。

二十四年春正月甲戌，大赦天下，文武賜位一等。繫囚降宥，諸逋負寬減各有差。孤老、六疾不能自存，人賜穀五斛。蠲建康、秣陵二縣今年田租之半。

三月壬申，護軍將軍趙伯符遷職。

夏五月甲戌，青州刺史杜坦加冀州刺史。

六月，京邑疫癘，丙戌，使郡縣及營署部司，普加履行，給以醫藥。是月，以貨貴，制大錢一當兩。

秋七月乙卯，以林邑所獲金銀寶物，班賚各有差。

八月乙未，征北大將軍、徐州刺史衡陽王義季薨。癸卯，以南兗州刺史劉義賓爲徐州刺史。

九月己未，以中領軍沈演之爲領軍將軍。辛未，以太子詹事徐湛之爲南兗州刺史。

冬十月壬午，豫章胡誕世反，殺太守桓隆之，前交州刺史檀和之南還至豫章，因討平之。壬辰，以建平王宏爲中護軍。

十一月甲寅，立第十皇子渾爲汝陰王。

二十五年春正月戊辰，詔曰：「比者冰雪經旬，薪粒貴踊，貧弊之室，多有窘罄。可檢行京邑二縣及營署，賜以柴米。」

二月庚寅，詔曰：「安不忘虞，經世之所同；治兵教戰，有國之恒典。故服訓明恥，然後少長知禁。頃戎政雖脩，而號令未審。今宣武場始成，便可剋日大習衆軍。當因校獵，肄武講事。」

閏月己酉，大蒐于宣武場。

三月庚辰，車駕校獵。

夏四月乙巳，新作閶闔、廣莫二門，改先廣莫門曰承明，開陽曰津陽。乙卯，以撫軍將軍、雍州刺史武陵王駿爲安北將軍、徐州刺史。癸亥，以右衞將軍蕭思話爲雍州刺史。

五月己卯，罷大錢當兩。

六月庚戌，零陵王司馬元瑜薨。庚申，安北將軍、徐州刺史武陵王駿加兗州刺史。丙寅，車騎將軍、荆州刺史南譙王義宣進位司空。

秋七月壬午，左光禄大夫王敬弘薨〔四七〕。

八月己酉，以撫軍參軍劉秀之爲梁、南秦二州刺史。甲子，立第十一皇子彧爲淮陽王〔四八〕。

九月辛未，以尚書右僕射何尚之爲尚書左僕射，領軍將軍沈演之遷職，吴興太守劉遵考爲領軍將軍。

二十六年春正月辛巳，車駕親祠南郊。

二月己亥，車駕陸道幸丹徒，謁京陵。

三月丁巳〔四九〕，詔曰：「朕違北京，二十餘載，雖云密爾，瞻塗莫從。今因四表無塵，時和歲稔，復獲拜奉舊塋，展罔極之思，饗譙故老，申追遠之懷。固以義兼於桑梓，情加於過沛，永言慷慨，感慰實深。宜聿宣仁惠，覃被率土。其大赦天下。復丹徒縣僑舊今歲租布之半。行所經縣，蠲田租之半。二千石官長並勤勞王務，宜有沾錫。登城三戰及大將戰亡墜没之家，老病單弱者，普加贍卹。遣使巡行百姓，問所疾苦。孤老、鰥寡、六疾不能自存者，人賜穀五斛。」遣使祭晉故司空忠肅公何無忌之墓。乙丑，申南北沛下邳三郡復。又詔曰：「京口肇祥自古，著符近代，衿帶江山，表裏華甸，經塗四達，利盡淮、海，城邑高明，土風淳壹，苞總形勝，實唯名都。故能光宅靈心，克昌帝業。頃年岳牧遷回，軍民徙散，廛里廬宇，不逮往日。皇基舊鄉，地兼蕃重，宜令殷阜，式崇形望。可募諸州樂移者數千家，給以田宅，并蠲復。」

五月丙寅，詔曰：「吾生於此城。及盧循肆亂，害流茲境。先帝以桑梓根本，寔同休戚，復以蒙稚，猥同艱難，情義繾綣，夷險兼備，舊物遺蹤，猶存心目。歲月不居，逝踰三紀，時人故老，與運零落。眷惟既往，倍深感歎。可搜訪于時士庶文武今尚存者，具以名聞。人身已亡而子孫見在，優量賜賚之。」車駕水路發丹徒，壬午，至京師。丙戌，婆皇國，壬辰，婆達國，並遣使獻方物。

秋七月辛未，以江州刺史廬陵王紹爲南徐州刺史，廣陵王誕爲雍州刺史。

八月己酉，以中護軍建平王宏爲江州刺史。癸丑，以南豐王朗爲湘州刺史。

冬十月，廣陵王誕改封隨郡王。甲辰，以中軍將軍、揚州刺史始興王濬爲征北將軍、開府儀同三司、南徐兖二州刺史，南徐州刺史廬陵王紹爲揚州刺史。

二十七年春正月辛未，制交、寧二州假板郡縣，俸禄聽依臺除。辛卯，百濟國遣使獻方物。

二月辛丑，右將軍、豫州刺史南平王鑠進號平西將軍。辛巳〔五〇〕，索虜寇汝南諸郡，陳南頓二郡太守鄭琨[五]、汝陽潁川二郡太守郭道隱委守走。索虜攻懸瓠城，行汝南郡事陳憲拒之。以軍興減百官俸三分之一。

三月乙丑，淮南太守諸葛闡求減俸禄同内百官，於是州及郡縣丞尉並悉同減。戊寅，罷國子學。乙酉，以新除吏部尚書蕭思話爲護軍將軍。

夏四月壬子，安北將軍、徐兗二州刺史武陵王駿降號鎮軍將軍。

六月丁酉，侍中蕭斌爲青、冀二州刺史。

秋七月庚午，遣寧朔將軍王玄謨北伐。太尉江夏王義恭出次彭城，總統諸軍。乙亥，索虜碻磝戍委城走。

冬閏月癸亥，玄謨攻滑臺，不克，爲虜所敗，退還碻磝。辛未，雍州刺史隨王誕遣軍攻弘農城，克之。丙戌，又克關城。

十一月戊子，索虜陷鄒山，魯、陽平二郡太守崔邪利没。甲午，隨王誕所遣軍又攻陜城，克之。癸卯，左軍將軍劉康祖於壽陽尉武戍與虜戰敗見殺。丁未，大赦天下。

十二月戊午，内外纂嚴。乙丑，冗從僕射胡崇之、太子積弩將軍臧澄之、建威將軍毛熙祚於盱眙與虜戰敗，並見殺。庚午，虜僞主率大衆至瓜步。壬午，内外戒嚴。

二十八年春正月丙戌朔，以寇逼不朝會。丁亥，索虜自瓜步退走。丁酉，攻圍盱眙城。是月，寧朔將軍王玄謨自碻磝退還歷下。

二月丙辰，索虜自盱眙奔走。癸酉，詔曰：「玁狁孔熾，難及數州，睠言念之，鑒寐興悼。凶羯痍挫，迸跡遠奔，彫傷之民，宜時振理。凡遭寇賊郡縣，令還復居業，封屍掩骼，賑贍饑流。東作方始，務盡勸課。貸給之宜，事從優厚。其流寓江、淮者，並聽即屬，并蠲復稅調。」甲戌，太尉、領司徒江夏王義恭降爲驃騎將軍、開府儀同三司。辛巳，鎮軍將軍、徐兗二州刺史武陵王駿降號北中郎將。壬午，車駕幸瓜步，是日解嚴。

三月乙酉，車駕還宮。壬辰，征北將軍始興王濬解南兗州。庚子，以輔國將軍臧質爲雍州刺史。戊申，徐州刺史武陵王駿爲南兗州刺史。甲寅，護軍將軍蕭思話爲撫軍將軍、徐兗二州刺史。

夏四月癸酉，婆達國遣使獻方物。索虜僞寧南將軍魯爽、中書郎魯秀歸順。戊寅，以爽爲司州刺史。

五月乙酉，亡命司馬順則自號齊王，據梁鄒城。丁巳，婆皇國，戊戌，河南王，並遣使獻方物〔五二〕。己巳，驃騎將軍江夏王義恭領南兗州刺史〔五三〕。戊申，以尚書左僕射何尚之爲尚書令，太子詹事徐湛之爲尚書僕射、護軍將軍。壬子，以後將軍隨王誕爲安南將軍、廣州刺史。

六月壬戌，以北中郎將武陵王駿爲江州刺史，以振武將軍、秦郡太守劉興祖爲青、冀二州刺史。

秋七月甲辰，安東將軍倭王倭濟進號安東大將軍。

八月癸亥，梁鄒平，斬司馬順則。

冬十月癸亥，高麗國遣使獻方物。

十一月壬寅，曲赦二兗、徐、豫、青、冀六州。是冬，徙彭城流民於瓜步，淮西流民於姑孰，合萬許家。

二十九年春正月甲午，詔曰：「經寇六州，居業未能〔五四〕，仍值災澇，饑困荐臻。可速符諸鎮，優量救卹。今農事行興，務盡地利。若須田種，隨宜給之。」

二月庚申，虜帥拓跋燾死。戊午，立第十二皇子休仁爲建安王。

夏四月戊午，訶羅單國遣使獻方物。以驃騎參軍張永爲冀州刺史。

五月甲午，罷湘州并荆州。以始興、臨賀、始安三郡屬廣州。丙申，詔曰：「惡稔身滅，戎醜常數，虐虜窮凶，著於自昔。未勞資斧，已伏天誅，子孫相殘，親黨離貳，關、洛僞帥，並懷内款，河朔遺民，注誠請効。拯溺蕩穢，今其會也。可符驃騎、司空二府，各部分所統，東西應接。歸義建績者，隨勞酬奬。」是月，京邑雨水。

六月己酉，遣部司巡行，賜樵米，給船。撫軍將軍蕭思話率衆北伐。以征北從事中郎劉瑀爲益州刺史。

秋七月壬辰，汝陰王渾改封武昌王，淮陽王彧改封湘東王。丁酉，省大司農、太子僕、廷尉監官。

八月丁卯，蕭思話攻碻磝，不拔，退還。

九月丁亥，以平西將軍吐谷渾拾寅爲安西將軍、西秦河二州刺史〔五五〕。己丑，撫軍將軍、徐兗二州刺史蕭思話加冀州刺史，兗州如故〔五六〕。

冬十月癸亥，司州刺史魯爽攻虎牢不拔，退還。

十一月壬寅，揚州刺史廬陵王紹薨。

十二月辛未，以驃騎將軍、南兗州刺史江夏王義恭爲大將軍、南徐州刺史，録尚書事如故。

三十年春正月戊寅，以司空、荆州刺史南譙王義宣爲司徒、中軍將軍、揚州刺史。以南兗州并南徐州。庚辰，以領軍將軍劉遵考爲平西將軍、豫州刺史。壬午，以征北將軍、南徐州刺史始興王濬爲衞將軍、荆州刺史。戊子，江州刺史武陵王駿統衆軍伐西陽蠻。癸巳，以豫州刺史南平王鑠爲撫軍將軍、領軍將軍。

青、徐州饑，二月壬子，遣運部賑䘏。

甲子，上崩于含章殿。時年四十七。謚曰景皇帝，廟曰中宗。三月癸巳，葬長寧陵。世祖踐祚，追改謚及廟號。

史臣曰：太祖幼年特秀，顧無保傅之嚴，而天授和敏之姿，自禀君人之德。及正位南面，歷年長久，綱維備舉，條禁明密，罰有恒科，爵無濫品。故能内清外晏，四海謐如也。昔漢氏東京常稱建武、永平故事，自兹厥後，亦每以元嘉爲言，斯固盛矣。授將遣帥，乖分閫之命，才謝光武，而遥制兵略，至於攻日戰時，莫不仰聽成旨。雖覆師喪旅，將非韓、白，而延寇慼境，抑此之由。及至言漏衾衽，難結商豎，雖禍生非慮，蓋亦有以而然也。嗚呼哀哉！

校勘記

〔一〕高祖使諮議參軍劉粹輔上鎮京城　「劉粹」，原作「劉椊」，據三朝本、南監本、北監本、汲本、殿本、局本改。按劉粹本書卷四五有傳。

〔二〕行臺至止　「至止」，原作「止心」，據三朝本、南監本、北監本、汲本、殿本、局本、建康實録卷一一改。

〔三〕永慕厥躬　「厥」，原作一字空格，據三朝本、南監本、北監本、汲本、殿本、局本補。

〔四〕車駕至京城　「京城」，孫虨考論卷一：「當作『京邑』。『京城』則京口矣。」按通鑑卷一二〇宋紀元嘉元年作「建康」。本書「京城」多指京口城，此則指建康。

〔五〕右將軍南徐州刺史彭城王義康進號驃騎將軍　「右將軍」，原作「衛將軍」，據本書卷六八武二王彭城王義康傳改。按本書卷三武帝紀下及本卷上文，自永初三年正月至元嘉元年八月衛將軍乃王弘。本書卷五二褚叔度傳載景平元年，「右將軍彭城王義康遣龍驤將軍丘顯率衆五百東討」，卷八一顧琛傳載「少帝景平元年，（中略）彭城王義康右軍驃騎參軍」，乃謂顧琛先後任義康右將軍府及驃騎府參軍。足證「衛將軍」乃「右將軍」之訛。

〔六〕辛未車駕祠南郊　「辛未」二字原闕，據南史卷二宋本紀中、建康實録卷一二、通鑑卷一二〇宋紀元嘉元年補。

〔七〕建安太守潘盛有罪伏誅　「潘盛」，原作「潘城」，據本書卷四少帝紀、卷四三徐羨之傳、通鑑卷一二〇宋紀元嘉元年改。

〔八〕乙卯　原作「己卯」，據局本、南史卷二宋本紀中改。按是月丁酉朔，十九日乙卯，無己卯。

〔九〕領平北將軍南徐州刺史　「南」字原闕，據本書卷六八武二王彭城王義康傳、建康實録卷一二、通鑑卷一二一宋紀元嘉六年補。

〔一〇〕十二月丁亥河南國河西王遣使獻方物　「河西王」，原作「西河王」，據本書卷四少帝紀景平元年、卷九八大且渠蒙遜傳、南史卷二宋本紀中少帝景平二年乙正。下出「西河王」並乙正。

〔一一〕以前征虜司馬尹沖爲司州刺史　「尹沖」，原作「沖」，按本書卷九五索虜傳、通鑑卷一二一宋紀元嘉七年，時以尹沖爲司州刺史，今據以補正。

〔一二〕訶羅陁國　「訶羅陁」，原作「訶羅佗」，南史卷二宋本紀中作「呵羅他」，據本書卷九七夷蠻訶羅陁國傳改。

〔一三〕征南大將軍檀道濟破索虜於東平壽張　「平」字原闕，據本書卷四三檀道濟傳補。洪頤煊諸史考異卷四：「按檀道濟傳作東平壽張，此『東』下脱『平』字。」

〔一四〕苟不深存務本　「苟」字原闕，據册府卷一九八補。

〔一五〕以吐谷渾慕容延爲平東將軍　「慕容延」，本書卷九六鮮卑吐谷渾傳作「慕延」，魏書卷一〇一吐谷渾傳作「慕利延」。「平東」，原作「東平」，據殿本、局本、本書卷九六鮮卑吐谷渾傳乙正。按本卷下文亦作「平東將軍吐谷渾慕容延」。

〔一六〕吐谷渾輝伐爲鎮軍將軍　「吐谷渾」，原作「吐渾」，據前後文例補正。「輝伐」，魏書卷四下世祖紀下作「緯代」，本書卷九六鮮卑吐谷渾傳作「煒代」。「煒」、「緯」音形俱近，「輝伐」恐是「煒代」之形訛。

〔一七〕九月妖賊趙廣寇益州陷没郡縣州府討平之　本書卷四五劉粹傳，趙廣、帛氏奴等於元嘉九年七月反於益州之五城，同月攻陷益州之涪陵、江陽諸郡，而「州府討平之」則在元嘉十年九月。通鑑卷一二二宋紀亦記益州刺史甄法護軍至成都在元嘉十年九月。

〔一八〕亡命馬大玄羣黨數百人寇泰山　「泰山」，三朝本、南監本、北監本、汲本、殿本、局本作「秦梁」。

〔一九〕訶羅單國遣使獻方物　「訶羅單國」，原作「訶羅軍國」，據南監本、北監本、汲本、殿本、局本、南史卷二宋本紀中及本卷上文改。

〔二〇〕夏四月乙酉　「乙酉」，建康實録卷一二作「乙巳」，通鑑卷一二二宋紀元嘉十二年作「己巳」。按是月丁亥朔，無乙酉、己巳，乙巳爲月之十九日。疑「乙酉」乃「乙巳」之訛。

〔二一〕漢室之隆　「隆」，原作「降」，據南監本、北監本、汲本、殿本、局本、册府卷二一三改。按建康實録卷一二作「盛」，蓋避唐諱改。

〔二二〕六月丹陽淮南吴吴興義興大水京邑乘船　「吴」字原不疊，據南史卷二宋本紀中補。按下文續云：「己酉，以徐豫南兗三州、會稽宣城二郡米數百萬斛賜五郡遭水民。」本書卷三三五行志四亦云：「元嘉十二年六月，丹陽、淮南、吴、吴興、義興五郡大水，京邑乘船。」是其證。

〔二三〕秋七月乙酉　「乙酉」，南史卷二宋本紀中作「辛酉」。按是月丙辰朔，初六日辛酉，三十日乙酉。

〔二四〕於益州立南晉壽南新巴北巴西三郡　原作「於益州立南晉壽新巴西三郡」。孫虨考論卷一：「據州郡志，是南晉壽、南新巴、北巴西三郡。」按孫説是，今訂正。又此條上云「壬申」，下云「乙亥」。按是月丙戌朔，無壬申，亦無乙亥。

〔二五〕第三皇子駿爲武陵王　「駿」，原作「諱」，蓋避諱劉駿名，今回改作「駿」。下同改，不另出校。

〔二六〕以步兵校尉劉真道爲梁南秦二州刺史　「劉真道」，原作「劉道真」。張森楷校勘記：「當作『劉真道』，見劉懷肅傳，下十八年亦作『劉真道』。」按張説是，今改正。

〔二七〕以平東將軍吐谷渾慕容延爲鎮西將軍秦河二州刺史　按慕延乃代其兄慕璝而立，本卷上文記元嘉九年六月，慕璝爲「征西大將軍、西秦河二州刺史、隴西王」。本書卷九六鮮卑吐谷渾傳、通鑑卷一二三宋紀元嘉十四年記慕延是時都督西秦河沙三州諸軍事，則慕延所任應爲西秦河二州刺史。又是時慕延兼通南北，皆稱臣，南北亦並以官爵籠絡之。據魏書卷四上世祖紀上、北史卷九六吐谷渾傳，北魏於太延三年（即宋元嘉十四年）已任慕延爲鎮西大將軍。由是宋於元嘉十五年時應無以其爲鎮西將軍之理。本書鮮卑吐谷渾傳及通鑑卷一二三作「鎮西大將軍」，疑是。

〔二八〕燕王弘遣使獻方物　「弘」，原作「年」，據本卷上文及本書卷九七夷蠻傳改。按晉書卷一二五馮跋載記，燕王爲馮弘。

〔二九〕割梁州之巴西梓潼南宕渠南漢中南秦州之南安懷寧凡六郡　「南宕渠」，原作「南宕梁」，據局本、本書卷三七州郡志三改。按本書卷三八州郡志四「益州」之「南宕渠」下云：「本屬梁州，元嘉十六年度。」又，洪頤煊諸史考異卷四：「『南安』當作『安固』。張茂度傳，太祖元嘉元年，出爲使持節、督益寧二州梁州之巴西梓潼宕渠南漢中秦州之懷寧安固六郡諸軍事。吉翰傳，元嘉三年，徙督益寧二州梁州之巴西梓潼宕渠南漢中秦州之安固懷寧六郡諸軍事。皆其證。」

〔三〇〕今年有不收處　「年」，原作「半」，據册府卷四八九改。

〔三一〕以光禄大夫王球爲尚書僕射　「王球」，原作「王琳」，據南史卷二宋本紀中、通鑑卷一二三宋紀元嘉十七年改。洪頤煊諸史考異卷四：「『王球』作『王琳』，是傳寫之訛。」下並改。

〔三二〕夏五月壬午　「壬午」，原作「壬申」，據局本改。按是月壬午朔，無壬申。

〔三三〕十二月　按上已有十二月，不當重出。據本書文例，疑當作「是月」。

〔三四〕盛王聖世　「聖」，原作「祖」，據册府卷一九四改。

〔三五〕始奉礿祠　「礿」，原作「初」，據册府卷二〇七改。

〔三六〕五月庚寅梁秦二州刺史劉真道龍驤將軍裴方明破氐楊難當仇池平　按本書卷九八氐胡傳云

仇池平在是年閏五月，與此繫於五月異。魏書卷四上世祖紀上載裴方明破楊難當在太平真君三年閏五月，即元嘉十九年閏五月。

〔三七〕依舊給祠直令四時饗祀　「直」，局本作「置」，「置令」屬上。

〔三八〕是歲婆皇國遣使獻方物　「婆皇國」，原作「婆黃國」，據南監本、殿本、局本、南史卷二宋本紀中改。

〔三九〕庚申　疑「庚辰」之訛。按是月壬申朔，初三日甲戌，無庚申。下有甲申，爲十三日。甲戌、甲申之間有初九日庚辰。

〔四〇〕以楊文德爲征西大將軍北秦州刺史封武都王　「大」字原闕，據通鑑卷一二四宋紀元嘉二十年補。按本書卷九八氐胡傳：「文德自號使持節、都督秦河涼三州諸軍事、征西大將軍、秦河涼三州牧、平羌校尉、仇池公，遣露板馳告朝廷。（中略）又詔曰：『（中略）楊文德志氣果到，文武兼全，（中略）可使持節、散騎常侍、都督北秦雍二州諸軍事、征西大將軍、平羌校尉、北秦州刺史，封武都王。』」

〔四一〕南徐南豫州揚州之浙江西　「南徐」下，南史卷二宋本紀中有「南兗」二字。

〔四二〕南豫州刺史武陵王駿加撫軍將軍　「駿」，原作「諱」，三朝本、南監本、北監本、汲本、殿本、局本作「贊」。按時武陵王駿，即後之孝武帝。贊爲宋明帝第九子，後亦封武陵王，時尚未生。今改作「駿」。

〔四三〕征北將軍南徐州刺史南譙王義宣爲車騎將軍荊州刺史　「南徐州」之「南」字原闕，據本書卷六八武二王南郡王義宣傳補。孫虨考論卷一：「『徐州』上脱『南』字。」

〔四四〕九月己未　「己未」，原作「乙未」，據局本改。按是月丁巳朔，初三日己未，無乙未。

〔四五〕遷漢川流民於沔次　「漢川」，原作「漢州」，據册府卷四八六改。

〔四六〕永懷在昔　「昔」，原作「井」，據南監本、北監本、汲本、殿本、局本、册府卷一九四改。

〔四七〕秋七月壬午左光禄大夫王敬弘薨　王敬弘之卒，建康實録卷一二亦繫於元嘉二十五年，而本書卷六六王敬弘傳於元嘉二十三年後即云：「明年，薨於餘杭之舍亭山，時年八十八。」南史卷二四王裕之傳亦云敬弘卒於元嘉二十四年。二者未知孰是。

〔四八〕立第十一皇子彧爲淮陽王　「彧」，原作「諱」，蓋避諱劉彧名，今回改作「彧」。下同改，不另出校。

〔四九〕三月丁巳　下有乙丑。按是月丁卯朔，無丁巳，亦無乙丑。建康實録卷一二記事在是年二月，不書日。是年二月丁酉朔，丁巳爲月之二十一日，乙丑爲月之二十九日。

〔五〇〕辛巳　通鑑考異卷五：「按長曆，二月壬辰朔，十日辛丑，二十日辛亥。『辛巳』當作『辛亥』。」

〔五一〕陳南頓二郡太守鄭琨　「陳南頓」，原作「陳頓」，據局本補正。

〔五二〕五月乙酉亡命司馬順則自號齊王據梁鄒城丁巳婆皇國戊戌河南王並遣使獻方物　按是年五

月甲申朔，初二日乙酉，十五日戊戌，無丁巳。丁巳日支當有誤。

〔五三〕己巳驃騎將軍江夏王義恭領南兗州刺史　元嘉二十八年五月甲申朔，無己巳。按上出「戊戌」，爲月之十五日，下出「戊申」，爲二十五日，戊戌與戊申之間有乙巳，爲月之二十二日。疑「己巳」爲「乙巳」之訛。

〔五四〕居業未能　「能」，册府卷一九五作「立」。

〔五五〕以平西將軍吐谷渾拾寅爲安西將軍西秦河二州刺史　「西秦」，原作「秦」，據通鑑卷一二六宋紀補正。按本書卷六孝武帝紀、南史卷二宋本紀中皆云元嘉三十年六月辛酉，「安西將軍、西秦河二州刺史吐谷渾拾寅號鎮西大將軍」，本書卷九六鮮卑吐谷渾傳亦云：「二十九年，以拾寅爲使持節、督西秦河沙三州諸軍事、安西將軍、領護羌校尉、西秦河二州刺史、河南王。」是拾寅時當爲西秦州刺史。

〔五六〕撫軍將軍徐兗二州刺史蕭思話加冀州刺史兗州如故　按本書卷七八蕭思話傳載是時文帝詔：「思話可解徐州爲冀州，餘如故。」通鑑卷一二六宋紀元嘉二十九年亦載是時「詔解蕭思話徐州，更領冀州刺史，鎮歷城」，是蕭思話乃解徐州刺史而改爲冀州刺史。此云「加冀州刺史」，恐誤。

宋書卷六

本紀第六

孝武帝

世祖孝武皇帝諱駿，字休龍，小字道民，文帝第三子也。元嘉七年秋八月庚午生。十三年，立爲武陵王〔一〕，食邑二千户。十六年，都督湘州諸軍事、征虜將軍、湘州刺史，領石頭戍事。十七年，遷使持節、都督南豫豫司雍并五州諸軍事、南豫州刺史，將軍如故，猶戍石頭。二十一年，加督秦州，進號撫軍將軍。明年，徙都督雍梁南北秦四州荆州之襄陽竟陵南陽順陽新野隨六郡諸軍事〔二〕、寧蠻校尉、雍州刺史，持節、將軍如故。自晉氏江左以來，襄陽未有皇子重鎮，時太祖欲經略關、河，故有此授。尋給鼓吹一部。

二十五年，改授都督南兗徐兗青冀幽六州豫州之梁郡諸軍事、安北將軍、徐州刺史，持節如故，北鎮彭城。尋領兗州刺史。始興王濬爲南兗州，上解督南兗。二十七年，坐汝陽戰敗，降號鎮軍將軍。又以索虜南侵，降爲北中郎將。二十八年，進督南兗州、南兗州刺史，當鎮山陽。尋遷都督江州荆州之江夏豫州之西陽晉熙新蔡四郡諸軍事、南中郎將、江州刺史，持節如故。時緣江蠻爲寇，太祖遣太子步兵校尉沈慶之等伐之，使上總統衆軍。

三十年正月，上出次西陽之五洲。會元凶弒逆，以上爲征南將軍，加散騎常侍。上率衆入討，荆州刺史南譙王義宣、雍州刺史臧質並舉義兵。四月辛酉，上次溧洲。癸亥，冠軍將軍柳元景前鋒至新亭，脩建營壘。甲子，賊劭親率衆攻元景，大敗退走。丙寅，上次江寧。丁卯，大將軍江夏王義恭來奔，奉表上尊號。戊辰，上至于新亭。

己巳，即皇帝位。大赦天下，文武賜爵一等，從軍者二等。贓汚清議，悉皆盪除。高年、鰥寡、孤幼、六疾不能自存，人賜穀五斛。逋租宿債勿復收。長徒之身，優量降宥。崇改太祖號謚。以大將軍江夏王義恭爲太尉、録尚書六條事、南徐州刺史。庚午，以荆州刺史南譙王義宣爲中書監、丞相、録尚書六條事、揚州刺史，安東將軍隨王誕爲衞將軍、開府儀同三司、荆州刺史，雍州刺史臧質爲車騎將軍、開府儀同三司、江州刺史，征虜將軍沈慶之爲領軍將軍，撫軍將軍、兖冀二州刺史蕭思話爲尚書左僕射。壬申，以征虜將軍王僧達爲尚書右僕射。改新亭爲中興亭。

五月甲戌，輔國將軍申坦克京城。乙亥，輔國將軍朱脩之克東府。丙子，克定京邑〔三〕。劭及始興王濬諸同逆並伏誅。庚辰，詔曰：「天步艱難，國道用否，雖基構永固，而氣數時愆。朕以眇身，奄承皇業，奉尋曆命，鑒寐震懷。萬邦風政，人治之本，感念陵替，若疚在心。可分遣大使巡省方俗。」是日解嚴。辛巳，車駕幸東府城。甲申，尊所生路淑媛爲皇太后。乙酉，立妃王氏爲皇后。戊子，以左衞將軍柳元景爲雍州刺史。壬辰，以太尉江夏王義恭爲太傅，領大司馬。甲午，曲赦京邑二百里内，并蠲今年租税。戊戌，以撫軍將軍南平王鑠爲司空，建平王宏爲尚書左僕射，東海王禕爲撫軍將軍，新除尚書左僕射蕭思話還職。

六月壬寅，以驃騎參軍垣護之爲冀州刺史。甲辰，以山陽太守申恬爲青州刺史。丙午，車駕還宫。初置殿門及上閤屯兵。以江夏内史朱脩之爲平西將軍、雍州刺史，御史中丞王曇生爲廣州刺史。戊申，以新除雍州刺史柳元景爲護軍將軍。己酉，以司州刺史魯爽爲豫州刺史〔四〕。庚戌，以梁、南秦二州刺史劉秀之爲益州刺史，太尉司馬龐秀之爲梁、南秦二州刺史，衞軍司馬徐遺寶爲兖州刺史，寧朔將軍王玄謨爲徐州刺史，衞將軍隨王誕進號驃騎大將軍。尚書右僕射王僧達遷職，丹陽尹褚湛之爲尚書右僕射。丙辰，以侍中南譙王世子恢爲湘州刺史。丁巳〔五〕，詔曰：「興王立訓，務弘治節，輔臣佐時，勤獻政要，仰惟聖規，每存茲道。猥以眇躬，屬承景業，闡揚遺澤，無廢厥心。夫量入爲出，邦有恒典，而經給之宜，多違常度。兵役糜耗，府藏散減，外内衆供，未加損約，非所以聿遵先旨，敬奉遺圖。自今諸可薄己厚民、去煩從簡者，悉宜施行，以稱朕意。」庚申，詔有司論功班賞各有差。辛酉，安西將軍、西秦河二州刺史吐谷渾拾寅進號鎮西大將軍、開府儀同三司。庚午，還分南徐立南兗州。辛未，改封南譙王義宣爲南郡王，隨王誕爲竟陵王，義宣次子宜陽侯愷爲宜陽縣王。

閏月壬申，以領軍將軍沈慶之爲鎮軍將軍、南兗州刺史。癸酉，以護軍將軍柳元景爲領軍將軍。丙子，遣兼散騎常侍樂詢等十五人巡行風俗。甲申，蠲尋陽、西陽郡租布三年。甲午，丞相南郡王義宣改爲荆、湘二州刺史，驃騎大將軍、荆州刺史竟陵王誕改爲揚州刺史，南蠻校尉王僧達爲護軍將軍。是月，置衞尉官。

秋七月辛丑朔，日有蝕之。甲寅，詔曰：「世道未夷，惟憂在國。夫使羣善畢舉，固非一才所議，況以寡德，屬衰薄之期，夙宵寅想，永懷待旦。王公卿士，凡有嘉謀善政，可以維風訓俗，咸達乃誠，無或依隱。」辛酉，詔曰：「百姓勞弊，傜賦尚繁，言念未乂，宜崇約損。凡用非軍國，宜悉停功。可省細作并尚方，雕文靡巧，金銀塗飾，事不關實，嚴爲之禁。供御服膳，減除遊侈。水陸捕採，各順時月。官私交市，務令優衷。其江海田池公家規固者，詳所開弛。貴戚競利，悉皆禁絶。」戊戌〔六〕，以右衞將軍宗慤爲廣州刺史。己巳，司空南平王鑠薨。八月辛未，武皇帝舊役軍身，嘗在齋内，人身猶存者，普賜解户。乙亥，尚書左僕射建平王宏加中書監、中軍將軍。丁亥，以沛郡太守垣閎爲寧州刺史，撫軍司馬費沈爲梁、南秦二州刺史。甲午，護軍將軍王僧達還職。

九月丁巳，以前尚書劉義綦爲中護軍。壬戌，新亭戰亡者，復同京城。劭黨南海太守蕭簡據廣州反。丁卯，輔國將軍鄧琬討平之。

冬十月癸未，車駕於閲武堂聽訟。

十一月丙午，以左軍將軍魯秀爲司州刺史。丙辰，停臺省衆官朔望問訊。丙寅，高麗國遣使獻方物。

十二月甲戌，省都水臺，罷都水使者官，置水衡令官。癸未，以將置東宮，省太子率更令、步兵、翊軍校尉、旅賁中郎將、冗從僕射、左右積弩將軍官。中庶子、中舍人、庶子、舍人、洗馬，各減舊員之半。

孝建元年春正月己亥朔，車駕親祠南郊，改元，大赦天下。壬寅，以丹陽尹蕭思話爲安北將軍、徐州刺史。甲辰，護軍將軍劉義綦遷職，以尚書令何尚之爲左光禄大夫、護軍將軍。戊申，詔曰：「首食尚農，經邦本務，貢士察行，寧朝當道。内難甫康，政訓未洽，衣食有仍秏之弊，選造無觀國之美。昔衞文勤民，高宗恭默，卒能收賢巖穴，大殷季年。朕每側席疚懷，無忘鑒寐。凡諸守莅親民之官，可詳申舊條，勸盡地利〔七〕。力田善蓄者，在所具以名聞。褒甄之科，精爲其格。四方秀孝，非才勿舉，獻答允值，即就銓擢。若止無可採，猶賜除署；若有不堪酬奉，虚竊榮薦，遣還田里，加以禁錮。尚書百官之元本，庶績之樞機，丞郎列曹，局司有在。而頃事無巨細，悉歸令僕，非所以衆材成構，羣能濟業者也。可更明體制，咸責厥成，糾覈勤惰，嚴施賞罰。」壬戌，更鑄四銖錢。丙寅，立皇子子業爲皇太子。賜天下爲父後者爵一級。孝子、順孫、義夫、節婦粟帛各有差。是月，起正光殿。

二月庚午，豫州刺史魯爽、車騎將軍江州刺史臧質、丞相荆州刺史南郡王義宣、兗州刺史徐遺寶舉兵反。乙亥，撫軍將軍東海王禕遷職。己卯，領軍將軍柳元景加撫軍將軍。壬午，曲赦豫州。辛卯，左衞將軍王玄謨爲豫州刺史。癸巳，玄謨進據梁山。丙申，以安北司馬夏侯祖歡爲兗州刺史〔八〕。

三月癸亥〔九〕，内外戒嚴。辛丑，以安北將軍、徐州刺史蕭思話爲安南將軍、江州刺史，撫軍將軍柳元景即本號爲雍州刺史。癸卯，以太子左衛率龐秀之爲徐州刺史。徐遺寶爲夏侯祖歡所破，棄衆走。丙寅，以輔國長史明胤爲冀州刺史。

夏四月戊辰，以後將軍劉義綦爲湘州刺史。甲申，以平西將軍、雍州刺史朱脩之爲安西將軍、荆州刺史。丙戌，鎮軍將軍、南兖州刺史沈慶之大破魯爽於歷陽之小峴，斬爽。癸巳，進慶之號鎮北大將軍。封第十六皇弟休倩爲東平王。未拜，薨。

五月甲寅，義宣等攻梁山，王玄謨大破之。己未，解嚴。癸亥，以吴興太守劉延孫爲尚書右僕射。

六月戊辰，臧質走至武昌，爲人所斬，傳首京師。甲戌，撫軍將軍柳元景進號撫軍大將軍，鎮北大將軍沈慶之並開府儀同三司。丙子，以征虜將軍武昌王渾爲雍州刺史〔一〇〕。癸未，分揚州立東揚州。分荆、湘、江、豫州立郢州。罷南蠻校尉。戊子，省録尚書事。庚寅，義宣於江陵賜死。

秋七月丙申朔，日有蝕之。丙辰，大赦天下。文武賜爵一級。逋租宿債勿復收。辛酉，於雍州立建昌郡。以會稽太守義陽王昶爲東揚州刺史。

八月庚午，撫軍大將軍柳元景復爲領軍將軍，本號如故。壬申，以游擊將軍垣護之爲徐州刺史。壬辰，以安西司馬梁坦爲梁、南秦二州刺史。

九月丙申，以彊弩將軍尹懷順爲寧州刺史。丁酉，左光禄大夫何尚之解護軍將軍。甲辰，加尚之特進。丙午，以安南將軍、江州刺史蕭思話爲鎮西將軍、郢州刺史。

冬十月戊寅，詔曰：「仲尼體天降德，維周興漢，經緯三極，冠冕百王。爰自前代，咸加褒述。典司失人，用闕宗祀。先朝遠存遺範，有詔繕立，世故妨道，事未克就。國難頻深，忠勇奮厲，實憑聖義，大教所敦。永惟兼懷，無忘待旦。可開建廟制，同諸侯之禮。詳擇爽塏，厚給祭秩。」丁亥，以祕書監東海王禕爲撫軍將軍、江州刺史。於郢州立安陸郡。

十一月癸卯，復立都水臺，置都水使者官。

是歲，始課南徐州僑民租[一]。

二年正月壬寅，以冠軍將軍湘東王彧爲中護軍。

二月己丑[二]，婆皇國遣使獻方物。丙寅，以鎮北大將軍、南兗州刺史沈慶之爲左光禄大夫、開府儀同三司。辛巳，以尚書右僕射劉延孫爲南兗州刺史。

三月辛亥，以吳興太守劉遵考爲湘州刺史。壬子，以行征西將軍楊文智爲征西將軍、北秦州刺史。

夏四月壬申，河南國遣使獻方物。壬午，以豫章太守檀和之爲豫州刺史。

五月戊戌，以湘州刺史劉遵考爲尚書右僕射，前軍司馬垣閎爲交州刺史。庚子，以輔國將軍申坦爲徐、兗二州刺史〔一三〕。癸卯，以右衞將軍顧覬之爲湘州刺史。丁未，以金紫光禄大夫王偃爲右光禄大夫。

六月甲子，以國哀除釋，大赦天下。庚辰，以曲江縣侯王玄謨爲豫州刺史。

秋七月癸巳，立第十三皇弟休祐爲山陽王，第十四皇弟休茂爲海陵王，第十五皇弟休業爲鄱陽王。戊戌，鎮西將軍蕭思話卒。己酉，以益州刺史劉秀之爲郢州刺史。槃槃國遣使獻方物。甲寅，以義興太守到元度爲益州刺史。

八月庚申，雍州刺史武昌王渾有辠，廢爲庶人，自殺。辛酉，以南兗州刺史劉延孫爲鎮軍將軍、雍州刺史。斤陀利國遣使獻方物。三吴民饑，癸酉，詔所在賑貸。丙子，詔曰：「諸苑禁制綿遠，有妨肆業。可詳所開弛，假與貧民。」壬午，以新除豫州刺史王玄謨爲青、冀二州刺史，青州刺史申恬爲豫州刺史〔一四〕。甲申，以右衞將軍檀和之爲南兗州刺史。

九月丁亥，車駕於宣武場閲武〔一五〕。庚戌，詔曰：「國道再屯，艱虞畢集。朕雖寡德，終膺鴻慶。惟新之祉，寔深百王；而惠宥之令，未殊常渥。永言勤慮，寤寐載懷。在朕受命之前，凡以臯徙放，悉聽還本。犯釁之門，尚有存者，子弟可隨才署吏。」

冬十月壬午，太傅江夏王義恭領揚州刺史，驃騎大將軍、揚州刺史竟陵王誕爲司空、南徐州刺史，中書監、尚書左僕射、中軍將軍建平王宏爲尚書令，將軍如故。

十一月戊子〔一六〕，中護軍湘東王彧遷職，鎮軍將軍劉延孫爲護軍將軍。青、冀二州刺史王玄謨爲雍州刺史。甲午，以大司馬垣護之爲青、冀二州刺史〔一七〕。辛亥，高麗國遣使獻方物。

十二月癸亥，以前交州刺史蕭景憲爲交州刺史。

三年春正月庚寅，立第十八皇弟休範爲順陽王，第十九皇弟休若爲巴陵王。戊戌，立第二皇子子尚爲西陽王。辛丑，車駕親祠南郊。壬子，立皇太子妃何氏。甲寅，大赦天下。

二月癸亥，右光禄大夫王偃卒。甲子，以廣州刺史宗慤爲平西將軍、豫州刺史〔一八〕。丁卯，以新除御史中丞王翼爲廣州刺史〔一九〕。丁丑，始制朔望臨西堂接羣下，受奏事。壬午，內外官有田在近道，聽遣所給吏僮附業。

三月癸丑，以西陽王子尚爲南兗州刺史。

閏月戊午，尚書右僕射劉遵考遷職〔二〇〕。癸酉，鄱陽王休業薨。庚辰，停元嘉三十年以前兵工考剔。

夏五月辛酉，制荆、徐、兖、豫、雍、青、冀七州統内，家有馬一匹者，蠲復一丁。壬戌，以右衛將軍劉瑀爲益州刺史。

六月，上於華林園聽訟。

秋七月，太傅江夏王義恭解揚州。丙子，以南兖州刺史西陽王子尚爲揚州刺史，祕書監建安王休仁爲南兖州刺史。

八月戊戌，以北中郎諮議參軍費淹爲交州刺史〔二一〕。丁未，以尚書吏部郎王琨爲廣州刺史〔二二〕。

九月壬戌，以丹陽尹劉遵考爲尚書右僕射〔二三〕。

冬十月癸未，以尋陽太守張悦爲益州刺史。丙午，太傅江夏王義恭進位太宰，領司徒。丁未，領軍將軍柳元景加驃騎將軍，尚書令建平王宏加中書監、衛將軍，撫軍將軍、江州刺史東海王禕進號平南將軍。

十一月癸丑，淮南太守袁景有臯棄市。

十二月丙午，以侍中孔靈符爲郢州刺史。

大明元年春正月辛亥朔，改元，大赦天下。賜高年孤疾粟帛各有差。庚午，護軍將軍劉延孫遷職，右衞將軍湘東王彧爲中護軍。京邑雨水，辛未，遣使檢行，賜以樵米。

二月己亥，復親民職公田。索虜寇兗州。

三月壬戌，制大臣加班劍者，不得入宮城門。梁州獠求内屬，立懷漢郡。

夏四月，京邑疾疫，丙申，遣使按行，賜給醫藥。死而無收斂者，官爲斂霾。庚子，省湘州宋建郡并臨賀。

五月，吴興、義興大水，民饑。乙卯，遣使開倉賑卹。癸酉，於華林園聽訟。乙亥，以左衞將軍沈曇慶爲徐州刺史，輔國將軍梁瑾葱爲河州刺史、宕昌王。

六月己卯，以前太子步兵校尉劉祗子歆繼南豐王朗。辛巳，以長水校尉山陽王休祐爲東揚州刺史。丁亥，休祐改爲湘州刺史。以丹陽尹顔竣爲東揚州刺史。

秋七月辛未，土斷雍州諸僑郡縣。

八月戊戌，於兗州立陽平郡〔三四〕。壬寅，於華林園聽訟。甲辰，司空、南徐州刺史竟陵王誕改爲南兗州刺史，太子詹事劉延孫爲鎮軍將軍、南徐州刺史。

冬十月丙申，詔曰：「旒纊之道，有孚於結繩，日昃之勤，已切於姬后。況世弊教淺，歲月澆季。朕雖勠力寓内，未明求衣，而識狹前王，務廣昔代，永言菲德，其愧良深。朝咨野怨，自達者寡，惠民利公，所昧寔衆。自今百辟庶尹，下民賤隸，有懷誠抱志，擁鬱衡閭，失理負謗，未聞朝聽者，皆聽躬自申奏，小大以聞。朕因聽政之日，親對覽焉。」甲辰，以百濟王餘慶爲鎮東大將軍。

十二月丁亥，順陽王休範改封桂陽王。戊戌，於華林園聽訟。

二年春正月辛亥，車駕祀南郊。壬子，詔曰：「去歲東土多經水災。春務已及，宜加優課。糧種所須，以時貸給。」丙辰，復郡縣田秩，并九親禄俸。壬戌，詔曰：「先帝靈命初興，龍飛西楚，歲紀浸遠，感往纏心。奉迎文武，情深常隸，思弘殊澤，以申永懷。吏身可賜爵一級，軍户免爲平民。」

二月丙子，詔曰：「政道未著，俗弊尚深，豪侈兼并，貧弱困窘，存闕衣裳，没無斂槥，朕甚傷之。其明敕守宰，勤加存卹。賻贈之科，速爲條品。」乙酉，以金紫光禄大夫褚湛之爲尚書左僕射。丙戌，中書監、尚書令、衛將軍建平王宏以本號開府儀同三司，中書監如故。丁酉，驃騎將軍柳元景以本號開府儀同三司。甲辰，散騎常侍義陽王昶爲中軍將軍。

三月丁未，中書監、尚書令、衞將軍建平王宏薨。乙卯，以田農要月，太官停殺牛〔二五〕。丁卯，上於華林園聽訟。癸酉，以寧朔將軍劉季之爲司州刺史。

夏四月甲申，立皇子子綏爲安陸王。甲午，以海陵王休茂爲雍州刺史。辛丑，地震。

五月戊申，復西陽郡。

六月戊寅，增置吏部尚書一人，省五兵尚書。丁亥，左光禄大夫何尚之加開府儀同三司。戊子，以金紫光禄大夫羊玄保爲右光禄大夫。丙申，詔曰：「往因師旅，多有逋亡。或連山染逆，懼致軍憲；或辭役憚勞，苟免刑罰。雖約法從簡，務思弘宥，恩令驟下，而逃伏猶多。豈習愚爲性，忸惡難反；將在所長吏，宣導乖方。可普加寬申，咸與更始。」

秋七月甲辰，彭城民高闍等謀反伏誅。癸亥，以右衞將軍顔師伯爲青、冀二州刺史。

八月乙酉，河南王遣使獻方物。丙戌，中書令王僧達有罪，下獄死。己丑，以彊弩將軍杜叔文爲寧州刺史，交州刺史費淹爲廣州刺史，南海太守垣閬爲交州刺史。甲午，以寧朔將軍沈僧榮爲兗州刺史。

九月癸卯，於華林園聽訟。壬戌，以寧朔將軍劉道隆爲徐州刺史。襄陽大水，遣使巡行賑贍〔二六〕。庚午，置武衞將軍、武騎常侍官。

冬十月甲午，以中軍將軍義陽王昶爲江州刺史。乙未，高麗國遣使獻方物。

十一月壬子，揚州刺史西陽王子尚加撫軍將軍。

十二月己亥，諸王及妃主庶姓位從公者，喪事聽設凶門，餘悉斷。

閏月庚子，詔曰：「夫山處巖居，不以魚鼈爲禮。頃歲多虞，軍調繁切，違方設賦，本濟一時，而主者玩習，遂爲常典。杶榦瑶琨，任土作貢，積羽羣輕，終致深弊。永言弘革，無替朕心。凡寰衞貢職，山淵採捕，皆當詳辨産殖，考順歲時，勿使牽課虚懸，睽忤氣序。庶簡約之風，有孚於品性；惠敏之訓，無漏於幽仄。」庚申，上於華林園聽訟。壬戌，林邑國遣使獻方物。

是冬，索虜寇青州，刺史顏師伯頻大破之。

三年春正月丁亥，割豫州梁郡屬徐州。己丑，以驃騎將軍、領軍將軍柳元景爲尚書令，尚書右僕射劉遵考爲領軍將軍。丙申，婆皇國遣使獻方物。

二月乙卯，以揚州所統六郡爲王畿。以東揚州爲揚州〔二七〕。時欲立司隸校尉，以元凶已立乃止。撫軍將軍、揚州刺史西陽王子尚徙爲揚州刺史。甲子，復置廷尉監官。

荆州饑，三月甲申，原田租布各有差。庚寅，以義興太守垣閬爲兗州刺史。壬辰，中護軍湘東王彧遷職，以中書令東海王禕爲衞將軍、護軍將軍。癸巳，太宰江夏王義恭加中書監。

夏四月癸卯，上於華林園聽訟。丙午，以建寧太守苻仲子爲寧州刺史。乙卯，司空、南兗州刺史竟陵王誕有罪，貶爵。誕不受命，據廣陵城反，殺兗州刺史垣閬。以始興公沈慶之爲車騎大將軍、開府儀同三司、南兗州刺史討誕。甲子，上親御六師，車駕出頓宣武堂。司州刺史劉季之反叛，徐州刺史劉道隆討斬之。

秋七月己巳，剋廣陵城，斬誕。悉誅城内男丁，以女口爲軍賞。是日解嚴。辛未，大赦天下。尚方長徒、奚官奴婢老疾者悉原放。孝子、順孫、義夫、節婦，賜粟帛各有差。王畿下貧之家，與近行頓所由，並蠲租一年。丙子，以丹陽尹劉秀之爲尚書右僕射。丙戌，分淮南北復置二豫州。以新除車騎大將軍、開府儀同三司、南兗州刺史沈慶之爲司空，刺史如故。戊子，以衞將軍、護軍將軍東海王禕爲南豫州刺史，衞將軍如故。江州刺史義陽王昶爲護軍將軍，冠軍將軍桂陽王休範爲江州刺史。癸巳，以前左衞將軍王玄謨爲郢州刺史。

八月丙申，詔曰：「近北討文武，於軍亡没，或殞身矢石，或癘疾死亡，並盡勤王事，而斂槥卑薄。可普更賻給，務令豐厚。」己酉，以車騎長史庾深之爲豫州刺史。甲子，詔曰：「昔姬道方凝，刑法斯厝；漢德初明，犴圄用簡。良由上一其道，下淳其性。今民澆俗薄，誠淺僞深，重以寡德，弗能心化。故知方者尠，趣辟寔繁。向因巡覽，見二尚方徒隸，嬰金屨校，既有矜復。加國慶民和，獨隔凱澤，益以慙焉。可詳所原宥。」

九月己巳，詔曰：「夫五辟三刺，自古所難，巧法深文，在季彌甚。故沿情察訟，魯師致捷；市獄勿擾，漢史飛聲。廷尉遠邇疑讞，平決攸歸，而一蹈幽圄〔二八〕，動逾時歲。民嬰其困，吏容其私。自今囚至辭具，並即以聞，朕當悉詳斷，庶無留獄。若繁文滯劾，證逮遐廣，必須親察，以盡情狀。自後依舊聽訟。」壬辰，於玄武湖北立上林苑。

冬十月丁酉，詔曰：「古者薦鞠青壇，聿祈多慶，分繭玄郊，以供純服。來歲，可使六宮妃嬪修親桑之禮。」庚子，鎮軍將軍、南徐州刺史劉延孫進號車騎將軍。戊申，河西國遣使獻方物。庚戌，以河西王大沮渠安周爲征虜將軍、涼州刺史。

十一月己巳，高麗國遣使獻方物。肅慎國重譯獻楛矢、石砮。西域獻舞馬。

十二月戊午，上於華林園聽訟。辛酉，置謁者僕射官。

四年春正月辛未，車駕祠南郊。甲戌，宕昌王奉表獻方物。乙亥，車駕躬耕藉田。大赦天下。尚方徒繫及逋租宿債，大明元年以前，一皆原除。力田之民，隨才敍用。孝悌義順，賜爵一級。孤老貧疾，人穀十斛。藉田職司，優沾普賚。百姓乏糧種，隨宜貸給。吏宣勸有章者，詳加褒進。壬午，以北中郎司馬柳叔仁爲梁、南秦二州刺史。左將軍、荆州刺史朱脩之進號鎮軍將軍。庚寅，立第三皇子子勛爲晉安王，第六皇子子房爲尋陽王，第七皇子子頊爲歷陽王，第八皇子子鸞爲襄陽王。

二月庚子，侍中建安王休仁爲湘州刺史。乙未，以員外散騎侍郎費景緒爲寧州刺史。

三月甲子，以冠軍將軍巴陵王休若爲徐州刺史。丁卯，以安陸王子綏爲郢州刺史。癸酉，以徐州刺史劉道隆爲青、冀二州刺史。索虜寇北陰平孔堤，太守楊歸子擊破之。甲申，皇后親桑于西郊。

夏四月癸卯，以南琅邪隸王畿。丙午，詔曰〔二九〕：「昔紩衣御寓，貶甘示節；土簋臨天，飭儉昭度。朕綈帛之念，無忘于懷。雖深詔有司，省游務實，而歲用兼積，年量虚廣。豈以捐豐從損，允稱約心。四時供限，可詳減太半。庶裘絺順典，有偃民華；纂組傷工，無競壥市。」辛酉，詔曰：「都邑節氣未調，疫癘猶衆，言念民瘼，情有矜傷。可遣使存問，并給醫藥；其死亡者，隨宜卹贍。」

五月庚辰，於華林園聽訟。乙酉，以徐州之梁郡還屬豫州。丙戌，尚書左僕射褚湛之卒。以撫軍長史劉思考爲益州刺史。庚寅，以南下邳併南彭城郡。

秋七月甲戌，左光禄大夫、開府儀同三司何尚之薨。

八月壬寅，宕昌王遣使獻方物。己酉，以晉安王子勛爲南兗州刺史。雍州大水，甲寅，遣軍部賑給。

九月辛未，以冠軍將軍垣護之爲豫州刺史。甲申，上於華林園聽訟。丁亥，改封襄陽王子鸞爲新安王。

冬十月庚寅，遣新除司空沈慶之討沿江蠻。壬辰，制郡縣減祿，並先充公限。

十一月戊辰，改細作署令爲左右御府令。丙戌，復置大司農官。

十二月乙未，上於華林園聽訟。辛丑〔三〇〕，車駕幸廷尉寺，凡囚繫咸悉原遣。索虜遣使請和。丁未，車駕幸建康縣，原放獄囚。倭國遣使獻方物。

五年春正月丁卯，以宕昌王梁唐子爲河州刺史。

二月癸巳，車駕閱武。詔曰：「昔人稱人道何先，於兵爲首，雖淹紀勿用，忘之必危。朕以聽覽餘閒，因時講事，坐作有儀，進退無爽。軍幢以下，普量班錫。頃化弗能孚，而民未知禁，逭役違調，起觸刑網。凡諸逃亡，在今昧爽以前，悉皆原赦。已滯囹圄者，釋還本役。其逋負在大明三年以前，一賜原停。自此以還，鰥貧疾老，詳所申減。伐蠻之家，蠲租稅之半。近籍改新制，在所承用，殊謬寔多，可普更符下，聽以今爲始。若先已犯制，亦同蕩然。」甲寅，加右光禄大夫羊玄保特進。

夏四月癸巳，改封西陽王子尚爲豫章王。丙申，加尚書令柳元景左光禄大夫、開府儀同三司。戊戌，詔曰：「南徐、兖二州去歲水潦傷年，民多困窶。逋租未入者，可申至秋登。」丙午，雍州刺史海陵王休茂殺司馬庾深之，舉兵反，義成太守薛繼考討斬之〔三〕。甲寅，以第九皇子子仁爲雍州刺史。

五月癸亥，制帝室期親，朝官非禄官者，月給錢十萬。丙辰，車駕幸閲武堂聽訟。

六月丙午，以護軍將軍義陽王昶爲中軍將軍。壬子，分廣陵置沛郡，省東平郡并廣陵。

秋七月丙辰，詔曰：「雨水猥降，街衢泛溢。可遣使巡行。窮弊之家，賜以薪粟。」丁卯，高麗國遣使獻方物。庚午，曲赦雍州。

八月戊子，立第九皇子子仁爲永嘉王，第十一皇子子真爲始安王。以北中郎參軍費伯弘爲寧州刺史。己丑，詔曰：「自靈命初基，聖圖重遠。參正樂職，感神明之應；崇殖禮囿，奮至德之光。聲寔同和，文以均節，化調其俗，物性其情。故臨經式奠，焕乎炳發，道喪世屯，學落年永。獄訟微衰息之術，百姓忘退素之方。今息警夷嶂，恬波河渚，棧山航海，鄉風慕義，化民成俗，茲焉時矣〔三〕。來歲可脩葺庠序，旌延國胄。」庚寅，制方鎮所假白板郡縣〔三〕，年限依臺除，食禄三分之一，不給送故。衞將軍東海王禕以本號開府儀同三司。

九月甲寅朔，日有食之。丁卯，行幸琅邪郡，囚繫悉原遣。甲戌，移南豫州治淮南于湖縣。丁丑，以冠軍將軍尋陽王子房爲南豫州刺史。

閏月戊子，皇太子妃何氏薨。丙申，初立馳道，自閶闔門至于朱雀門，又自承明門至于玄武湖。壬寅，改封歷陽王子頊爲臨海王。

冬十月甲寅，以車騎將軍、南徐州刺史劉延孫爲尚書左僕射、領護軍將軍，尚書右僕射劉秀之爲安北將軍、雍州刺史。以冠軍將軍臨海王子頊爲廣州刺史。乙卯，以東中郎將新安王子鸞爲南徐州刺史。

十一月壬辰，詔曰：「王畿内奉京師，外表衆夏，民殷務廣，宜思簡惠。可遣尚書就加詳檢，并與守宰平治庶獄。其有疑滯，具以狀聞。」丁酉，增置少府丞一人。

十二月壬申，以領軍將軍劉遵考爲尚書右僕射。甲戌，制天下民户歲輸布四疋。庚辰，以太常王玄謨爲平北將軍、徐州刺史。

六年春正月己丑，湘州刺史建安王休仁加平南將軍。辛卯，車駕親祠南郊。是日，又宗祀明堂。大赦天下。孝子、順孫、義夫、悌弟，賜爵一級，慈姑、節婦及孤老、六疾，賜帛五匹，穀十斛。下四方旌賞茂異，其有懷真抱素，志行清白，恬退自守，不交當世，或識通古今，才經軍國，奉公廉直，高譽在民，具以名奏。乙未，置五官中郎將、左右中郎將官。

二月乙卯，復百官禄。

三月庚寅，立第十三皇子子元爲邵陵王。壬寅，以倭國王世子興爲安東將軍。乙巳，改豫州南梁郡爲淮南郡，舊淮南郡并宣城。丁未，輔國將軍、征虜長史、廣陵太守沈懷文有辠，下獄死。

四月庚申，原除南兖州大明三年以前逋租。新作大航門。

五月丙戌，置凌室，脩藏冰之禮。壬寅，太宰江夏王義恭解領司徒。

六月辛酉，尚書左僕射、護軍將軍劉延孫卒[三四]。

秋七月庚辰，以荆州刺史朱脩之爲領軍將軍，廣州刺史臨海王子頊爲荆州刺史。甲申，地震。戊子，以輔國將軍王翼之爲廣州刺史。辛卯，以西陽太守檀翼之爲交州刺史。乙未，立第十九皇子子雲爲晉陵王。

八月癸亥，原除雍州大明四年以前逋租。乙亥，置清臺令。

九月戊寅，制沙門致敬人主。戊子，以前金紫光禄大夫宗愨爲中護軍。乙未，尚書右僕射劉遵考爲尚書左僕射，丹陽尹王僧朗爲尚書右僕射。

冬十月丁巳，以山陽王休祐子士弘繼鄱陽哀王休業。丁卯，詔上林苑内民庶丘墓欲還合葬者〔三五〕，勿禁。

十一月己卯，陳留王曹虔秀薨〔三六〕。辛巳，以尚書令柳元景爲司空，尚書令如故。

七年春正月癸未，詔曰：「春蒐之禮，著自周令；講事之語，書于魯史。所以昭宣德度，示民軌則。今歲稔氣榮，中外寧晏。當因農隙，葺是舊章。可克日於玄武湖大閲水師，并巡江右，講武校獵。」丁亥，以尚書右僕射王僧朗爲太常，衞將軍顔師伯爲尚書右僕射。己丑，以尚書令柳元景爲驃騎大將軍、開府儀同三司。庚寅，以南兗州刺史晉安王子勛爲江州刺史。癸巳，割吴郡屬南徐州。

二月甲寅，車駕巡南豫、南兗二州。丙辰，詔曰：「江漢楚望，咸秩周禋，禮九疑於盛唐，祀蓬萊於渤海，皆前載流訓，列聖遺式。霍山是曰南嶽，實維國鎮，韞靈呈瑞，肇光宋道。朕駐驆于野，有事岐陽，瞻睇風雲，徘徊以想。可遣使奠祭。」丁巳，車駕校獵于歷陽之烏江。己未，車駕登烏江縣六合山。庚申，割歷陽秦郡置臨江郡。壬戌〔三七〕，詔曰：「朕受天慶命，十一年於兹矣。憑七廟之靈，獲上帝之力，禮横四海，威震八荒。方巡三湘而奠衡嶽，次九河而檢云岱。今恢覽功成，省風畿表，觀民六合，蒐校長洲。騰沙飛礫，平嶽盪海，蕤晉合序，鐃鉦協節，獻鬯如禮，鎑獸傾郊，敬舉王公之觴，廣納士民之壽。八風循通，卿雲叢聚，盡天罄瑞，率宇竭歡。思散太極之泉，以福無方之外。可大赦天下，行幸所經〔三八〕，無出今歲租布。其逋租餘債，勿復收。賜民爵一級，女子百户牛酒。刺守邑宰及民夫從蒐者，普加洽賚〔三九〕。」又詔曰：「朕弱年操製，出牧司雍〔四〇〕，承政宣風，荐歷年紀。國步中阻，治戎江甸，難夷情義，寔繫于懷。今或練蒐訓旅，涉茲境閭，故邑耆舊，在目罕存。年世未遠，殲亡太半，撫迹惟事，傾慨兼著。太宗燕故，晉陽洽恩；世祖流仁，濟畿暘澤。永言往猷，思廣前賚。可蠲歷陽郡租輸三年。遣使巡慰，問民疾苦，鰥寡、孤老、六疾不能自存者，厚賜粟帛。高年加以羊酒。凡一介之善，隨才銓貫；前國名臣及府州佐吏，量所沾錫。人身已往，施及子孫。」壬申，車駕還宫。

夏四月甲寅，以領軍將軍朱脩之爲特進。丙辰，以尚書湘東王彧爲領軍將軍。甲子，詔曰：「自非臨軍戰陳，一不得專殺。其皋甚重辟者，皆如舊先上須報，有司嚴加聽察。犯者以殺人皋論。」

五月乙亥，撫軍將軍、揚州刺史豫章王子尚進號車騎將軍，輔國將軍始安王子真爲廣州刺史。丙子，詔曰：「自今刺史守宰，動民興軍，皆須手詔施行。唯邊隅外警，及姦釁内發，變起倉卒者，不從此例。」

六月甲辰，以北中郎司馬柳元怙爲梁、南秦二州刺史〔四一〕。戊申，芮芮國、高麗國遣使獻方物。戊辰，以秦郡太守劉德願爲豫州刺史。

七月乙亥，征東大將軍高麗王高璉進號車騎大將軍〔四二〕、開府儀同三司。丙申〔四三〕，詔曰：「前詔江海田池，與民共利。歷歲未久，浸以弛替。名山大川，往往占固。有司嚴加檢糾，申明舊制。」

八月丁巳，詔曰：「昔匹婦含怨，山焦北鄙；孀妻哀慟，臺傾東國。良以誠之所動，在微必著；感之所震，雖厚必崩。朕臨察九野，志深待旦，弗能使爛然成章，各如其節。遂令炎精損河，陽偏不施，歲云不稔，咎寔朕由。太官供膳，宜從貶撤。近道刑獄，當親料省。其王畿内及神州所統，可遣尚書與所在共詳；畿外諸州，委之刺史。并詳省律令，思存利民。其考讁貿襲，在大明七年以前，一切勿治。尤弊之家，開倉賑給。」乙丑，立第十六皇子子孟爲淮南王，第十八皇子子產爲臨賀王。車駕幸建康秣陵縣訊獄囚。

九月己卯，詔曰：「近炎精亢序，苗稼多傷。今二麥未晚，甘澤頻降，可下東境郡，勤課墾殖。尤弊之家，量貸麥種。」戊子，詔曰：「昔周王驥跡，寔窮四溟；漢帝鸞軫，夙遍五嶽。皆所以上對幽靈，下理民土。自天昌替馭，臨宮創圖，禮代失鬱，世貿興毁。皇家造宋，日月重光，琁璣得序，五星順命，而戎車歲動，陳詩義闕。朕聿含五光，奄一天下，思盡寶戒之規，以塞謀危之路。當沿時省方，觀察風俗。外詳考舊典，以副側席之懷。」庚寅，南徐州刺史新安王子鸞兼司徒。乙未，車駕幸廷尉訊獄囚。丙申，立第二十七皇子子嗣爲東平王〔四四〕。

冬十月壬寅，太子冠，賜王公以下帛各有差。戊申，車駕巡南豫州。詔曰：「朕巡幸所經，先見百年者，及孤寡老疾，並賜粟帛。獄繫刑罪，並親聽訟。其士庶或怨鬱危滯，受抑吏司，或隱約潔立，負擯州里，皆聽進朕前，面自陳訴。若忠信孝義，力田殖穀，一介之能，一藝之美，悉加旌賞。雖秋澤頻降，而夏旱嬰弊。可即開行倉〔四五〕，並加賑賜。」癸丑，行幸江寧縣訊獄囚。車騎將軍、揚州刺史豫章王子尚加開府儀同三司。癸亥，衞將軍、開府儀同三司東海王褘爲司空，中軍將軍義陽王昶加開府儀同三司。丙寅，詔曰：「賞慶刑威，奄國彝軌；黜幽升明，闢寓恒憲。故採言聆風，式觀侈質，貶爵加地，於是乎在。今類帝宜社，親巡江甸，因覲嶽守，躬求民瘼。思弘明試之典，以申考績之義。行幸所經，莅民之職，功宣於聽，即加甄賞。若廢務亂民，隨僭議罰。主者詳察以聞。」己巳，車駕校獵於姑孰。

十一月丙子，曲赦南豫州殊死以下。巡幸所經，詳減今歲田租。乙酉，詔遣祭晉大司馬桓温、征西將軍毛璩墓。上於行所訊溧陽、永世、丹陽縣囚。癸巳，車駕習水軍於梁山，有白爵二集華蓋，有司奏改大明七年爲神爵元年，詔不許。乙未，原放行獄徒繫。東諸郡大旱〔四六〕，壬寅，遣使開倉貸卹，聽受雜物當租〔四七〕。

十二月丙午，行幸歷陽。甲寅，大赦天下。南豫州別署敕繫長徒，一切原散。其兵期考襲謫戍，悉停。歷陽郡女子百户牛酒。高年孤疾，賜帛十匹，蠲郡租十年。己未，太宰江夏王義恭加尚書令。於博望、梁山立雙闕。癸亥，車駕至自歷陽。

八年春正月甲戌，詔曰：「東境去歲不稔，宜廣商貨。遠近販鬻米粟者〔四八〕，可停道中雜税。其以仗自防，悉勿禁。」癸未，安北將軍、雍州刺史劉秀之卒。戊子，以平南將軍、湘州刺史建安王休仁爲安南將軍、江州刺史，晉安王子勛爲鎮軍將軍、雍州刺史，南徐州刺史新安王子鸞爲撫軍將軍〔四九〕，領司徒，刺史如故，輔國將軍江夏王世子伯禽爲湘州刺史。

二月辛丑，特進朱脩之卒。壬寅，詔曰：「去歲東境偏旱，田畝失收。使命來者，多至乏絶。或下窮流冗，頓伏街巷，朕甚閔之。可出倉米付建康、秣陵二縣，隨宜贍恤。若濟拯不時〔五〇〕，以至捐棄者，嚴加糾劾。」乙巳，以鎮軍將軍湘東王彧爲鎮北將軍、徐州刺史。

平北將軍、徐州刺史王玄謨爲領軍將軍。

夏閏五月辛丑，以前御史中丞蕭惠開爲青、冀二州刺史。壬寅，太宰江夏王義恭領太尉。特進、右光禄大夫羊玄保卒。

庚申，帝崩於玉燭殿，時年三十五。秋七月丙午，葬丹陽秣陵縣巖山景寧陵。

史臣曰：役己以利天下，堯、舜之心也；利己以及萬物，中主之志也；盡民命以自養，桀、紂之行也。觀大明之世，其將盡民命乎！雖有周公之才之美，猶終之以亂，何益哉！

校勘記

〔一〕十三年立爲武陵王　「十三年」，原作「十二年」，據本書卷五文帝紀、南史卷二宋本紀中改。按建康實録卷一二、通鑑卷一二三宋紀並云元嘉十三年九月癸丑，「封皇子濬爲始興王，駿爲武陵王」。

〔二〕徙都督雍梁南北秦四州荆州之襄陽竟陵南陽順陽新野隨六郡諸軍事　「南陽」，原作「南陵」。錢大昕考異卷二三：「『南陵』當作『南陽』。」按本書卷三七州郡志三，荆州有南陽郡，無「南陵郡」。錢説是，今據改。

〔三〕丙子克定京邑 「丙子」，原作「丙申」，據建康實録卷一三改。按是月癸酉朔，初二日甲戌，初三日乙亥，初四日丙子，二十四日丙申。據上文，初二日甲戌克京口城，初三日乙亥克東府，克定京師，當在初四日丙子。本書卷九九二凶元凶劭傳，四日建康破，則作「丙子」是。

〔四〕以司州刺史魯爽爲豫州刺史 「豫州」，原作「南豫州」，據本書卷七四魯爽傳删正。錢大昕考異卷二三：「案是時無南豫州。『南』蓋衍文也。自元嘉二十二年罷南豫州并壽陽，至孝武大明三年始復分置，中間無南豫者計十年。」

〔五〕丁巳 原作「丁亥」。孫虨考論卷一：「『丁亥』蓋『丁巳』誤。」按是月壬寅朔，無丁亥，上丙辰爲十五日，下庚申爲十九日。此當爲十六日丁巳。孫説是，今據改。

〔六〕戊戌 孫虨考論卷一：「以前後辛酉己巳日推之，『戊戌』必訛。」按是年七月辛丑朔，二十一日辛酉，二十九日己巳，無戊戌。疑是二十二日壬戌或二十八日戊辰之誤。

〔七〕勸盡地利 「勸」，册府卷一九一作「勤」。

〔八〕以安北司馬夏侯祖歡爲兗州刺史 「夏侯祖歡」，本書卷三四五行志五、卷六八武二王傳作「夏侯祖權」。

〔九〕三月癸亥 「癸亥」，通鑑卷一二八宋紀孝建元年作「乙亥」，考異云：「宋本紀、宋略皆作『癸亥』，下有辛丑。按長曆，是月戊戌朔，癸亥二十六日，辛丑乃四日也。當作『己亥』。」

〔一〇〕以征虜將軍武昌王渾爲雍州刺史　「征虜將軍」，原作「征西將軍」，據本書卷七九文五王武昌王渾傳改。按本書卷二八符瑞志中云「孝武帝孝建元年正月庚申，鳳皇見丹徒惕賢亭，（中略）征虜將軍武昌王渾以聞」，建康實録卷一三云孝建二年「八月庚申，征虜將軍、武昌王渾在襄陽與左右戲造書檄，自署爲楚王，（中略）有司奏廢爲庶人。自殺」。皆爲時武昌王渾軍號爲征虜之明證。

〔一一〕是歲始課南徐州僑民租　按南史卷二宋本紀中、建康實録卷一三繫此事於是年十一月。

〔一二〕二月己丑　此下有丙寅。按是月壬戌朔，初五日丙寅，二十八日己丑，己丑不當在丙寅前。疑「己丑」爲「乙丑」之訛，「乙丑」爲二月初四日。

〔一三〕以輔國將軍申坦爲徐兗二州刺史　「申坦」，原作「由垣」，據南監本、北監本、汲本、殿本、局本改。本書卷六五申恬傳附申坦傳云：「孝建初，爲太子右衞率，寧朔將軍，徐州刺史。」

〔一四〕青州刺史申恬爲豫州刺史　「申恬」，原作「申怙」，據殿本、局本改。按申恬由青州遷刺豫州事見本書卷六五申恬傳。

〔一五〕九月丁亥車駕於宣武場閲武　按是月己丑朔，二十二日庚戌，無丁亥。「宣武場」，原作「軍武場」，據南監本、北監本、殿本、局本、南史卷二宋本紀中、建康實録卷一三、册府卷一一四改。

〔一六〕十一月戊子　「十一月」，原作「十月」，據局本改。按上出「冬十月」，下出「十二月」，此當作「十一月」。又，下文云「高麗國遣使獻方物」，南史卷二宋本紀中亦繫於是年十一月。

〔七〕以大司馬垣護之爲青冀二州刺史　孫虨考論卷一：「護之不得爲大司馬，蓋大司馬僚佐也。護之傳並脱。」

〔八〕甲子以廣州刺史宗慤爲平西將軍豫州刺史　「宗慤」，原作「宗殼」，據南監本、北監本、殿本、局本改。

〔九〕以新除御史中丞王翼爲廣州刺史　「王翼」，當作「王翼之」。張森楷校勘記：「下大明六年作『王翼之』，武昌王渾傳作『王翼之』，此脱『之』字。」按六朝人名後之「之」字，有時可省略。

〔一〇〕尚書右僕射劉遵考遷職　「劉遵考」，原作「劉遵孝」，據南監本、北監本、汲本、殿本、局本改。

〔一一〕以北中郎諮議參軍費淹爲交州刺史　「北中郎」，原作「北軍中郎」。張森楷校勘記：「『北軍之廢久矣，當是『北中郎諮議參軍』，衍『軍』字。」按張説是，今删「軍」字。

〔一二〕以尚書吏部郎王琨爲廣州刺史　「郎」字原闕，據南齊書卷三二王琨傳補。孫虨考論卷一：「當云『吏部郎』，脱『郎』字。」

〔一三〕以丹陽尹劉遵考爲尚書右僕射　「右僕射」，原作「左僕射」，據通鑑卷一二八宋紀孝建二年改。按下大明三年春正月己丑，以右僕射劉遵考爲領軍將軍。本書卷五一劉遵考傳，孝建三年，爲尚書右僕射。

〔一四〕於兖州立陽平郡　「郡」字原重，據南監本、北監本、汲本、殿本、局本删。

〔二五〕太官停殺牛 「殺」，原作「役」，據三朝本、南監本、北監本、汲本、殿本、局本、南史卷二宋本紀中、册府卷一九八改。

〔二六〕遣使巡行賑贍 「巡」，原作「通」，據汲本、局本、南史卷二宋本紀中、册府卷一九五改。

〔二七〕以東揚州爲揚州 「爲」，原作「隸」，據册府卷一九六、通鑑卷一二九宋紀大明三年改。按本書卷三五州郡志一：「孝建元年，分揚州之會稽、東陽、新安、永嘉、臨海五郡爲東揚州。大明三年罷州，以其地爲王畿。（中略）而東揚州直云揚州。」本書卷八〇孝武十四王豫章王子尚傳亦云大明三年「以浙江東爲揚州」。

〔二八〕一蹈幽圄 「幽圄」，原作「幽國」，據南監本、北監本、殿本、局本、册府卷二〇九改。

〔二九〕丙午詔曰 「曰」字原闕，據南監本、殿本補。

〔三〇〕辛丑 原作「辛巳」，據局本、南史卷二宋本紀中改。張熷讀史舉正：「按上書乙未，下書丁未，不當有辛巳，作『辛丑』是。」

〔三一〕義成太守薛繼考討斬之 錢大昕考異卷二三：「案休茂傳，繼考爲休茂盡力攻城，及休茂死，詐稱立義，乘驛還都，事泄伏誅。則繼考乃黨於休茂者，紀所書誤矣。南史云參軍尹元慶起義斬之，爲得其實。」按本書卷七九休茂傳，言尹玄慶既斬休茂，繼考以兵脅行府州事劉恭之作啓，言繼考起義，因得封賞，尋事泄伏誅。蓋國史誤仍當日記注，本書竟不追改，而於休茂傳則詳述其事始末。

〔三二〕茲焉時矣　原作「茲時篤矣」，據册府卷一九四改。

〔三三〕庚寅制方鎮所假白板郡縣　「庚」字原闕，據南監本、北監本、汲本、殿本、局本、南史卷二宋本紀中補。

〔三四〕尚書左僕射護軍將軍劉延孫卒　「左僕射」，原作「右僕射」，據南史卷二宋本紀中改。按本卷上文，大明五年十月以劉延孫爲尚書左僕射。

〔三五〕丁卯詔上林苑内民庶丘墓欲還合葬者　「丁卯詔」三字原闕，據南史卷二宋本紀中補。按是月戊申朔，二十日丁卯。

〔三六〕陳留王曹虔秀薨　「曹虔秀」，原作「曹慶秀」，據局本、南史卷二宋本紀中改。

〔三七〕壬戌　原作「壬寅」，據局本、南史卷二宋本紀中、建康實録卷一三、册府卷二〇七改。按是月丙午朔，無壬寅，十七日壬戌。

〔三八〕行幸所經　「經」字原闕，據局本、南史卷二宋本紀中補。

〔三九〕普加洽賚　「洽」，册府卷一九七作「沾」。

〔四〇〕出牧司雍　「司雍」，原作「阿維」，北監本作「司□」，今據南監本、殿本、局本、册府卷二一一改。

〔四一〕以北中郎司馬柳元怙爲梁南秦二州刺史　「南秦」，原作「南泰」，據南監本、北監本、汲本、殿本、局本改。按本書卷七前廢帝紀云「前梁、南秦二州刺史柳元怙」。

〔四二〕征東大將軍高麗王高璉進號車騎大將軍　「高璉」，原作「□連」，南監本、北監本、殿本作「高連」，汲本作「一連」，今據局本改。按本書卷九七夷蠻傳、南齊書卷五八蠻傳、南史卷二宋本紀中、建康實録卷一三、册府卷九六三並作「高璉」。

〔四三〕丙申　「丙申」上原有「秋七月」三字。按是年七月甲戌朔，初二日乙亥，二十三日丙申。上有「七月乙亥」，此「秋七月」三字衍，今删。

〔四四〕立第二十七皇子子嗣爲東平王　「二十七」，原作「十七」，據本書卷七二文九王傳、卷八〇孝武十四王傳、南史卷一三宋宗室及諸王傳上補正。按本書孝武十四王傳所載孝武諸子甚詳，檢之子嗣次序，正爲二十七。

〔四五〕可即開行倉　册府卷一九五、卷二〇五無「行」字。

〔四六〕東諸郡大旱　「大旱」，原作「大獄」，據南史卷二宋本紀中改。洪頤煊諸史考異卷四云「大獄」當從南史作「大旱」。按本書卷三一五行志二：「孝武帝大明七年、八年，東諸郡大旱。」是爲明證。

〔四七〕壬寅遣使開倉貸卹聽受雜物當租　是月壬申朔，無壬寅，當有誤。南史卷二宋本紀中繫此事於十二月壬寅，是年十二月辛丑朔，初二日壬寅。

〔四八〕遠近販鬻米粟者　「粟」字原闕，據南史卷二宋本紀中補。

〔四九〕南徐州刺史新安王子鸞爲撫軍將軍　「南」字原闕，據本書卷八〇孝武十四王始平孝敬王子鸞傳補。按孫彪考論卷一：「『徐州』上當有『南』字。」

〔五〇〕若濟拯不時　「濟」，原作「温」，據册府卷一九五改。

宋書卷七

本紀第七

前廢帝

前廢帝諱子業，小字法師，孝武帝長子也。元嘉二十六年正月甲申生。世祖鎮尋陽，子業留京邑。三十年，世祖入伐元凶，被囚侍中下省，將見害者數矣，卒得無恙。世祖踐祚，立爲皇太子。始未之東宮，中庶子、二率並入直永福省。大明二年，出東宮。四年，講孝經於崇正殿。七年，加元服。

八年閏五月庚申，世祖崩，其日，太子即皇帝位。大赦天下。太宰江夏王義恭解尚書令，加中書監，驃騎大將軍柳元景加尚書令。甲子，置録尚書，太宰江夏王義恭録尚書事。

驃騎大將軍柳元景加開府儀同三司。丹陽尹永嘉王子仁爲南兗州刺史〔一〕。

六月辛未，詔曰：「朕以眇身，夙紹洪業，敬御天威，欽對靈命。仰遵凝緒，日鑒前圖，寔可以拱默守成，詒風長世。而寶位告始，萬寓改屬，惟德弗明，昧于大道。思宣睿範，引茲簡恤，可具詢執事，詳訪民隱。凡曲令密文，繁而傷治〔二〕，關市僦税，事施一時，而姦吏舞文，妄興威福，加以氣緯舛玄〔三〕，偏頗滋甚。宜其寬徭輕憲，以救民切。御府諸署，事不須廣，雕文篆刻，無施於今。悉宜并省，以酬氓願。藩王貿貨，壹皆禁斷。外便具條以聞。」戊寅，以豫州之淮南郡復爲南梁郡，復分宣城還置淮南郡。庚辰，以南海太守袁曇遠爲廣州刺史。

秋七月己亥，鎮軍將軍、雍州刺史晉安王子勛改爲江州刺史，中護軍宗慤爲安西將軍、雍州刺史〔四〕，鎮北將軍、徐州刺史湘東王彧爲護軍將軍，中軍將軍義陽王昶爲征北將軍、徐州刺史。庚戌，婆皇國遣使獻方物。崇皇太后曰太皇太后，皇后曰皇太后。乙卯，罷南北二馳道。孝建以來所改制度〔五〕，還依元嘉。丙辰，追崇獻妃爲獻皇后。乙丑，撫軍將軍、南徐州刺史新安王子鸞解領司徒。

八月丁卯，領軍將軍王玄謨爲鎮北將軍、青冀二州刺史〔六〕。己巳，以青、冀二州刺史蕭惠開爲益州刺史。己丑〔七〕，皇太后崩。京師雨水。庚寅〔八〕，遣御史與官長隨宜賑卹。

九月辛丑，護軍將軍湘東王彧爲領軍將軍。癸卯，以尚書左僕射劉遵考爲特進、右光禄大夫。乙卯，文穆皇后祔葬景寧陵。

冬十月甲戌，太常建安王休仁爲護軍將軍。戊寅，輔國將軍宗越爲司州刺史〔九〕。庚辰，原除揚、南徐州大明七年逋租。

十二月乙酉，以尚書右僕射顔師伯爲尚書僕射〔一〇〕。壬辰，以王畿諸郡爲揚州，以揚州爲東揚州。癸巳，以車騎將軍、揚州刺史豫章王子尚爲司徒、揚州刺史。

去歲及是歲，東諸郡大旱，甚者米一升數百，京邑亦至百餘，餓死者十有六七。孝建以來，又立錢署鑄錢，百姓因此盜鑄，錢轉僞小，商貨不行。

永光元年春正月乙未朔，改元。大赦天下。乙巳，省諸州臺傳。戊午，以領軍將軍湘東王彧爲衞將軍、南豫州刺史，護軍將軍建安王休仁爲領軍將軍，祕書監山陽王休祐爲豫州刺史，左衞將軍桂陽王休範爲中護軍，南豫州刺史尋陽王子房爲東揚州刺史。

二月乙丑，減州郡縣田禄之半〔一一〕。庚寅，鑄二銖錢。

三月甲辰，罷臨江郡。

五月己亥，割郢州隨郡屬雍州。丙午，以後軍司馬張牧爲交州刺史。

六月己巳，左軍長史劉道隆爲梁、南秦二州刺史。乙亥，安西將軍、雍州刺史宗慤卒。壬午，衞將軍、南豫州刺史湘東王彧改爲雍州刺史〔一二〕。尚書令、驃騎大將軍柳元景加南豫州刺史。

秋八月辛酉，越騎校尉戴法興有罪，賜死。庚午，以尚書僕射顏師伯爲尚書左僕射〔一三〕，吏部尚書王景文爲尚書右僕射。癸酉，帝自率宿衞兵，誅太宰江夏王義恭、尚書令驃騎大將軍柳元景、尚書左僕射顏師伯〔一四〕、廷尉劉德願。改元爲景和元年。文武賜位二等。以領軍將軍建安王休仁爲安西將軍、雍州刺史，衞將軍湘東王彧還爲南豫州刺史。甲戌，司徒、揚州刺史豫章王子尚領尚書令，射聲校尉沈文秀爲青州刺史，左軍司馬崔道固爲冀州刺史。乙亥，詔曰：「昔凝神佇逸，磻溪讚道，湛慮思才，傅巖毗化。朕位御三極，風澄萬寓，資鈇電斷，正卯斯戮。思所以仰宣遺烈，俯弘景祚，每結夢庖鼎，瞻言板築，有劬日昃，無忘昧旦。可甄訪郡國，招聘閭部：其有孝性忠節，幽居遯棲，信誠義行，廉正表俗，文敏博識，幹事治民，務加旌舉，隨才引擢。庶官克順，彝倫咸敍。主者精加詳括，稱朕意焉。」以始興公沈慶之爲太尉，鎮北將軍、青冀二州刺史王玄謨爲領軍將軍。庚辰，以石頭城爲長樂宮，東府城爲未央宮。罷東揚州并揚州。甲申，以北邸爲建章宮，南第爲長楊宮。以冠軍將軍邵陵王子元爲湘州刺史。丙戌，原除吴、吴興、義興、晉陵、琅邪五郡大明八年以前逋租。己丑，復立南北二馳道。

九月癸巳，車駕幸湖熟，奏鼓吹。戊戌，車駕還宫。庚子，以南兗州刺史永嘉王子仁爲南徐州刺史，丹陽尹始安王子真爲南兗州刺史。辛丑，撫軍將軍、南徐州刺史新安王子鸞免爲庶人，賜死。丙午，以兗州刺史薛安都爲平北將軍、徐州刺史。丁未，衞將軍湘東王彧加開府儀同三司，特進、右光禄大夫劉遵考爲安西將軍、南豫州刺史，寧朔將軍殷孝祖爲兗州刺史。戊申，以前梁、南秦二州刺史柳元怙復爲梁、南秦二州刺史。己酉，車駕討征北將軍、徐州刺史義陽王昶，内外戒嚴。昶奔于索虜。辛亥，右將軍、豫州刺史山陽王休祐進號鎮西大將軍。甲寅，以安西長史袁顗爲雍州刺史。戊午，以左民尚書劉思考爲益州刺史。是日解嚴，車駕幸瓜步。開百姓鑄錢。

冬十月癸亥，曲赦徐州。丙寅，車駕還宫。以建安王休仁爲護軍將軍。己卯，東陽太守王藻下獄死。以宫人謝貴嬪爲夫人，加虎賁鞁戟，鸞輅龍旂，出警入蹕，實新蔡公主也。乙酉，以鎮西大將軍、豫州刺史山陽王休祐爲鎮軍大將軍、開府儀同三司〔一五〕。

十一月壬辰，寧朔將軍何邁下獄死。新除太尉沈慶之薨。壬寅，立皇后路氏，四廂奏樂。赦揚、南徐二州。護軍將軍建安王休仁加特進、左光禄大夫。中護軍桂陽王休範遷職。丁未，皇子生，少府劉勝之子也〔一六〕。大赦天下。贓汙淫盜，悉皆原除。賜爲父後者爵一級。壬子，以特進、左光禄大夫、護軍將軍建安王休仁爲驃騎大將軍、開府儀同三司。戊午，南平王敬猷、廬陵王敬先、安南侯敬淵並賜死。

時帝凶悖日甚，誅殺相繼，内外百司，不保首領。先是訛言云：「湘中出天子。」帝將南巡荆、湘二州以厭之。先欲誅諸叔，然後發引。太宗與左右阮佃夫、王道隆、李道兒密結帝左右壽寂之、姜產之等十一人，謀共廢帝。戊午夜，帝於華林園竹林堂射鬼。時巫覡云：「此堂有鬼。」故帝自射之。壽寂之懷刀直入，姜產之爲副。帝欲走，寂之追而殞之。時年十七。太皇太后令曰：

司徒領護軍八座：子業雖曰嫡長，少禀凶毒，不仁不孝，著自髫齔。孝武棄世，屬當辰曆。自梓宮在殯，喜容靦然，天罰重離，歡恣滋甚。逼以内外維持，忍虐未露，而凶慘難抑，一旦肆禍，遂縱戮上宰，殄害輔臣。子鸞兄弟，先帝鍾愛，含怨既往，枉加屠酷。昶茂親作扞，横相徵討。新蔡公主逼離夫族，幽置深宫，詭云薨殞。襄事甫爾，喪禮頓釋，昏酣長夜，庶事傾遺。朝賢舊勳，棄若遺土。管絃不輟，珍羞備膳。詈辱祖考，以爲戲謔。行游莫止，淫縱無度。肆宴園陵，規圖發掘。誅剪無辜，籍略婦女。建樹僞豎，莫知誰息。拜嬪立后，慶過恒典。宗室密戚，遇若婢僕，鞭捶陵曳，無復尊卑。南平一門，特鍾其酷。反天滅理，顯暴萬端。苛罰酷令，終無紀極，夏桀、殷辛，未足以譬。闔朝業業，人不自保，百姓遑遑，手足靡厝。行穢禽獸，罪盈三千。高祖之業將泯，七廟之享幾絶。吾老疾沈篤，每規禍鴆，憂煎漏刻，氣命無幾。開闢以降，所未嘗聞。遠近思奮，十室而九。

衞將軍湘東王體自太祖，天縱英聖，文皇鍾愛，寵冠列藩。吾早識神睿，特兼常禮。潛運宏規，義士投袂，獨夫既殞，懸首白旗，社稷再興，宗祏永固，人鬼屬心，大命允集。且勳德高邈，大業攸歸，宜遵漢、晉，纂承皇極。主者詳舊典以時奉行。

未亡人餘年不幸嬰此百艱，永尋情事，雖存若殞。當復奈何！當復奈何！

葬廢帝丹陽秣陵縣南郊壇西。

帝幼而狷急，在東宮每爲世祖所責。世祖西巡，子業啓參承起居，書迹不謹，上詰讓之。子業啓事陳謝，上又答曰：「書不長進，此是一條耳。聞汝素都懈怠，狷戾日甚，何以頑固乃爾邪！」初踐阼，受璽紱，悖然無哀容。始猶難諸大臣及戴法興等，既殺法興，諸大臣莫不震懾。於是又誅羣公。元凱以下，皆被毆捶牽曳。内外危懼，殿省騷然。初太后疾篤，遣呼帝。帝曰：「病人間多鬼，可畏，那可往。」太后怒，語侍者：「將刀來，破我腹，那得生如此寧馨兒！」及太后崩後數日，帝夢太后謂之曰：「汝不孝不仁，本無人君之相。

子尚愚悖如此，亦非運胙所及。孝武險虐滅道，怨結人神，兒子雖多，並無天命。大運所歸，應還文帝之子。」其後湘東王紹位，果文帝子也。故帝聚諸叔京邑，慮在外爲患。山陰公主淫恣過度，謂帝曰：「妾與陛下，雖男女有殊，俱託體先帝。陛下六宮萬數，而妾唯駙馬一人。事不均平，一何至此！」帝乃爲主置面首左右三十人；進爵會稽郡長公主，秩同郡王，食湯沐邑二千户〔一七〕，給鼓吹一部，加班劍二十人。帝每出，與朝臣常共陪輦。主以吏部郎褚淵皃美，就帝請以自侍，帝許之。淵侍主十日，備見逼迫，誓死不回，遂得免。帝所幸閹人華願兒，官至散騎常侍，加將軍帶郡。帝少好讀書〔一八〕，頗識古事，自造世祖誄及雜篇章，往往有辭采。以魏武帝有發丘中郎將、摸金校尉，乃置此二官。以建安王休仁、山陽王休祐領之〔一九〕。其餘事迹，分見諸列傳。

史臣曰：廢帝之事行著于篇。若夫武王數殷紂之釁，不能紲其萬一；霍光書昌邑之過，未足舉其毫釐。假以中才之君，有一于此，足以霣社殘宗，汚宮瀦廟，況總斯惡以萃一人之體乎！其得亡亦爲幸矣。

校勘記

〔一〕丹陽尹永嘉王子仁爲南兗州刺史　「南兗」，原作「南豫」，據本書卷八〇孝武十四王永嘉王子仁傳改正。按本卷下文亦載景和元年九月庚子，「以南兗州刺史永嘉王子仁爲南徐州刺史」。據本卷下文及本書卷六孝武帝紀，自大明五年九月至永光元年正月，南豫州刺史爲尋陽王子房。

〔二〕繁而傷治　「傷」，原作「作」，據册府卷一九一改。

〔三〕氣緯舛玄　「舛玄」，宋本册府卷一九一作「殊舛」，明本作「殊方」，疑當作「舛互」。

〔四〕中護軍宗慤爲安西將軍雍州刺史　「宗慤」，原作「宗殻」，據殿本、局本改。按本書卷七六宗慤傳云：「廢帝即位，爲寧蠻校尉、雍州刺史。」

〔五〕孝建以來所改制度　「改」，原作「故」，南史卷二宋本紀中作「變」，今據南監本、北監本、汲本、殿本、局本、御覽卷一二八引沈約宋書改。

〔六〕領軍將軍王玄謨爲鎮北將軍青冀二州刺史　「鎮北將軍」下原衍「南徐州刺史新安王子鸞爲」十一字。按本書卷八〇孝武十四王始平孝敬王子鸞傳，不言子鸞曾爲青、冀二州刺史，本書卷七六王玄謨傳云玄謨時徙爲青、冀二州刺史。今訂正。

〔七〕己丑　原作「己未」，據建康實録卷一三、通鑑卷一二九宋紀大明八年改。按是月丁卯朔，二十三日己丑，無己未、乙丑。

〔八〕庚寅　原作「庚子」。按是月丁卯朔，無庚子，二十三日己丑後，二十四日有庚寅。今改正。

〔九〕輔國將軍宗越爲司州刺史　「宗越」，原作「宋越」，據本書卷八三宗越傳改。以下類此者皆徑改不另出校。

〔一〇〕以尚書右僕射顔師伯爲尚書僕射　「尚書僕射」，原作「尚書左僕射」，據南史卷二宋本紀中删正。李慈銘札記：「『左』字衍，當據南史删。」按是時但置尚書僕射，不分立左右。

〔一一〕減州郡縣田禄之半　「田禄」，殿本、局本作「田租」，建康實録卷一三作「禄秩」。按晋滅國内田租之半，非財政所能承擔，此必減州郡縣官吏田禄之半。故建康實録改稱爲「禄秩」。

〔一二〕衛將軍南豫州刺史湘東王彧改爲雍州刺史　「南」字原闕，據本書卷八明帝紀補。按明帝紀，永光元年劉彧爲南豫州刺史，鎮姑孰。本書卷三六州郡志二，時南豫州鎮姑孰，而豫州則未嘗以姑孰爲州治。

〔一三〕以尚書僕射顔師伯爲尚書左僕射　原作「以尚書左僕射顔師伯爲尚書僕射」，據南監本、南史卷二宋本紀中改。李慈銘札記：「當從南史。」師伯傳：大明七年，補尚書右僕射。廢帝即位，遷尚書僕射，領丹陽尹。廢帝欲親朝政，發詔轉師伯爲左僕射，以吏部尚書王景文爲右僕射，奪其京尹，又分臺任，師伯始懼。南史宋本紀及師伯傳皆不誤。」

〔一四〕尚書左僕射顔師伯　「尚書左僕射」，原作「尚書僕射」，據南監本、南史卷二宋本紀中改。參見上條校勘記。

〔一五〕以鎮西大將軍豫州刺史山陽王休祐爲鎮軍大將軍開府儀同三司　「鎮西大將軍」，原作「鎮北大將軍」。按上文九月辛亥下作「鎮西大將軍」，本書卷七二文九王晉平剌王休祐傳同，今改正。

〔一六〕少府劉勝之子也　「少府劉勝」，本書卷七二文九王始安王休仁傳作「廷尉劉曚」，南史卷二宋本紀中、通鑑考異卷五引宋略作「少府劉曚」，南史卷一四宋宗室及諸王下宋文帝諸子建安王休仁傳作「廷尉劉蒙」。

〔一七〕食湯沐邑二千户　「食」，原作「侯」，據御覽卷一五三引沈約宋書改。

〔一八〕帝少好讀書　「讀書」，原作「講書」，據南史卷二宋本紀中、御覽卷一二八引沈約宋書、册府卷一九二改。李慈銘札記云「當據南史作『讀書』，各本皆誤」。

〔一九〕以建安王休仁山陽王休祐領之　「休仁山陽王」五字原闕，據南史卷二宋本紀中補。張熷讀史舉正：「按建安王乃休仁，休祐則山陽王也。南史作『以建安王休仁、山陽王休祐領之』爲是。」

宋書卷八

本紀第八

明帝

太宗明皇帝諱彧，字休炳，小字榮期，文帝第十一子也。元嘉十六年十月戊寅生。二十五年，封淮陽王，食邑二千户。二十九年，改封湘東王。元凶弒立，以爲驍騎將軍，加給事中。世祖踐祚，爲祕書監，遷冠軍將軍、南蘭陵下邳二郡太守，領石頭戍事。孝建元年，徙爲南彭城、東海二郡太守，將軍如故，鎮京口。其年，徵爲中護軍。二年，遷侍中，領游擊將軍。三年，徙衞尉，侍中如故。又爲左衞將軍，衞尉如故。大明元年，轉中護軍，衞尉如故。三年，爲都官尚書，領游擊將軍，衞尉如故。七年，遷領軍將軍。八年，出爲使持節、都督徐兗二州豫州之梁郡諸軍事、鎮北將軍、徐州刺史，給鼓吹一部。其年，徵爲侍中、護軍將軍。未拜，復爲領軍將軍，侍中如故。

永光元年，又出爲使持節、散騎常侍、都督南豫豫司江四州揚州之宣城諸軍事、衛將軍、南豫州刺史，鎮姑孰。又徙爲都督雍梁南北秦四州郢州之竟陵諸軍事、寧蠻校尉、雍州刺史，持節、常侍、將軍如故。未拜，復本位。尋以本號開府儀同三司。

廢帝景和末，上入朝，被留停都。廢帝誅害宰輔，殺戮大臣，恒慮有圖之者，疑畏諸父，並拘之殿内，遇上無禮，事在文諸王傳。遂收上付廷尉，一宿被原。將加禍害者，前後非一。既而害上意定，明旦便應就禍。上先已與腹心阮佃夫、李道兒等密共合謀。于時廢帝左右常慮禍及，人人有異志。唯有直閤將軍宗越、譚金、童太一等數人爲其腹心，並虓虎有幹力，在殿省久，衆並畏服之，故莫敢動。是夕，越等並外宿。佃夫、道兒因結壽寂之等殞廢帝於後堂。十一月二十九日夜也。

事定，上未知所爲。建安王休仁便稱臣奉引升西堂，登御坐，召見諸大臣。于時事起倉卒，上失履，跣至西堂，猶著烏帽。坐定，休仁呼主衣以白帽代之，令備羽儀。雖未即位，凡衆事悉稱令書施行。己未，司徒揚州刺史豫章王子尚、山陰公主並賜死。宗越、譚金、童太一謀反伏誅。

十二月庚申朔，令書以司空東海王禕爲中書監、太尉，鎮軍將軍、江州刺史晉安王子勛進號車騎將軍、開府儀同三司。癸亥，以新除驃騎大將軍建安王休仁爲司徒、尚書令、揚州刺史，鎮軍大將軍、開府儀同三司山陽王休祐進號驃騎大將軍、荆州刺史〔一一〕。崇憲衞尉桂陽王休範爲鎮北將軍、南徐州刺史。乙丑，改封安陸王子綏爲江夏王。

泰始元年冬十二月丙寅，上即皇帝位。詔曰：

高祖武皇帝德洞四瀛，化綿九服。太祖文皇帝以大明定基，世祖孝武皇帝以下武寧亂。日月所照，梯山航海；風雨所均，削衽襲帶。所以業固盛漢，聲溢隆周。子業凶嚚自天，忍悖成性，人面獸心，見於齠日，反道敗德，著自比年。其狎侮五常，怠棄三正，矯誣上天，毒流下國，實開闢所未有，書契所未聞。再罹遏密，而無一日之哀；齊斬在躬，方深北里之樂。虎兕難匣，憑河必彰，遂誅滅上宰，窮釁逆之酷，虐害國輔，究孥戮之刑。子鸞同生，以昔憾殄殪。敬猷兄弟，以睚眦殲夷。徵逼義陽，將加屠膾。陵辱戚藩，檟楚妃主。奪立左右，竊子置儲，肆酗于朝，宣淫于國。事穢東陵，行汙飛走。積釁罔極，日月滋深。比遂圖犯玄宮，志窺題湊，將肆梟、鏡之禍，騁商、頓之心。又欲鴆毒崇憲，虐加諸父，事均宫閫，聲遍國都。鴟梟小豎，莫不寵暱，朝廷忠誠，必也戮挫。收掩之旨，虓虎結轍；掠奪之使，白刃相望。百僚危氣，首領無有全地；萬姓崩心，妻子不復相保。所以鬼哭山鳴，星鉤血降，神器殆於馭索，景祚危於綴旒。

朕假寐凝憂，泣血待旦，慮大宋之基，於焉而泯，武、文之業，將墜于淵。賴七廟之靈，藉八百之慶，巨猾斯殄，鴻沴時褰。皇綱絶而復紐，天緯缺而更張。猥以寡薄，屬承乾統，上緝三光之重，俯顧庶民之艱。業業矜矜，若履冰谷，思與億兆，同此維新。可大赦天下，改景和元年爲泰始元年。賜民爵二級。鰥寡孤獨不能自存者，穀人五斛。逋租宿債勿復收。犯鄉論清議，贓汚淫盜，並悉洗除。長徒之身，特賜原遣。亡官失爵，禁錮舊勞，一依舊典〔二〕。其昏制謬封，並皆刊削。

己巳，以安西將軍、南豫州刺史劉遵考爲特進、右光禄大夫，輔國將軍、歷陽南譙二郡太守建平王景素爲南豫州刺史。庚午，以荆州刺史臨海王子頊爲鎮軍將軍，南徐州刺史永嘉王子仁爲中軍將軍〔三〕，左衞將軍劉道隆爲中護軍。辛未，改封臨賀王子産爲南平王，晉熙王子輿爲廬陵王。壬申，以尚書左僕射王景文爲尚書僕射〔四〕。新除中護軍劉道隆卒。癸酉〔五〕，詔曰：「朕戡亂寧民，屬膺景祚。鴻制初造，革道惟新。而國故頻罹，仁澤偏壅。每鑒寐疚心，罔識攸濟。巡方問俗，弘政所先，可分遣大使，廣求民瘼，考守宰之良，採衡閭之善。若獄犴淹枉，傷民害教者，具以事聞。鰥寡孤獨，癃殘六疾，不能自存者，郡縣優量賑給。貞婦孝子，高行力田，詳悉條奏〔六〕。務詢輿誦，廣納嘉謀，每盡皇華之旨，俾若朕親覽焉。」乙亥，追尊所生沈婕妤曰宣皇太后。後軍將軍垣閎爲司州刺史，前右將軍長史殷琰爲豫州刺史。丙子，詔曰：「皇室多故，糜費滋廣，且久歲不登，公私歉弊。方刻意從儉，弘濟時艱，政道未孚，慨愧兼積。太官供膳，可詳所減撤，尚方御府雕文篆刻無益之物，一皆蠲省，務存簡約，以稱朕心。」戊寅，崇太后爲崇憲皇太后。立皇后王氏。鎮軍將軍、江州刺史晉安王子勛舉兵反，鎮軍長史鄧琬爲其謀主，雍州刺史袁顗率衆赴之。辛巳，驃騎大將軍、前荆州刺史山陽王休祐改爲江州刺史，荆州刺史臨海王子頊即留本任。加領軍將軍王玄謨鎮軍將軍。壬午，車駕謁太廟。甲申，後將軍、郢州刺史安陸王子綏進號征南將軍，右將軍、會稽太守尋陽王子房進號安東將軍，前將軍、荆州刺史臨海王子頊進號平西將軍。子綏、子房、子頊並不受命，舉兵同逆。戊子，新除中軍將軍永嘉王子仁爲護軍將軍。

二年春正月己丑朔，以軍事不朝會。庚寅，以金紫光禄大夫王僧朗爲左光禄大夫、開府儀同三司。壬辰，驃騎大將軍、江州刺史山陽王休祐改爲南豫州刺史，鎮歷陽。鎮軍將軍、領軍將軍王玄謨爲車騎將軍、江州刺史，平北將軍、徐州刺史薛安都進號安北將軍。

安都亦不受命。癸巳，以左衞將軍巴陵王休若爲鎮東將軍，新除安東將軍尋陽王子房爲撫軍將軍，司徒左長史袁愍孫爲領軍將軍。甲午，中外戒嚴。司徒建安王休仁都督征討諸軍事，統衆軍南討。以青州刺史劉祗爲南兗州刺史。丙申，以征虜司馬申令孫爲徐州刺史，義陽内史龐孟虯爲司州刺史。申令孫、孟虯及豫州刺史殷琰、青州刺史沈文秀、冀州刺史崔道固、湘州行事何慧文、廣州刺史袁曇遠、益州刺史蕭惠開、梁州刺史柳元怙並同叛逆。兗州刺史殷孝祖入衞京都，仍遣孝祖前鋒南伐。甲辰，加孝祖撫軍將軍。丙午，車駕親御六師，出頓中興堂。辛亥，驃騎大將軍、南豫州刺史山陽王休祐改爲豫州刺史，統衆軍西討。吴郡太守顧琛、吴興太守王曇生、義興太守劉延熙、晉陵太守袁標〔七〕、山陽太守程天祚並舉兵反。鎮東將軍巴陵王休若統衆軍東討。壬子，崇憲皇太后崩。是日，軍主任農夫、劉懷珍平定義興。永世縣民史逸宗據縣爲逆，殿中將軍陸攸之討平之。丙辰，以新除左光禄大夫、開府儀同三司王僧朗爲特進，左光禄大夫如故。

二月乙丑，僧朗卒。尚書僕射王景文父憂去職。曲赦吴、吴興、義興、晉陵四郡。吏部尚書蔡興宗爲尚書右僕射〔八〕，吴興太守張永、右軍將軍齊王東討，平晉陵。癸未，曲赦浙江東五郡。丁亥，鎮東將軍巴陵王休若進號衞將軍。建武將軍吴喜公率諸軍破賊於吴、吴興、會稽〔九〕，平定三郡，同逆皆伏誅。輔國將軍齊王前鋒北討，輔國將軍劉勔前鋒西討〔一〇〕。賊劉胡領衆四萬據赭圻。

三月庚寅，撫軍將軍殷孝祖攻赭圻，死之。以輔國將軍沈攸之代爲南討前鋒〔一一〕。賊衆稍盛，袁顗頓鵲尾，聯營迄至濃湖，衆十餘萬。壬辰，以新除太子詹事張永爲青、冀二州刺史。丙申，鎮北將軍、南徐州刺史桂陽王休範總統北討諸軍事。丁酉，以尚書劉思考爲徐州刺史。戊戌，貶尋陽王子房爵爲松滋縣侯。乙巳，以奉朝請鄭黑爲司州刺史。辛亥，鎮北將軍、南徐州刺史桂陽王休範領南兗州刺史。壬子，斷新錢，專用古錢。癸丑，原赦揚、南徐二州囚繫，凡逋亡一無所問。

夏四月壬午，以散騎侍郎明僧暠爲青州刺史。

五月壬辰，以輔國將軍沈攸之爲雍州刺史。丁酉，曲赦豫州。丁未，新除尚書僕射王景文爲中軍將軍，以青、冀二州刺史張永爲鎮軍將軍。庚戌，以寧朔將軍劉乘民爲冀州刺史。甲寅，葬崇憲皇太后於脩寧陵〔一二〕。冠軍將軍、益州刺史蕭惠開進號平西將軍。

六月辛酉，鎮軍將軍張永領徐州刺史。京師雨水，丁卯，遣殿中將軍檢行賜卹。以左軍將軍垣恭祖爲梁、南秦二州刺史。

秋七月己丑，鎮北將軍、南徐兗二州刺史桂陽王休範進號征北大將軍。辛卯，鎮軍將軍、徐州刺史張永改爲南兗州刺史。丁酉，以仇池太守楊僧嗣爲北秦州刺史、武都王〔一三〕。

壬寅，以男子時朗之爲北豫州刺史。乙巳，龍驤將軍劉道符平山陽。辛亥，又以義軍主鄭叔舉爲北豫州刺史，鎮軍將軍、南兗州刺史張永復領徐州刺史。甲寅，復以冀州刺史崔道固爲徐州刺史。

八月己卯，司徒建安王休仁率衆軍大破賊，斬僞尚書僕射袁顗，進討江、郢、荆、雍、湘五州，平定之。晉安王子勛、安陸王子綏、臨海王子頊、邵陵王子元並賜死，同黨皆伏誅。諸將軍帥封賞各有差。甲申，以護軍將軍、永嘉王子仁爲平南將軍、湘州刺史。

九月乙酉，曲赦江、郢、荆、雍、湘五州；守宰不得離職。壬辰，驃騎大將軍、豫州刺史山陽王休祐改爲荆州刺史。分豫州立南豫州。癸巳，六軍解嚴。大赦天下，賜民爵一級。甲午，以中軍將軍王景文爲安南將軍、江州刺史。戊戌，以車騎將軍、江州刺史王玄謨爲左光禄大夫、開府儀同三司、護軍將軍。庚子，以建安王休仁世子伯融爲豫州刺史〔一四〕。辛丑，衞將軍巴陵王休若即本號爲雍州刺史。雍州刺史沈攸之爲郢州刺史。庚戌，以太子左衞率建平王景素爲南兗州刺史。

十月乙卯，永嘉王子仁、始安王子真、淮南王子孟、南平王子産、廬陵王子輿、松滋侯子房並賜死。丁卯，以郢州刺史沈攸之爲中領軍，與張永俱北討。庚午，以吴郡太守顧覬之爲湘州刺史〔一五〕。戊寅，立皇子昱爲皇太子。曲赦揚、徐二州〔一六〕。以輔國將軍劉勔爲廣州刺史，左軍將軍張世爲豫州刺史。

十一月甲申，以安成太守劉襲爲郢州刺史。壬辰，詔曰：「治崇簡易，化疾繁侈，遠關隆替，明著軌跡者也。朕拯斯墜運，屬此屯極，仍之以凋耗，因之以師旅，而識昧前王，務艱昔代。俾夫舊賦既繁，爲費彌廣，監寐萬務，每思弘革。方欲緩繇優調，愛民爲先，有司詳加寬惠，更立科品。其方物職貢，各順土宜，出獻納貢〔一七〕，敬依時令。凡諸蠹俗妨民之事，趣末違本之業，雕華靡麗，奇器異技，並嚴加裁斷，務歸要實。左右尚方御府諸署，供御制造，咸存儉約。庶淳風至教，微遵太古，阜財興讓，少敦季俗。」又詔曰：「夫秉機詢政〔一八〕，立教之攸本；舉賢聘逸，弘化之所基。故負鼎進策，殷代以康；釋釣作輔，周祚斯乂。朕甫承大業，訓道未敷，雖側席忠規，竚夢巖築，而良圖莫薦，奇士弗聞，永鑒通古，無忘宵寐。今藩隅克晏，敷化維始，屢懷存治，寔望箴闕。王公卿尹，羣僚庶官，其有嘉謀直獻，匡俗濟時，咸切事陳奏，無或依隱。若乃林澤貞栖，丘園耿潔，博洽古今，敦崇孝讓，四方在任，可明書搜揚，具即以聞，隨就褒立。」以建平王景素子延年爲新安王。以新除左光禄大夫、開府儀同三司王玄謨爲車騎將軍、南豫州刺史。丙申，制使東土經荒流散，並各還本，蠲衆調二年。

十二月己未，以尚書金部郎劉善明爲冀州刺史。乙丑，詔曰：「近衆藩稱亂，多染釁科。或誠係本朝，事緣逼迫，混同證錮，良以悵然。夫天道尚仁，德刑並用，雷霆時至，雲雨必解。朕眷言靜念，思弘風澤，凡應禁削，皆從原蕩。其文武堪能，隨才銓用。」辛未，以新除廣州刺史劉勔爲益州刺史，前巴西、梓潼二郡太守費混爲廣州刺史。劉勔克壽陽，豫州平〔一九〕。辛巳，以輔國將軍劉靈遺爲梁、南秦二州刺史〔二〇〕。薛安都要引索虜，張永、沈攸之大敗，於是遂失淮北四州及豫州淮西地。

三年春正月庚子，以農役將興，太官停宰牛。癸卯，曲赦豫、南豫二州。衞將軍巴陵王休若降號鎮西將軍。

閏月庚午，京師大雨雪，遣使巡行，賑賜各有差。戊寅，以游擊將軍垣閎爲益州刺史〔二一〕。

二月甲申，以御史中丞羊希爲廣州刺史〔二二〕。是日，車駕爲戰亡將士舉哀。己丑，以鎮西司馬劉亮爲梁、南秦二州刺史。索虜寇汝陰，太守張景遠擊破之。丙申，曲赦青、冀二州。

三月丙子，以尚書右僕射蔡興宗爲安西將軍、郢州刺史〔二三〕。戊寅，以冠軍將軍王玄載爲徐州刺史，寧朔將軍崔平爲兗州刺史。

夏四月癸巳，以前司州刺史鄭黑爲司州刺史。乙未，冠軍將軍、北秦州刺史楊僧嗣進號征西將軍。庚子，立桂陽王休範第二子德嗣爲廬陵王〔二四〕，立侍中劉韞第二子銑爲南豐王。丙午，安西將軍蔡興宗降號平西將軍。

五月丙辰，宣太后崇寧陵禁內墳屋瘞遷徙者，給葬直，蠲復家丁。戊午，以車騎將軍、南豫州刺史王玄謨爲左光祿大夫、開府儀同三司。辛酉，罷南豫州并豫州。壬戌，以太子詹事袁粲爲尚書僕射。

六月乙酉，以侍中劉韞爲湘州刺史。

秋七月壬子，以左光祿大夫、開府儀同三司王玄謨爲特進、左光祿大夫、護軍將軍。薛安都子伯令略據雍州四郡，刺史巴陵王休若討斬之。

八月丁酉，詔曰：「古者衡虞置制，蝝蚳不收；川澤產育，登器進御。所以繁阜民財，養遂生德。頃商販逐末，競早爭新，折未實之菓，收豪家之利，籠非膳之翼，爲戲童之資。豈所以還風尚本，捐華務實。宜修道布仁，以革斯蠹。自今鱗介羽毛，肴核衆品，非時月可採，器味所須，可一皆禁斷，嚴爲科制。」壬寅，以中領軍沈攸之行南兗州刺史，率衆北討。癸卯，詔曰：「法網之用，期世而行，寬惠之道，因時而布。況朕尚德戢亂，依仁馭俗，宜每就弘簡，以隆至治。而頻罹兵革，繇賦未休，軍民巧僞，興事甚多，蹈刑入憲，諒非一科。至乃假名戎伍，竊爵私庭，因戰散亡，託懼逃役。且往諸淪逼，雖經累宥，逋竄之黨，猶爲寔繁。宵言永懷，良兼矜疚。思所以重播至澤，覃被區宇。可大赦天下。」加新除左光禄大夫王玄謨車騎將軍。丙午，遣吏部尚書褚淵慰勞緣淮將帥，隨宜量賜。戊申，以新除右衛將軍劉勔爲豫州刺史。

九月癸丑，鎮西將軍、雍州刺史巴陵王休若進號衛將軍，平西將軍、郢州刺史蔡興宗進號安西將軍。乙卯，以越騎校尉周寧民爲兖州刺史。戊午，以皇后六宫以下雜衣千領，金釵千枚，班賜北征將士。庚申，前將軍兼冀州刺史崔道固進號平北將軍。甲子，曲赦徐、兖、青、冀四州。

冬十月壬午，改封新安王延年爲始平王。戊子，芮芮國遣使獻方物。辛丑，復郡縣公田。鎮西大將軍、西秦河二州刺史吐谷渾拾寅進號征西大將軍。

十一月，立建安王休仁第二子伯猷爲江夏王，改封義陽王昶爲晉熙王。乙卯，分徐州置東徐州，以輔國將軍張讜爲刺史。高麗國、百濟國遣使獻方物。

十二月庚辰，以寧朔將軍劉休賓爲兖州刺史。

四年春正月己未，車駕親祠南郊，大赦天下。庚午，衛將軍巴陵王休若降號左將軍。

乙亥，零陵王司馬勗薨。

二月辛丑，以前龍驤將軍常珍奇爲平北將軍、司州刺史，珍奇子超越爲北冀州刺史〔二五〕。乙巳，左光禄大夫、車騎將軍、護軍將軍王玄謨薨〔二六〕。

三月己未，以游擊將軍劉懷珍爲東徐州刺史。戊辰，以軍司馬劉靈遺爲梁、南秦二州刺史〔二七〕，南譙太守孫奉伯爲交州刺史〔二八〕，交州人李長仁據州叛。妖賊攻廣州，殺刺史羊希，龍驤將軍陳伯紹討平之。

夏四月己卯，復減郡縣田禄之半〔二九〕。丙申，東海王禕改封廬江王〔三〇〕，山陽王休祐改封晉平王，改晉安郡爲晉平郡。辛丑，芮芮國及河南王並遣使獻方物。甲辰，以豫章太守張辯爲廣州刺史。

五月乙未〔三一〕，曲赦廣州。癸亥，以行雍州刺史巴陵王休若行湘州刺史，會稽太守張永爲雍州刺史，湘州刺史劉韞爲南兗州刺史。

秋七月乙巳朔，以吴郡太守王琨爲中領軍。丙辰，始平王延年薨。己未，以侍中劉襲爲中護軍。庚申，以驍騎將軍齊王爲南兗州刺史。

八月戊子，以南康相劉勃爲交州刺史〔三二〕。辛卯，分青州置東青州，以輔國將軍沈文靖爲東青州刺史〔三三〕。丁酉，安南將軍、江州刺史王景文進號鎮南將軍。

九月丙辰，以驃騎長史張悦爲雍州刺史。戊辰，詔曰：「夫愆有小大，憲隨寬猛，故五刑殊用，三典異施。而降辟次網，便暨鉗撻，求之法科，差品滋遠。朕務存欽卹，每有矜貸。尋劫制科罪〔三四〕，輕重同之大辟，即事原情，未爲詳衷。自今凡竊執官仗，拒戰邏司，或攻剽亭寺，及害吏民者，凡此諸條，悉依舊制。五人以下相逼奪者，可特賜黥刖，投畀四遠，仍用代殺，方古爲優，全命長户，施同造物。庶簡惠之化，有孚羣萌，好生之德，無漏幽品。」庚午，曲赦揚、南徐、兗、豫四州。

冬十月癸酉朔，日有蝕之。發諸州兵北討。南康、建安、安成、宣城四郡，昔不同南逆，並不在徵發之例。甲戌，割揚州之義興郡屬南徐州。

五年春正月癸亥，車駕躬耕藉田。大赦天下，賜力田爵一級。

二月丙申，分豫州、揚州立南豫州，以太尉廬江王禕爲車騎將軍、開府儀同三司、南豫州刺史。

三月乙卯，於南豫州立南義陽郡。丙寅，車駕幸中堂聽訟。己巳，河南王遣使獻方物。

夏四月辛未，割雍州隨郡屬郢州。乙酉，割豫州義陽郡屬郢州，郢州西陽郡屬豫州。

戊子，以寧朔將軍崔公烈爲兗州刺史。戊戌，新除給事黄門侍郎杜幼文爲梁、南秦二州刺史。

六月辛未，立晉平王休祐子宣曜爲南平王〔三五〕。壬申，以安西將軍、郢州刺史蔡興宗爲鎮東將軍。癸酉，以左衞將軍沈攸之爲郢州刺史。以軍興已來，百官斷俸，並給生食。丁丑，車騎將軍、南豫州刺史廬江王褘免官爵。戊寅，以左將軍、行湘州刺史巴陵王休若爲征南將軍、湘州刺史。壬午，罷南豫州。丙戌，以新除給事黄門侍郎劉亮爲益州刺史。

秋七月己酉，以輔國將軍王亮爲徐州刺史，東莞太守陳伯紹爲交州刺史。甲寅，以山陽太守李靈謙爲兗州刺史。壬戌，改輔國將軍爲輔師將軍。

八月己丑，以右將軍、行豫州刺史劉勔爲平西將軍、豫州刺史。壬辰，以海陵太守劉崇智爲冀州刺史。

九月甲寅，立長沙王纂子延之爲始平王。戊午，中領軍王琨遷職。己未，詔曰：「夫箕、潁之操，振古所貴，沖素之風，哲王攸重。朕屬横流之會，接難晦之辰，龕暴剪亂，日不暇給。今雖關、隴猶霭，區縣澄氛，偃武修文，於是乎在。思崇廉恥，用靜馳薄，固已物色載懷，寢興佇歎。其有貞栖隱約，息事衡樊〔三六〕，鑿坯遺榮，負釣辭聘，志恬江海，行高塵俗者，在所精加搜括，時以名聞。將賁園矜德，茂昭厥禮。羣司各舉所知，以時授爵。」乙丑，以新除平西將軍、豫州刺史劉劻爲中領軍。

冬十月丁卯朔，日有蝕之。

十一月丁未，索虜遣使獻方物。

閏月戊子，驃騎大將軍、荆州刺史晉平王休祐以本號爲南徐州刺史，征南將軍、湘州刺史巴陵王休若爲征西將軍、荆州刺史，輔師將軍孟次陽爲兗州刺史〔三七〕，義陽太守吕安國爲司州刺史。

十二月戊戌，司徒建安王休仁解揚州刺史。己未，以征北大將軍、南徐州刺史桂陽王休範爲中書監、中軍將軍、揚州刺史〔三八〕，吴興太守建平王景素爲湘州刺史，輔師將軍建安王世子伯融爲廣州刺史〔三九〕。庚申，分荆、益州五郡置三巴校尉。

六年春正月乙亥，初制間二年一祭南郊，間一年一祭明堂。

二月壬寅，司徒建安王休仁爲太尉，領司徒。癸丑，皇太子納妃。甲寅，大赦天下。巧注從軍，不在赦例。班賜各有差。

三月乙亥，中護軍劉襲卒。丁丑，以太子詹事張永爲護軍將軍。

夏四月癸亥，立第六皇子燮爲晉熙王。

五月丁丑，以前軍將軍陳胤宗爲徐州刺史。丁亥，以冠軍將軍吐谷渾拾虔爲平西將軍。戊子，奉朝請孔玉爲寧州刺史。

六月己亥，以第五皇子智井繼東平沖王休倩。庚子，以侍中劉韞爲撫軍將軍、雍州刺史，前將軍、郢州刺史沈攸之進號鎮軍將軍，揚州刺史桂陽王休範爲征南大將軍、江州刺史。癸卯，以鎮南將軍、江州刺史王景文爲尚書左僕射、揚州刺史，尚書僕射袁粲爲尚書右僕射。己未，改臨賀郡爲臨慶郡，追改東平王休倩爲臨慶沖王。

七月丙戌，第五皇子智井薨。

九月乙丑，中領軍劉勔加平北將軍。戊寅，立總明觀，徵學士以充之。置東觀祭酒。癸未，以第八皇子智渙繼臨慶沖王休倩。

冬十月辛卯，立第九皇子贊爲武陵王。乙巳，以前右軍馬誂爲北雍州刺史。己酉，車駕幸東堂聽訟。

十一月己巳，高麗國遣使獻方物。

十二月癸巳，以邊難未息，制父母陷異域，悉使婚宦。戊戌，以始興郡爲宋安郡。丙辰，護軍將軍張永還職。

七年春正月甲戌，置散騎奏舉郎。

二月癸巳，征西將軍、荆州刺史巴陵王休若進號征西大將軍〔四〇〕，開府儀同三司〔四一〕。戊戌，置百梁、隴蘇、永寧、安昌、富昌、南流郡，又分廣、交州三郡，合九郡，立越州。己亥，以前將軍劉康爲平東將軍。妖寇宋逸攻合肥，殺汝陰太守王穆之，郡縣討平之。甲寅，驃騎大將軍、開府儀同三司、南徐州刺史晉平王休祐薨。戊午，以征西大將軍、荆州刺史巴陵王休若爲征北大將軍、南徐州刺史，湘州刺史建平王景素爲荆州刺史。

三月辛酉，索虜遣使獻方物。壬戌，芮芮國遣使奉獻。

夏四月辛丑，減天下死罪一等，凡勑繫悉遣之。甲辰，於南兗州置新平郡。癸丑，金紫光禄大夫張永領護軍。

五月戊午，司徒建安王休仁有罪，自殺。辛酉，以寧朔長史孫超之爲廣州刺史，尚書左僕射、揚州刺史王景文以刺史領中書監。庚午，以尚書右僕射袁粲爲尚書令，新除吏部尚書褚淵爲尚書右僕射〔四二〕。辛未，監吴郡王僧虔行湘州刺史。丙戌，追免晉平王休祐爲庶人。

六月丁酉，以征南大將軍、江州刺史桂陽王休範爲驃騎大將軍、南徐州刺史，征北大將軍巴陵王休若爲車騎大將軍、江州刺史。甲辰，芮芮國遣使獻方物。

秋七月丁巳，罷散騎奏舉郎。乙丑，新除車騎大將軍、江州刺史巴陵王休若薨，桂陽王休範以新除驃騎大將軍，還爲江州。庚午，以第三皇子準爲撫軍將軍。辛未，以太子詹事劉秉爲南徐州刺史。戊寅，以寧朔將軍沈懷明爲南兗州刺史。乙酉，於冀州置西海郡。

八月戊子，第八皇子躋繼江夏文獻王義恭。庚寅，以疾愈大赦天下。冀州刺史劉崇智加青州刺史。戊戌，立第三皇子準爲安成王。

九月辛未，以越騎校尉周寧民爲徐州刺史。

冬十一月戊午〔四三〕，百濟國遣使獻方物。

十二月丁酉，分豫州、南兗州立南豫州，以歷陽太守王玄載爲南豫州刺史。

泰豫元年春正月甲寅朔，上有疾不朝會。以疾患未痊，故改元。賜孤老貧疾粟帛各有差。戊午，皇太子會萬國於東宮，并受貢計。

二月辛丑，以給事黃門侍郎王瞻爲司州刺史。

三月癸丑朔，林邑國遣使獻方物。己未，中書監、揚州刺史王景文卒。

夏四月辛卯，以撫軍司馬蔡那爲益州刺史。癸巳，以右衞將軍張興世爲雍州刺史〔四四〕。己亥，上大漸。驃騎大將軍、江州刺史桂陽王休範進位司空，尚書右僕射褚淵爲護軍將軍，中領軍劉勔加尚書右僕射，鎮東將軍蔡興宗爲征西將軍、開府儀同三司、荆州刺史，鎮軍將軍、郢州刺史沈攸之進號安西將軍。詔曰：「朕自臨御億兆，仍屬戎寇，雖每存弘化，而惠弗覃遠，軍國凋弊，刑訟未息。今大漸維危，載深矜歎。可緩徭優調，去繁就約。因改之宜，詳有簡衷。務以愛民爲先，以宣朕遺意。」袁粲、褚淵、劉勔、蔡興宗、沈攸之同被顧命。是日，上崩于景福殿，時年三十四。五月戊寅，葬臨沂縣莫府山高寧陵。

帝少而和令，風姿端雅。早失所生，養於太后宮內。大明世，諸弟多被猜忌，唯上見親，常侍路太后醫藥。好讀書，愛文義，在藩時，撰江左以來文章志，又續衞瓘所注論語二卷，行於世。及即大位，四方反叛，以寬仁待物，諸軍帥有父兄子弟同逆者，並授以禁兵，委任不易，故衆爲之用，莫不盡力。平定天下，逆黨多被全，其有才能者，並見授用，有如舊臣。才學之士，多蒙引進，參侍文籍，應對左右。於華林園芳堂講周易〔四五〕，常自臨聽。末年好鬼神，多忌諱，言語文書，有禍敗凶喪及疑似之言應回避者，數百千品，有犯必加辠戮。改「騧」爲馬邊瓜〔四六〕，亦以「騧」字似「禍」字故也。以南苑借張永，云「且給三百年，期訖更啓」。其事類皆如此。宣陽門，民間謂之白門，上以白門之名不祥，甚諱之。尚書右丞江謐嘗誤犯，上變色曰：「白汝家門！」謐稽顙謝，久之方釋。太后停屍漆牀先出東宮，上嘗幸宮，見之怒甚，免中庶子官，職局以之坐者數十人〔四七〕。内外常慮犯觸，人不自保。宮内禁忌尤甚，移牀治壁，必先祭土神，使文士爲文詞祝策〔四八〕，如大祭饗。泰始、泰豫之際，更忍虐好殺，左右失旨忤意，往往有斮刳斷截者。時經略淮、泗，軍旅不息，荒弊積久，府藏空竭。内外百官，並日料禄奉〔四九〕；而上奢費過度，務爲彫侈。每所造制，必爲正御三十，副御、次副又各三十，須一物輒造九十枚，天下騷然，民不堪命。其餘事迹，列見衆篇〔五〇〕。親近讒慝，剪落皇枝，宋氏之業，自此衰矣。

史臣曰：聖人立法垂制，所以必稱先王，蓋由遺訓餘風，足以貽之來世也。太祖負扆南面，實有君人之懿焉，經國之義雖弘，而隆家之道不足。彭城王照不窺古，本無卓爾之姿，徒見昆弟之義，未識君臣之禮，冀以此家情，行之國道，主猜而猶犯，恩薄而未悟，致以呵訓之微行，遂成滅親之大禍。開端樹隙，垂之後人。雖天倫之重，義殊凡戚，而中人以下，情由恩變。至於易衣而出，分苦而食，與夫別宮異門，形疎事隔者，宜有降矣。太宗因易隙之情，據已行之典，剪落洪枝，願不待慮。既而本根無庇，幼主孤立，神器以勢弱傾移，靈命隨樂推回改。斯蓋履霜有漸，堅冰自至，所從來遠也。

校勘記

〔一〕鎮軍大將軍開府儀同三司山陽王休祐進號驃騎大將軍荆州刺史　「鎮軍大將軍」，原作「鎮軍將軍」，據本書卷七二文九王晉平剌王休祐傳補正。按本書卷七前廢帝紀、南史卷二宋本紀中皆記景和元年十月休祐爲鎮軍大將軍。

〔二〕亡官失爵禁錮舊勞一依舊典　「舊勞」，疑當作「奪勞」。按奪勞乃古代對犯罪官吏剥奪其職務令服勞役之制度，本書卷三武帝紀下載永初元年六月詔云：「亡官失爵，禁錮奪勞，一依舊准。」南齊書卷二高帝紀下載建元元年四月詔云：「亡官失爵，禁錮奪勞，一依舊典。」陳書卷二高祖紀下載高祖即位詔云：「亡官失爵，禁錮奪勞，一依舊典。」是其例。

〔三〕南徐州刺史永嘉王子仁爲中軍將軍　「南」字原闕，據本書卷七前廢帝紀、卷八〇孝武十四王永嘉王子仁傳補。

〔四〕壬申以尚書左僕射王景文爲尚書僕射　「尚書左僕射」，建康實録卷一四、通鑑卷一三〇宋紀永光元年作「尚書右僕射」。按本書卷七前廢帝紀、卷七七顔師伯傳、卷八五王景文傳皆云王景文於景和元年（即永光元年、泰始元年）爲尚書右僕射。又本書卷五七蔡廓傳附蔡興宗傳：「廢帝横尸在太醫閤口，興宗謂尚書右僕射王景文曰（下略）」是王景文於前廢帝被殺時，任尚書右僕射不變。疑「尚書左僕射」爲「尚書右僕射」之訛。

〔五〕癸酉　原作「壬午」，據建康實録卷一四改。按是月庚申朔，十三日壬申，十六日乙亥。此詔在十三日壬申後，十六日乙亥前，則作「癸酉」是。

〔六〕詳悉條奏　「詳」，原作「許」，據册府卷二一三改。

〔七〕晉陵太守袁標　「袁標」，原作「袁摽」，據本書卷七〇袁淑傳改。按本書卷八三吴喜傳、卷八四鄧琬傳、孔覬傳、南史卷三宋本紀下、建康實録卷一四、通鑑卷一三一宋紀泰始二年皆作「袁標」。袁標爲袁淑之子，見本書袁淑傳。

〔八〕吏部尚書蔡興宗爲尚書右僕射　「右僕射」，原作「左僕射」，據南史卷三宋本紀下、建康實録卷一四改。按本書卷五七蔡廓傳附蔡興宗傳、卷八四袁顗傳、卷八五王景文傳皆云蔡興宗時爲右僕射。又本書卷二六天文志四云泰始二年，「尚書右僕射蔡興宗以熒惑犯右執法，自解，不許」。興宗以熒惑犯右執法而自解，則是時所任必爲右僕射。

〔九〕建武將軍吴喜公率諸軍破賊於吴吴興會稽　「吴喜公」，原作「吴嘉公」，據局本、南史卷三宋本紀下改。按本書卷八三吴喜傳，吴喜「本名喜公」，時假建武將軍東討。

〔一〇〕輔國將軍劉勔前鋒西討　「西討」，原作「南討」，據南史卷三宋本紀下改。按劉勔時攻壽陽，當云「西討」。

〔一一〕撫軍將軍殷孝祖攻赭圻死之以輔國將軍沈攸之代爲南討前鋒　「將軍殷孝祖攻赭圻死之以輔國」十三字原闕，據南史卷三宋本紀下補。時殷孝祖爲撫軍將軍。事見本書卷七四沈攸之傳、卷八六殷孝祖傳。

〔二〕葬崇憲皇太后於脩寧陵　「脩寧陵」，原作「攸寧陵」，據本書卷四一后妃文帝路淑媛傳、南史卷三宋本紀下改。

〔三〕以仇池太守楊僧嗣爲北秦州刺史武都王　「楊僧嗣」，原作「楊僧副」，據局本、本書卷九八氐胡傳、南史卷三宋本紀下、建康實録卷一四、通鑑卷一三一宋紀泰始二年改。殿本考證：「『僧副』，南史作『僧嗣』。按氐胡傳，泰始二年所封正是僧嗣，乃元和之從弟也，當從南史。」

〔四〕以建安王休仁世子伯融爲豫州刺史　「豫州」，本書卷七二文九王始安王休仁傳、册府卷二七九作「南豫州」。

〔五〕以吴郡太守顧覬之爲湘州刺史　「顧覬之」，原作「顧顗之」，據本書卷八一顧覬之傳改。

〔六〕曲赦揚徐二州　「徐」，建康實録卷一四作「南徐」，疑作「南徐」是。按本書卷七前廢帝紀景和元年十一月：「壬寅，立皇后路氏，四廂奏樂。赦揚、南徐二州。」是其例。

〔七〕出獻納貢　「出」，册府卷一九八作「來」。

〔八〕夫秉機詢政　「夫秉」，原作「矢」，據册府卷二一二訂正。

〔九〕劉勔克壽陽豫州平　「劉勔」，原作「劉緬」，據南監本、北監本、汲本、殿本、局本改。按劉勔克壽陽事見本書卷八六劉勔傳。

〔一〇〕以輔國將軍劉靈遺爲梁南秦二州刺史　「劉靈遺」，原作「劉靈道」，據本卷下文及本書卷八四鄧琬傳改。

〔二一〕以游擊將軍垣閎爲益州刺史　「垣閎」，原作「垣閬」，據南監本改。按本書卷五〇垣護之傳，垣閬大明三年已爲竟陵王誕所殺。本書卷九後廢帝紀云元徽元年「十一月丙子，以散騎常侍垣閎爲徐州刺史」，即此人。垣閎事見本書卷八七殷琰傳。

〔二二〕以御史中丞羊希爲廣州刺史　「羊希」，原作「羊南」，據本書卷五四羊玄保傳，兄子希時由御史中丞出爲廣州刺史。今改正。下同改，不另出校。

〔二三〕以尚書右僕射蔡興宗爲安西將軍郢州刺史　「右僕射」，原作「左僕射」。按蔡興宗是時所任當是右僕射，今改正。參見本卷校勘記〔八〕。

〔二四〕立桂陽王休範第二子德嗣爲廬陵王　「德嗣」，原作「德副」，據南監本、局本、南史卷三宋本紀下改。

〔二五〕珍奇子超越爲北冀州刺史　按本書卷八六劉勔傳，超越爲「輔國將軍、北豫州刺史，潁川汝陽闕二字三郡太守」。今以潁川、汝陽二郡之地理位置度之，超越所任，或以北豫州爲是。孫彪考論卷一：「劉勔傳，超越爲北豫州刺史，非北冀州。」

〔二六〕左光禄大夫車騎將軍護軍將軍王玄謨薨　「左光禄大夫」，原作「右光禄大夫」，據局本、本書卷七六王玄謨傳、南史卷三宋本紀下改。按本卷上文云王玄謨爲左光禄大夫，南史卷三宋本紀下、建康實録卷一四亦云泰始二年九月王玄謨爲左光禄大夫。

〔二七〕以軍司馬劉靈遺爲梁南秦二州刺史　「軍司馬」不辭，「軍」上當脱一字，蓋爲某將軍府之司馬也。孫虨考論卷一：「『軍』上脱一字。」

〔二八〕南譙太守孫奉伯爲交州刺史　「南譙」，原作「譙南」，據汲本、局本、本書卷三六州郡志二乙正。

〔二九〕復減郡縣田禄之半　「田禄」，原作「田租」，據建康實録卷一四改。按普減國内田租之半，決非財政所能承受，當是減削郡縣官吏田禄之半。

〔三〇〕丙申東海王禕改封廬江王　「丙申」二字原闕，據南史卷三宋本紀下、建康實録卷一四補。按是月丙子朔，二十一日丙申。

〔三一〕五月乙未　「乙未」，疑爲「乙巳」之訛。按是月乙巳朔，無乙未。下有十九日癸亥。四月三十日甲辰，以張辯爲廣州刺史，次日即五月初一日乙巳，又曲赦廣州，於情勢爲合。

〔三二〕以南康相劉勃爲交州刺史　張森楷校勘記：「劉勔傳，有弟敳，泰始中，爲寧朔將軍、交州刺史，於道遇病卒。『勃』、『敳』形近，當即一人。」

〔三三〕以輔國將軍沈文靖爲東青州刺史　「沈文靖」，本書卷八八沈文秀傳、魏書卷五〇慕容白曜傳、通鑑卷一三二宋紀泰始四年作「沈文靜」。

〔三四〕尋劫制科罪　「劫」，原作「刼」。孫虨考論卷一：「當云『劫制』，『刼』字誤。」按孫説是，今據改。

〔三五〕立晉平王休祐子宣曜爲南平王　「立」字原闕，據南史卷三宋本紀下、建康實録卷一四補。

〔三六〕息事衡樊　「息」，原作「自」，據册府卷二一三、卷六四五改。

〔三七〕輔師將軍孟次陽爲兖州刺史　「孟次陽」，原作「孟陽」，據本書卷八七殷琰傳、卷九四阮佃夫傳補正。

〔三八〕以征北大將軍南徐州刺史桂陽王休範爲中書監中軍將軍揚州刺史　「中軍將軍」，原作「中將軍」，據本書卷七九文五王桂陽王休範傳補正。

〔三九〕輔師將軍建安王世子伯融爲廣州刺史　「伯融」，原作「融」，據本書卷七二文九王始安王休仁傳、建康實録卷一四補正。

〔四〇〕征西將軍荆州刺史巴陵王休若進號征西大將軍　「征西將軍」，原作「征南大將軍」，據南史卷三宋本紀下、建康實録卷一四訂正。孫彪考論卷一：「荆州不以南爲號，據休若傳，是征西將軍，『大』字衍。」

〔四一〕開府儀同三司　「開府儀同三司」上，南史卷三宋本紀下、建康實録卷一四有「及征南大將軍江州刺史桂陽王休範並」十六字。

〔四二〕新除吏部尚書褚淵爲尚書右僕射　「右僕射」，原作「左僕射」，據局本、南齊書卷二三褚淵傳、南史卷三宋本紀下、建康實録卷一四改。按下文云泰豫元年四月「尚書右僕射褚淵爲護軍將軍」，可證。

〔四三〕冬十一月戊午　「十一月」，原作「十月」，據建康實録卷一四改。按十月丙戌朔，無戊午。十一月乙卯朔，初四日戊午。

〔四四〕以右衛將軍張興世爲雍州刺史　「張興世」，原作「張興」，據本書卷五〇張興世傳補正。按本書張興世傳云張興世時由左衛將軍轉雍州刺史。

〔四五〕於華林園芳堂講周易　「芳堂」，建康實録卷一四作「茅堂」，御覽卷一二八引沈約宋書作「茆堂」，册府卷一九二作「含芳堂」。按本書卷八九袁粲傳：「六年，上於華林園茅堂講周易。」疑作「茅堂」是。

〔四六〕改騧爲馬邊瓜　原作「改騧爲邊瓜」，殿本作「改騧邊爲瓜」，魏書卷九七島夷劉裕傳、南史卷三宋本紀下作「改騧馬字爲馬邊瓜」，建康實録卷一四作「改騧馬字爲馬傍作瓜」。今據局本補正。

〔四七〕職局以之坐者數十人　「坐」下，魏書卷九七島夷劉裕傳、南史卷三宋本紀下、建康實録卷一四有「死」字。

〔四八〕使文士爲文詞祝策　「使」，原作「及」，據南監本、殿本、局本、册府卷二一八改。

〔四九〕並日料禄奉　魏書卷九七島夷劉裕傳作「普斷禄奉」，南史卷三宋本紀下、通鑑卷一三三宋紀泰始七年作「並斷禄奉」。

〔五〇〕列見衆篇　「列」，三朝本、南監本、北監本、汲本、殿本、局本作「別」。張元濟校勘記：「所見處不止一篇，故當云『列』。」

宋書卷九

本紀第九

後廢帝

廢帝諱昱，字德融，小字慧震，明帝長子也。大明七年正月辛丑，生於衞尉府〔一〕。太宗諸子在孕，皆以周易筮之，即以所得之卦爲小字，故帝字慧震，其餘皇子亦如之。泰始二年，立爲皇太子。三年，始制太子改名昱。安車乘象輅。六年，出東宫。又制太子元正朝賀，服衮冕九章衣。

泰豫元年四月己亥，太宗崩。庚子，太子即皇帝位，大赦天下。尚書令袁粲、護軍將軍褚淵共輔朝政。乙巳，以護軍將軍張永爲右光禄大夫，撫軍將軍安成王爲揚州刺史。

己酉，特進、右光禄大夫劉遵考改爲左光禄大夫。

五月丁巳，以吴興太守張岱爲益州刺史。戊辰，緣江戍兵老疾者，悉聽還。班劍依舊入殿。

六月壬辰，詔曰：「夫興王經制，寔先民隱，方求廣教，刑於四維。朕以眇眇，夙膺寶歷，永言民政，未接聽覽，眷言乃顧，無忘鑒寐。可遣大使分行四方，觀採風謠，問其疾苦。令有咈民，法不便俗者，悉各條奏。若守宰威恩可紀，廉勤允著，依事騰聞。如獄訟誣枉，職事紕繆，惰公存私，害民利己者，無或隱昧。廣納芻輿之議，博求獻藝之規。巡省之道，務令精洽，深簡行識，俾若朕親覽焉。」又詔曰：「夫寢夢期賢，往誥垂美，物色求良，前書稱盛。朕以沖昧，嗣膺寶業，思仰述聖猷，勉弘政道，興言多士，常想得人。可普下牧守，廣加搜採。其有孝友聞族，義讓光閭，或匿名屠釣，隱身耕牧，足以整厲澆風，扶益淳化者，凡厥一善，咸無遺逸。虚輪佇帛，俟聞嘉薦。」京師雨水，詔賑卹二縣貧民。乙巳，尊皇后曰皇太后，立皇后江氏。

秋七月戊辰，崇拜帝所生陳貴妃爲皇太妃。

閏月丁亥，罷宋安郡還屬廣興。己丑，割南豫州南汝陰郡屬西豫州，西豫州廬江郡屬豫州。甲辰，以新除征西將軍、開府儀同三司、荆州刺史蔡興宗爲中書監、光禄大夫〔一〕，安西將軍、郢州刺史沈攸之爲鎮西將軍、荆州刺史，南徐州刺史劉秉爲平西將軍、郢州刺史，新除太常建平王景素爲鎮軍將軍、南徐州刺史。

八月戊午，新除中書監、左光禄大夫、開府儀同三司蔡興宗薨。

冬十月辛卯〔三〕，撫軍將軍劉韞有罪免官。辛未，護軍將軍褚淵母憂去職。

十一月己亥，新除平西將軍、郢州刺史劉秉爲尚書左僕射。辛丑，護軍將軍褚淵還攝本任。芮芮國、高麗國遣使獻方物。

十二月，索虜寇義陽。丁巳，司州刺史王瞻擊破之。

元徽元年春正月戊寅朔，改元，大赦天下。壬寅，詔曰：「夫緩法昭恩，裁風茂典，蠲憲貸眚，訓俗彝義。朕臨馭宸樞，賓制氓寓，式存寬簡，思孚矜惠。今開元肆宥，萬品惟新，凡茲流斥，宜均弘洗。自元年以前貽罪徙放者，悉聽還本。」

二月乙亥，以晉熙王燮爲郢州刺史。

三月丙申，以撫軍長史何恢爲廣州刺史。婆利國遣使獻方物。戊戌，以前淮南太守劉靈遺爲南豫州刺史。

夏五月辛卯，以輔師將軍李安民爲司州刺史。丙申，河南王遣使獻方物。

六月壬子，以越州刺史陳伯紹爲交州刺史〔四〕。乙卯，特進、左光禄大夫劉遵考卒。壽陽大水，己未，遣殿中將軍賑卹慰勞。丙寅，以左軍將軍孟次陽爲兗州刺史。

秋七月丁丑，散騎常侍顧長康、長水校尉何翌之表上所撰諫林，上自虞舜，下及晉武，凡十二卷。

八月辛亥，詔曰：「分方正俗，著自虞册，川谷異制，焕乎姬典。故井遂有辨，閭伍無雜，用能七教克宣，八政斯序。雖綿代殊軌，沿革異儀，或民懷遷俗，或國尚興徙，漢陽列燕、代之豪，關西熾齊、楚之族，並通籍新邑，即居成舊。洎金行委御，禮樂南移，中州黎庶，襁負揚、越。聖武造運，道一閎區，貽長世之規，申土斷之制。而夷險相因，盈晦遞襲，歲饉凋流，戎役惰散，違鄉寓境，漸至繁積。宜式遵鴻軌，以爲永憲，庶阜俗昌民，反風定保。夷胥山之險，澄瀚海之波，括河圖於九服，振玉軔於五都矣。」祕書丞王儉表上所撰七志三十卷〔五〕。京師旱。甲寅，詔曰：「頃比亢序奪度，留熏爣晷，有傷秋稼，方貽民瘼。朕以眇疚，未弘政道，囹圄尚繁，枉滯猶積，夕厲晨矜，每惻于懷。尚書令可與執法以下，就訊衆獄，使冤訟洗遂，困弊昭蘇。頒下州郡，咸令無壅。」癸亥，鎮軍將軍、南徐州刺史建平王景素進號鎮北將軍。庚午，陳留王曹銑薨。

九月壬午，詔曰：「國賦氓税，蓋有恒品，往屬戎難，務先軍實，徵課之宜，或乖昔准。

湘、江二州，糧運偏積，調役既繁，庶徒彌擾。因循權政，容有未革，民單力弊，歲月愈甚。永言矜歎，情兼宵寐。可遣使到所，明加詳察。其輸違舊令，役非公限者，並即蠲改，具條以聞。」丁亥，立衡陽王嶷子伯玉爲南平王。

冬十月壬子，以撫軍司馬王玄載爲梁、南秦二州刺史。癸酉，割南兗州之鍾離、豫州之馬頭，又分秦郡、梁郡、歷陽置新昌郡，立徐州。

十一月丙子，以散騎常侍垣閎爲徐州刺史。丁丑，尚書令袁粲母喪去職。

十二月癸卯朔，日有蝕之。乙巳，司空、江州刺史桂陽王休範進位太尉，尚書令袁粲還攝本任，加號衞將軍。癸亥，立前建安王世子伯融爲始安縣王。丙寅，河南王遣使獻方物。

二年春正月庚子，以右光禄大夫張永爲征北將軍、南兗州刺史。

二月己巳，加護軍將軍褚淵中軍將軍。

三月癸酉，以左衞將軍王寬爲南豫州刺史。

夏四月癸亥，詔曰：「頃列爵敍勳，銓榮酬義，條流積廣，又各淹闕。歲往事留，理至逋壅，在所參差，多違甄飭。賞未均洽，每疚厥心。可悉依舊准，並下注職。」

五月壬午〔六〕，太尉、江州刺史桂陽王休範舉兵反〔七〕。庚寅，内外戒嚴。加中領軍劉勔鎮軍將軍，加右衞將軍齊王平南將軍，前鋒南討，出屯新亭。征北將軍張永屯白下，前南兗州刺史沈懷明戍石頭，衞將軍袁粲、中軍將軍褚淵入衞殿省。壬辰，賊奄至，攻新亭壘。齊王拒擊，大破之。越騎校尉張敬兒斬休範。賊黨杜黑蠡、丁文豪分軍向朱雀航〔八〕，劉勔拒賊敗績，力戰死之。右軍將軍王道隆奔走遇害。張永潰於白下，沈懷明自石頭奔散。甲午〔九〕，撫軍典籤茅恬開東府納賊〔一〇〕，賊入屯中堂。羽林監陳顯達擊大破之。丙申，張敬兒等破賊於宣陽門、莊嚴寺、小市，進平東府城，梟擒羣賊。賞賜封爵各有差。丁酉，詔京邑二縣埋藏所殺賊，并戰亡者，復同京城。是日解嚴，大赦天下，文武賜位一等。戊戌，原除江州逋債，其有課非常調、役爲民蠹者，悉皆蠲停。詔曰：「頃國賦多蹇，公儲罕給。近治戎雖淺，而軍費已多，廩藏虚罄，難用馭遠。宜矯革淫長，務在節儉。其供奉服御，悉就減撤，雕文靡麗，廢而勿脩。凡諸游費，一皆禁斷，外可詳爲科格。」荆州刺史沈攸之、南徐州刺史建平王景素、郢州刺史晉熙王燮、湘州刺史王僧虔、雍州刺史張興世並舉義兵赴京師。己亥，以第七皇弟友爲江州刺史。芮芮國遣使獻方物。

六月庚子，以平南將軍齊王爲中領軍、鎮軍將軍、南兗州刺史。癸卯，晉熙王燮遣軍剋尋陽，江州平。戊申，以淮南太守任農夫爲豫州刺史，右將軍、南豫州刺史王寛進號平西將軍。壬戌，改輔師將軍還爲輔國。

秋七月庚辰，立第七皇弟友爲邵陵王。辛巳，以撫軍司馬孟次陽爲兗州刺史。乙酉，鎮西將軍、荆州刺史沈攸之進號征西大將軍，鎮北將軍、南徐州刺史建平王景素進號征北將軍〔一〕，並開府儀同三司。征虜將軍、郢州刺史晉熙王燮進號安西將軍，前將軍、湘州刺史王僧虔進號平南將軍。

八月辛酉，以征虜行參軍劉延祖爲寧州刺史。

九月壬辰，以游擊將軍呂安國爲兗州刺史。丁酉，以尚書令、新除衞將軍袁粲爲中書監，即本號開府儀同三司，領司徒，加護軍將軍褚淵尚書令，撫軍將軍、揚州刺史安成王進號車騎將軍。

冬十月庚申，以新除侍中王蘊爲湘州刺史。甲子，以游擊將軍陳顯達爲廣州刺史。

十一月丙戌，御加元服，大赦天下。賜民男子爵一級；爲父後及三老孝悌力田者爵二級；鰥寡孤獨篤癃不能自存者，穀人五斛〔二〕；年八十以上，加帛一匹。大酺五日；賜王公以下各有差。

十二月癸亥，立第八皇弟躋爲江夏王，第九皇弟贊爲武陵王。

三年春正月辛巳，車駕親祠南郊、明堂。

三月丙寅，河南王遣使獻方物。己巳，以車騎將軍張敬兒爲雍州刺史〔一三〕。其日，京師大水，遣尚書郎官長檢行賑賜。

閏月戊戌，詔曰：「頃民俗滋弊，國度未殷，歲時屢饔，編户不給。且邊虞尚警，徭費彌繁，永言夕惕，寢興增疚。思弘豐秏之制，以惇約素之風，庶待蓄拯民，以康治道。太官珍膳，御府麗服，諸所供擬，一皆減撤，可詳爲其格，務從簡衷。」

夏四月，遣尚書郎到諸州檢括民户，窮老尤貧者，蠲除課調；丁壯猶有生業，隨宜寬申；貲財足以充限者，督令洗畢。丙戌，車駕幸中堂聽訟。

六月癸未，北國使至。兼司徒袁粲、尚書令褚淵並固讓。

秋七月庚戌，以粲爲尚書令。壬戌，以給事黄門侍郎劉懷珍爲豫州刺史。

八月庚子〔一四〕，加護軍將軍褚淵中書監。

九月丙辰，征西大將軍河南王吐谷渾拾寅進號車騎大將軍。

冬十月丙戌，高麗國遣使獻方物。

十二月乙丑，以冠軍將軍姚道和爲司州刺史。

四年春正月己亥，車駕躬耕籍田，大赦天下。賜力田爵一級，貸貧民糧種。壬子，以梁、南秦二州刺史王玄載爲益州刺史。

二月壬戌，以步兵校尉范柏年爲梁、南秦二州刺史。丁卯，加金紫光禄大夫王琨特進。

夏五月，以寧朔將軍武都王楊文度爲北秦州刺史。乙未，尚書右丞虞玩之表陳時事曰：

天府虛散，垂三十年。江、荆諸州，税調本少，自頃以來，軍募多乏。其穀帛所入，折供文武。豫、兗、司、徐，開口待哺，西北戎將，裸身求衣。委輸京都，蓋爲寡薄。天府所資，唯有淮、海。民荒財單，不及曩日。而國度引費，四倍元嘉。二衞臺坊人力，五不餘一；都水材官朽散，十不兩存。備豫都庫，材竹俱盡；東西二堈，塼瓦雙匱。敕令給賜，悉仰交市。尚書省舍，日就傾頹，第宅府署，類多穿毁。視不遑救，知不暇及。尋所入定調，用恒不周，既無儲畜，理至空盡。積弊累秏，鍾於今日。昔歲奉敕，課以揚、徐衆逋，凡入米穀六十萬斛，錢五千餘萬，布絹五萬匹〔一五〕，雜物在外，賴此相贍，故得推移。即今所懸轉多，興用漸廣，深懼供奉頓闕，軍器輟功，將士飢怨，百官奪禄。署府謝雕麗之器，土木停緹紫之容，國戚無以贍，勳求無以給。如愚管所慮，不月則歲矣。經國遠謀，臣所不敢言，朝夕祇勤，心存於匪懈。起伏震遽，事屬冒聞。伏願陛下留須臾之鑒，垂永代之計，發不世之詔，施必行之典。則泯祇齊懽，高卑同泰。帝優詔答之。庚戌，以驍騎將軍曹欣之爲徐州刺史。

六月乙亥，加鎮軍將軍齊王尚書左僕射。

秋七月戊子，征北將軍、南徐州刺史建平王景素據京城反。己丑，内外纂嚴。遣驍騎將軍任農夫、冠軍將軍黄回北討〔一六〕，鎮軍將軍齊王總統衆軍。曲赦南徐州。始安王伯融、都鄉侯伯猷賜死。辛卯，南豫州刺史段佛榮統前鋒馬步衆軍〔一七〕。甲午，軍主、左軍將軍張保戰敗見殺〔一八〕。黄回等至京城，與景素諸軍戰，連破之。乙未，剋京城，斬景素，同逆皆伏誅。其日解嚴。丙申，大赦天下，封賞各有差。原京邑二縣元年以前逋調。辛丑，以武陵王贊爲南徐州刺史。

八月丁卯，立第十皇弟翽爲南陽王，第十一皇弟嵩爲新興王，第十二皇弟禧爲始建王。庚午，以給事黄門侍郎阮佃夫爲南豫州刺史。乙酉，以行青、冀二州刺史劉善明爲青、冀二州刺史。

九月丁亥，割郢州之隨郡屬司州。戊子，驍騎將軍高道慶有罪，賜死。己丑，車騎將軍、揚州刺史安成王進號驃騎大將軍、開府儀同三司，安西將軍、郢州刺史晉熙王燮進號鎮西將軍。

冬十月辛酉，以吏部尚書王僧虔爲尚書右僕射。宕昌王梁彌機爲安西將軍、河涼二州刺史。丙寅，中書監、護軍將軍褚淵母憂去職。十一月庚戌，詔攝本任。

五年春二月壬申，以建寧太守柳和爲寧州刺史。

四月甲戌，豫州刺史阮佃夫、步兵校尉申伯宗、朱幼謀廢立，佃夫、幼下獄死，伯宗伏誅。

五月己亥，以左軍將軍沈景德爲交州刺史，驍騎將軍全景文爲南豫州刺史〔一九〕。丙午，以屯騎校尉孫曇瓘爲越州刺史。

六月甲戌，誅司徒左長史沈勃、散騎常侍杜幼文、游擊將軍孫超之、長水校尉杜叔文，大赦天下。

七月戊子夜，帝殞於仁壽殿，時年十五。己丑，皇太后令曰：

衞將軍、領軍、中書監、八座：昱以冢嫡，嗣登皇統，庶其體識日弘，社稷有寄。豈意窮凶極悖，自幼而長，善無細而不違，惡有大而必蹈。前後訓誘，常加隱蔽，險戾難移，日月滋甚。棄冠毁冕，長襲戎衣，犬馬是狎，鷹隼是愛，皂歷軒殿之中，韝緤宸扆之側。至乃單騎遠郊，獨宿深野，手揮矛鋋，躬行刳斮，白刃爲弄器，斬害爲恒務。捨交戟之衞，委天畢之儀，趨步闤闠，酣謌壚肆，宵遊忘反，宴寢營舍，奪人子女，掠人財物，方筴所不書，振古所未聞。沈勃儒士，孫超功臣，幼文兄弟，並豫勳効，四人無罪，一朝同戮。飛鏃鼓劍，孩稚無遺，屠裂肝腸，以爲戲謔，投骸江流，以爲懽笑。又淫費無度，帑藏空竭，横賦關河，專充別蓄，黔庶嗷嗷，厝生無所。吾與其所生每厲以義方，遂謀酖毒，將騁凶忿。沈憂假日，慮不終朝。自昔辛、癸，爰及幽、厲，方之於此，未譬萬分。民怨既深，神怒已積，七廟阽危，四海褫氣。

廢昏立明，前代令範，況迺滅義反道，天人所棄，釁深牧野，理絶桐宫。故密令蕭領軍潛運明略，幽顯協規，普天同泰。驃騎大將軍安成王體自太宗，天挺淹叡，風神凝遠，德映在田。地隆親茂，皇曆攸歸，億兆係心，含生屬望。宜光奉祖宗，臨享萬國。便依舊典，以時奉行。未亡人追往傷懷，永言感絶。

太后又令曰：「昱窮凶極暴，自取灰滅，雖曰罪招，能無傷悼。棄同品庶，顧所不忍。可特追封蒼梧郡王。」葬丹陽秣陵縣郊壇西。

初昱在東宫，年五六歲時，始就書學，而惰業好嬉戲，主帥不能禁。好緣漆帳竿，去地丈餘，如此者半食久，乃下。年漸長，喜怒乖節，左右有失旨者，輒手加撲打。徒跣蹲踞，以此爲常。主帥以白太宗，上輒敕昱所生，嚴加捶訓。及嗣位，内畏太后，外憚諸大臣，猶未得肆志。自加元服，變態轉興，内外稍無以制。三年秋冬間，便好出遊行，太妃每乘青篋車，隨相檢攝。昱漸自放恣，太妃不復能禁。單將左右，棄部伍，或十里、二十里，或入市里，或往營署，日暮乃歸。四年春夏，此行彌數。自京城剋定，意志轉驕，於是無日不出。與左右人解僧智、張五兒恒相馳逐，夜出，開承明門，夕去晨反，晨出暮歸。從者並執鋋矛，行人男女，及犬馬牛驢，值無免者。民間擾懼，晝日不敢開門，道上行人殆絕。常著小袴褶，未嘗服衣冠。或有忤意，輒加以虐刑。有白棓數十枚，各有名號，鍼椎鑿鋸之徒，不離左右。嘗以鐵椎椎人陰破，左右人見之有斂眉者，昱大怒，令此人袒胛正立，以矛刺胛洞過。於耀靈殿上養驢數十頭，所自乘馬，養於御牀側。先是民間訛言，謂太宗不男，陳太妃本李道兒妾，道路之言，或云道兒子也。昱每出入去來，常自稱「劉統」，或自號李將軍〔二〇〕。與右衛翼輦營女子私通，每從之遊，持數千錢，供酒肉之費。阮佃夫腹心人張羊爲佃夫所委信。佃夫敗，叛走，後捕得，昱自於承明門以車轢殺之。杜延載、沈勃、杜幼文、孫超，皆躬運矛鋋，手自臠割。執幼文兄叔文於玄武湖北，昱馳馬執矟，自往刺之。制露車一乘，其上施篷，乘以出入，從者不過數十人。羽儀追之恒不及；又各慮禍，亦不敢追尋，唯整部伍，别在一處瞻望而已。凡諸鄙事，過目則能，鍛鍊金銀，裁衣作帽，莫不精絶。未嘗吹篪，執管便韻。天性好殺，以此爲懽，一日無事，輒慘慘不樂。内外百司，人不自保，殿省憂遑，夕不及旦。

齊王順天人之心，潛圖廢立，與直閤將軍王敬則謀之。七月七日，昱乘露車，從二百許人，無復鹵簿羽儀，往青園尼寺，晚至新安寺就曇度道人飲酒。醉，夕扶還於仁壽殿東阿氈幄中卧。時昱出入無恒，省内諸閤，夜皆不閉。且羣下畏相逢值，無敢出者。宿衞並逃避，内外無相禁攝。王敬則先結昱左右楊玉夫、楊萬年、吕欣之、湯成之、陳奉伯、張石留、羅僧智、鍾千載、嚴道福、雷道賜、戴昭祖、許啓、戚元寶、盛道泰、鍾千秋、王天寶、公上延孫、俞成、錢道寶、馬敬之、陳寶直、吴璩之、劉印魯、唐天寶、俞孫等二十五人，謀共取昱。其夕，敬則出外，玉夫見昱醉熟無所知，乃與萬年同入氈幄内，以昱防身刀斬之。奉伯提昱首，依常行法，稱敕開承明門出，以首與敬則，馳至領軍府，以首呈齊王。王乃戎服，率左右數十人，稱行還，開承明門入。昱他夕每開門，門者震慴不敢視，至是弗之疑。齊王既入，曉，乃奉太后令奉迎安成王。

史臣曰：喪國亡家之主，雖適末同途，發軫或異也。前廢帝卑遊褻幸，皆龍駕帝飾，傳警清路，蒼梧王則藏璽懷紱，魚服忘反，危冠短服，匹馬孤征。至於殞身覆祚，其理若一。姬、夏之隆，質文異尚，亡國之道，其亦然乎。

校勘記

〔一〕生於衞尉府 「生」，原作「王」，據三朝本、南監本、北監本、汲本、殿本、局本、南史卷三宋本紀下、建康實録卷一四、御覽卷三六二引徐爰宋書、册府卷一八二改。

〔二〕以新除征西將軍開府儀同三司荆州刺史蔡興宗爲中書監光禄大夫 「光禄大夫」，本書卷五七蔡廓傳作「左光禄大夫」。按本卷下文、本書卷五七蔡廓傳附蔡興宗傳載蔡興宗卒後詔、南史卷三宋本紀下皆云蔡興宗卒時爲左光禄大夫。疑「光禄大夫」上脱「左」字。

〔三〕冬十月辛卯 下有辛未。按是月庚戌朔，二十二日辛未，無辛卯。

〔四〕以越州刺史陳伯紹爲交州刺史 張森楷校勘記：「按明帝紀，泰始五年，伯紹爲交州刺史。七年，置越州。南齊書州郡志云，元徽二年，陳伯紹爲越州刺史，當即指此。此當是以交州刺史陳伯紹爲越州刺史，刻訛互倒。」

〔五〕祕書丞王儉表上所撰七志三十卷 「三十卷」，南齊書卷二三王儉傳、南史卷二二王曇首傳附王儉傳作「四十卷」。

〔六〕五月壬午 「壬午」，原作「壬子」，據局本、南史卷三宋本紀下、建康實録卷一四、通鑑卷一三三宋紀元徽二年改。按是月辛未朔，十二日壬午，無壬子。

〔七〕太尉江州刺史桂陽王休範舉兵反　「王」字原闕，據三朝本、南監本、北監本、汲本、殿本、局本補。

〔八〕賊黨杜黑蠡丁文豪分軍向朱雀航　「杜黑蠡」，本書卷七九文五王傳、建康實録卷一四作「杜墨蠡」，通鑑卷一三三宋紀元徽二年作「杜黑騾」，魏書卷九七島夷劉裕傳作「杜墨騾」。朱季海南齊書校議：「沈、蕭以黑騾名鄙，故以黑蠡字代之耳。裴、魏從質，爲得其實。通鑑從裴，是也。」又云：「墨、黑義同，大氐河朔謂之墨，江南謂之黑。故沈、蕭云杜黑蠡，魏書作杜墨騾。」

〔九〕甲午　原作「戊午」，據局本、南史卷三宋本紀下、建康實録卷一四改。是月辛未朔，二十四日甲午，無戊午。

〔一〇〕撫軍典籤茅恬開東府納賊　「撫軍」，南史卷三宋本紀下、南齊書卷一高帝紀上作「車騎」，建康實録卷一四作「護軍」。通鑑卷一三三宋紀元徽二年：「撫軍長史褚澄開東府納南軍。」考異：「宋書作撫軍典籤茅恬開東府納賊，南齊書作車騎典籤茅恬，蓋皆爲褚澄諱耳。今從宋略。」按是時撫軍將軍爲安成王準，準以揚州刺史鎮東府，澄爲其軍府元佐，故休範軍至，澄乃令開東府門耳。今既委過茅恬，則作「撫軍典籤」是。

〔一一〕鎮北將軍南徐州刺史建平王景素進號征北將軍　「南」字原闕，據本書卷七二文九王建平王景素傳補。

〔三〕殺人五斛　「人」字原闕，據册府卷二〇七補。

〔三〕以車騎將軍張敬兒爲雍州刺史　「車騎將軍」，通鑑卷一三三宋紀元徽三年作「驍騎將軍」。按南齊書卷二五張敬兒傳、南史卷四五張敬兒傳皆云張敬兒爲雍州刺史前「除驍騎將軍，加輔國將軍」。疑「車騎」爲「驍騎」之訛。

〔四〕八月庚子　按是月癸亥朔，無庚子。

〔五〕布絹五萬匹　「匹」，原作「四」，據南監本、北監本、汲本、殿本、局本、册府卷四七一改。

〔六〕冠軍將軍黄回北討　「冠軍將軍」，原作「領軍將軍」，據局本、南史卷三宋本紀下、建康實録卷一四改。按本書卷八三黄回傳，黄回時爲冠軍將軍。

〔七〕南豫州刺史段佛榮統前鋒馬步衆軍　「南豫州」，原作「豫州」，據通鑑卷一三四宋紀元徽四年補正。按本書卷七二文九王建平王景素傳、卷八四鄧琬傳附段佛榮傳皆記時段佛榮爲南豫州刺史。據本書卷三六州郡志二，時南豫州治歷陽。段佛榮傳載段佛榮時兼「歷陽太守」，則其必爲南豫州刺史。「段佛榮」，原作「殿佛榮」，據殿本、局本、本書建平王景素傳、通鑑卷一三四宋紀元徽四年改。

〔八〕左軍將軍張保戰敗見殺　「左軍將軍」，本書卷七二文九王建平王景素傳、通鑑卷一三四宋紀元徽四年作「右軍將軍」。按本書建平王景素傳、通鑑卷一三四皆云是時李安民爲左軍將軍。疑張保所任爲「右軍將軍」。

〔一九〕驍騎將軍全景文爲南豫州刺史 「驍騎」，原作「驃騎」，據南齊書卷二九呂安國傳附全景文傳改。

〔二〇〕常自稱劉統或自號李將軍 「劉統」，局本、本書卷四一后妃明帝陳貴妃傳、魏書卷九七島夷劉裕傳、南史卷一一后妃傳上皆作「李統」。按自稱「李統」，方與「自號李將軍」相應，後廢帝自以爲非劉氏子，故自稱「李統」。南齊書卷三四劉休傳：「蒼梧王亦非帝子，陳太妃先爲李道兒妾，故蒼梧微行，嘗自稱爲李郎焉。」

宋書卷十

本紀第十

順帝

順皇帝諱準，字仲謀〔一〕，小字智觀，明帝第三子也。泰始五年七月癸丑生。七年，封安成王，食邑三千户。仍拜撫軍將軍，置佐史〔二〕。廢帝即位，爲揚州刺史。元徽二年，進號車騎將軍、都督揚南豫二州諸軍事，給鼓吹一部，刺史如故。四年，又進號驃騎大將軍、開府儀同三司，班劍三十人，都督、刺史如故。

元徽五年七月戊子夜，廢帝殞，奉迎王入居朝堂。壬辰，即皇帝位。

昇明元年，改元，大赦天下，賜文武位二等。甲午，鎮軍將軍齊王出鎮東城，輔政作相。丙申，詔曰：「露臺息構，義光漢德；雉裘焚制，事隆晉道。故以檢奢軌化，敦儉馭俗。頃甸服未靜，師旅連年，委蓄屢空，勞敝莫偃。而丹雘之飾，糜耗難訾，寶賂之費，徵賦靡計。今車服儀制，寔宜約損，使徽章有序，勿得侈溢。可罷省御府二署。凡工麗彫鐫，傷風毀治，一皆禁斷。庶永昭憲則，弘茲始政。」征西大將軍、荆州刺史沈攸之進號車騎大將軍、開府儀同三司，尚書左僕射、中領軍、鎮軍將軍、南兗州刺史齊王爲司空、録尚書事、驃騎大將軍，刺史如故，中書令、衞將軍、開府儀同三司，撫軍將軍劉秉爲尚書令，加中軍將軍〔三〕，鎮西將軍、郢州刺史晉熙王燮爲撫軍將軍、揚州刺史〔四〕，南陽王翽爲郢州刺史。辛丑，尚書右僕射王僧虔爲尚書僕射，右衞將軍劉韞爲中領軍，金紫光禄大夫王琨爲右光禄大夫。給司空齊王錢五百萬，布五千匹。癸卯，車駕謁太廟。丙午，以安西參軍明慶符爲青、冀二州刺史，武陵王贊爲郢州刺史，新除郢州刺史南陽王翽爲湘州刺史，司空、南兗州刺史齊王改領南徐州刺史，征虜將軍李安民爲南兗州刺史。

雍州大水，八月壬子，遣使賑卹，蠲除税調。以驃騎長史劉澄之爲南豫州刺史。山陽太守于天寶、新吴縣子秦立有辠，下獄死。戊午，改平準署。辛酉，以宣城太守李靈謙爲兗州刺史。癸亥，司徒袁粲鎮石頭〔五〕。丁卯，原除元年以前逋調；復郡縣禄田。戊辰，崇拜帝所生陳昭華爲皇太妃。庚午，司空長史謝朏、衞軍長史江斆、中書侍郎褚炫、武陵王文學劉候入直殿省〔六〕，參侍文義。齊王固讓司空，庚辰，以爲驃騎大將軍、開府儀同三司。

九月己丑，詔曰：「昔聖王既没，淳風已衰，龜書永湮，龍圖長祕。故三代之末，德刑相擾，世淪物競，道陂人詖。然猶正士比轂，奇才接軫。朕襲運金樞，纂靈瑶極，負扆巡政，日晏忘疲，永言興替，望古盈慮。姬、夏典載，猶傳緗帙，漢、魏餘文，布在方册。故元封興茂才之制，地節搠獨行之品。振維務本，存乎得人。今可宣下州郡，搜揚幽仄，摽采鄉邑，隨名薦上。朕將親覽，甄其茂異。庶野無遺彦，永激遐芬。」己酉，廬陵王暠薨。

冬十一月己酉〔七〕，倭國遣使獻方物。丙午，員外散騎侍郎胡羨生行越州刺史，以交州刺史沈景德爲廣州刺史。

十二月丁巳，以驍騎將軍王廣之爲徐州刺史。車騎大將軍、荆州刺史沈攸之舉兵反。丁卯，録公齊王入守朝堂，侍中蕭嶷鎮東府。戊辰，内外纂嚴。己巳，以郢州刺史武陵王贊爲安西將軍、荆州刺史，征虜將軍、雍州刺史張敬兒進號鎮軍將軍。右衞將軍黄回爲平西將軍、郢州刺史，督諸軍前鋒南討。征虜將軍吕安國爲湘州刺史，都官尚書王寬加平西將軍。庚午，新除左衞將軍齊王世子奉新除撫軍將軍、揚州刺史晉熙王燮鎮尋陽之盆城。壬申，以驍騎將軍周盤龍爲廣州刺史。是日，司徒袁粲據石頭反，尚書令劉秉、黄門侍郎劉述、冠軍王藴率衆赴之。黄回及輔國將軍孫曇瓘、屯騎校尉王宜興、輔國將軍任候伯、左軍將軍彭文之密相響應。中領軍劉韞、直閤將軍卜伯興在殿内同謀。録公齊王誅韞等於省内。軍主蘇烈、王天生、薛道淵、戴僧靜等陷石頭，斬粲於城内。秉、述、藴踰城走，追擒之，並伏誅。其餘無所問。豫州刺史劉懷珍、雍州刺史張敬兒、廣州刺史陳顯達並舉義兵。司州刺史姚道和、梁州刺史范柏年、湘州行事庾佩玉擁衆懷貳。甲戌，大赦天下。乙亥，以尚書僕射王僧虔爲尚書左僕射，新除中書令王延之爲尚書右僕射。吴郡太守劉遐據郡反，輔國將軍張瓌討斬之。

閏月辛巳，屯騎校尉王宜興有辠伏誅。癸巳，沈攸之攻圍郢城，前軍長史柳世隆固守。攸之弟登之作亂於吴興，吴興太守沈文季討斬之〔八〕。己亥，内外戒嚴，假録公齊王黄鉞。辛丑，寧朔將軍、北秦州刺史武都王楊文度進號征西將軍〔九〕。乙巳，録公齊王出頓新亭。

二年春正月，沈攸之遣將公孫方平據西陽，辛酉，建寧太守張謨擊破之。丁卯，沈攸之自郢城奔散。己巳，華容縣民斬送之。左將軍、豫州刺史劉懷珍進號平南將軍。辛未，鎮軍將軍、雍州刺史張敬兒克江陵，斬攸之子元琰〔一〇〕，荆州平，同逆皆伏誅。丙子，解嚴。

以新除侍中柳世隆爲尚書右僕射。是日，録公齊王旋鎮東府。丁丑，以江州刺史邵陵王友爲安南將軍、南豫州刺史〔一一〕。左衛將軍齊王世子爲江州刺史，侍中蕭嶷爲領軍〔一二〕，鎮軍將軍、雍州刺史張敬兒進號征西將軍，平西將軍、郢州刺史黄回進號鎮西將軍。

二月庚辰，以尚書左僕射王僧虔爲尚書令，尚書右僕射王延之爲尚書左僕射。癸未，録公齊王加授太尉，衞將軍褚淵爲中書監、司空。甲申，曲赦荆州。丙戌，撫軍將軍、揚州刺史晉熙王燮進號中軍將軍、開府儀同三司。戊子，蠲雍州緣沔居民前被水災者租布三年。辛卯，郢州刺史、新除鎮西將軍黄回爲鎮北將軍、南兖州刺史〔一三〕，南兖州刺史李安民爲郢州刺史。癸巳，以山陰令傅琰爲益州刺史。丙申，左軍將軍彭文之有辠，下獄死。行湘州事任候伯殺前湘州行事庾佩玉，傳首京邑。

三月庚戌，以廣州刺史周盤龍爲司州刺史，輔國將軍劉悛爲廣州刺史。丙子，給太尉齊王羽葆、鼓吹。

夏四月己卯，以游擊將軍垣崇祖爲兖州刺史。辛卯，新除鎮北將軍、南兖州刺史黄回有辠賜死。甲午，輔國將軍、淮南宣城二郡太守蕭映行南兖州刺史。

五月戊午，倭國王武遣使獻方物，以武爲安東大將軍。輔國將軍、行湘州事任候伯有辠伏誅。

六月己丑，以前新會太守趙超民爲交州刺史。丁酉，以輔國將軍楊文弘爲北秦州刺史、武都王。

八月辛卯，太尉齊王表斷奇飾麗服，凡十有四條〔一四〕。乙未，以江州刺史齊王世子爲領軍將軍、撫軍將軍。丙申，以領軍蕭嶷爲江州刺史。

九月乙巳朔，日有蝕之。丙午，加太尉齊王黄鉞、都督中外諸軍事、太傅，領揚州牧，劍履上殿，入朝不趨，贊拜不名。置左右長史、司馬、從事中郎、掾、屬各四人。中軍將軍、揚州刺史晉熙王燮爲司徒。戊申，行南兗州刺史蕭映爲南兗州刺史。甲寅，給太傅齊王三望車。己未，芮芮國遣使獻方物。癸酉，武陵内史張澹有辠，下獄死。

冬十月丁丑，寧朔將軍、淮南宣城二郡太守蕭晃爲豫州刺史。孫曇瓘先逃亡，己卯，擒獲，伏誅。壬寅，立皇后謝氏，減死辠一等，五歲刑以下悉原。

十一月壬子〔一五〕，立故武昌太守劉琨息頒爲南豐縣王。癸亥，臨澧侯劉晃謀反，晃及黨與皆伏誅。甲子，改封南陽王翽爲隨郡王，改隨陽郡。

十二月丙戌，皇后見于太廟。戊子，高麗國遣使獻方物。

三年春正月甲辰，以江州刺史蕭嶷爲鎮西將軍、荆州刺史，尚書左僕射王延之爲安南將軍、江州刺史。安西長史蕭順之爲郢州刺史。乙卯，太傅齊王表諸負官物質役者，悉原除。辛亥，以驍騎將軍王玄邈爲梁、南秦二州刺史。領軍將軍、撫軍將軍齊王世子加尚書僕射，進號中軍大將軍、開府儀同三司。丙辰，加太傅齊王前部羽葆、鼓吹。丁巳，詔太傅府依舊辟召。以征西將軍、雍州刺史張敬兒爲護軍將軍，新除給事黃門侍郎蕭長懋爲雍州刺史〔一六〕。

二月丙子，安南將軍、南豫州刺史邵陵王友薨。

三月癸卯朔，日有蝕之。甲辰，崇太傅爲相國，總百揆，封十郡，爲齊公，備九錫之禮，加璽紱遠游冠，位在諸王上，加相國綠綟綬，其驃騎大將軍、揚州牧、南徐州刺史如故。丙午，以中軍大將軍蕭賾爲南豫州刺史〔一七〕、齊公世子，副貳相國，綠綟綬。庚戌，臨川王綽謀反，綽及黨與皆伏誅。丁巳，以齊國初建，給錢五百萬，布五千匹，絹千匹。

夏四月壬申，進齊公爵爲齊王，增封十郡。甲戌，安西將軍武陵王贊薨。丙戌，命齊王冕十有二旒，建天子旌旗，出警入蹕，乘金根車，駕六馬，備五時副車，置旄頭雲罕，樂儛八佾，設鐘簴宮縣。進世子爲太子，王子、王女、王孫爵命之號，壹如舊儀。辛卯，天禄永終，禪位于齊。壬辰，帝遜位于東邸〔一八〕。既而遷居丹陽宮。齊王踐阼，封帝爲汝陰王，待以不臣之禮。行宋正朔，上書不爲表，答表不爲詔。

建元元年五月己未，殂于丹陽宫，時年十三〔一九〕。謚曰順帝。六月乙酉，葬于遂寧陵。

史臣曰：聖王膺録，自非接亂承微，則天曆不至也。自三五以來，受命之主，莫不乘淪亡之極，然後符樂推之運。水德遷謝，其來久矣，豈止於區區汝陰揖禪而已哉！

校勘記

〔一〕字仲謀　「仲謀」，文選卷五八王儉褚淵碑李善注引沈約宋書、南史卷三宋本紀下、御覽卷一二八引沈約宋書作「仲謨」。

〔二〕七年封安成王食邑三千户仍拜撫軍將軍置佐史　本書卷八明帝紀云泰始七年七月「庚午，以第三皇子準爲撫軍將軍」，七年八月「戊戌，立第三皇子準爲安成王」，記劉準爲撫軍將軍在封安成王前。與此所載異。

〔三〕中書令衛將軍開府儀同三司撫軍將軍劉秉爲尚書令加中軍將軍　按據李慈銘札記、孫虨考論，並參考南史卷三宋本紀下、本書卷八九袁粲傳、南齊書卷二三褚淵傳，「中書令」當作「尚書令」，「衛將軍」下似脱「袁粲爲中書監領司徒中書監褚淵爲衛將軍並」十九字。

〔四〕鎮西將軍郢州刺史晉熙王燮爲撫軍將軍揚州刺史　「鎮西」，原作「安西」。按本書卷九後廢帝紀，晉熙王燮元徽二年七月由征虜將軍進號安西將軍，四年九月進號鎮西將軍，本書卷七二文九王晉熙王昶傳附劉燮傳亦云燮元徽四年由安西將軍進號鎮西將軍。今改正。

〔五〕司徒袁粲鎮石頭　「司徒」，原作「司空」，據南史卷三宋本紀下、建康實録卷一四改。按時袁粲爲司徒，蕭道成爲司空，見本書卷八九袁粲傳、南齊書卷一高帝紀上。

〔六〕武陵王文學劉候入直殿省　「劉候」，南監本、北監本、殿本作「劉侯」，册府卷二〇六作「劉俁」。

〔七〕冬十一月己酉　「己酉」，建康實録卷一四作「丁酉」。按下有丙午，是月辛巳朔，二十六日丙午，二十九日己酉。己酉不當在丙午前。疑作「丁酉」是。

〔八〕吴興太守沈文季討斬之　「沈文季」，原作「沈文李」，南監本、北監本、汲本、殿本、局本作「沈文秀」。按沈文秀明帝世守青州，已爲北魏所俘。此吴興太守乃沈文季。南齊書卷四四沈文季傳可證。今據改。

〔九〕寧朔將軍北秦州刺史武都王楊文度進號征西將軍　「楊文度」，原作「楊文慶」，據本書卷九八氐胡傳改。

〔一〇〕斬攸之子元琰　「元琰」，原作「光琰」，據本書卷七四沈攸之傳、南齊書卷一高帝紀上、卷二五張敬兒傳、南史卷三七沈慶之傳附沈攸之傳、卷四五張敬兒傳、通鑑卷一三四宋紀昇明元年、建康實録卷一四改。

〔二〕以江州刺史邵陵王友爲安南將軍南豫州刺史　「南豫州」，原作「豫州」，據本書卷九〇明四王邵陵殤王友傳補正。本卷下文及南史卷三宋本紀下載昇明三年二月邵陵王友薨時爲南豫州刺史，是其證。孫虨考論卷一：「『豫州』上當有『南』字。」

〔三〕侍中蕭嶷爲領軍　按南齊書卷二二豫章文獻王傳、通鑑卷一三四宋紀昇明元年皆記沈攸之亂平後，蕭嶷遷中領軍。

〔三〕郢州刺史新除鎮西將軍黄回爲鎮北將軍南兗州刺史　「鎮西」，原作「鎮南」。按爲郢州刺史者不以南爲號，本卷上文云昇明二年正月「平西將軍、郢州刺史黄回進號鎮西將軍」，今據改。本書卷八三黄回傳：「沈攸之反，以回爲使持節、督郢州司州之義陽諸軍事、平西將軍、郢州刺史，（中略）進號鎮西將軍，（中略）改都督南兗徐兗青冀五州諸軍事、鎮北將軍、南兗州刺史。」黄回正月始由平西進號鎮西，二月即改號鎮北，故曰「新除」。

〔四〕凡十有四條　南史卷四齊本紀上、南齊書卷一高帝紀上、通鑑卷一三四宋紀昇明二年並作「凡十七條」。

〔五〕十一月壬子　「十一月」，原作「十二月」，據局本、南史卷三宋本紀下改。按下出「十二月」，此作「十一月」是。是月甲辰朔，初九日壬子。

〔六〕新除給事黄門侍郎蕭長懋爲雍州刺史　「蕭長懋」，原作「蕭諱」，蓋避蕭長懋諱，今回改作

「蕭長懋」。下同改，不另出校。

〔七〕以中軍大將軍蕭賾爲南豫州刺史　「蕭賾」，原作「諱」，蓋避蕭賾諱，今回改作「蕭賾」。下同改，不另出校。

〔八〕帝遜位于東邸　「東邸」，原作「東郊」，據局本、南史卷三宋本紀下、御覽卷一二八引沈約宋書改。按本書卷四一后妃傳、魏書卷九七島夷劉裕傳、南齊書卷一高帝紀上並云順帝遜位於東邸。

〔九〕建元元年五月己未殂于丹陽宮時年十三　「殂」，原作「徂」，據局本、南史卷一一后妃上明恭王皇后傳、御覽卷一二八引沈約宋書改。按卷首云帝「泰始五年七月癸丑生」，泰始五年值公元四六九年，至建元元年（四七九）卒時當爲十一歲。

宋書卷十一

志第一

志序　律曆上

左史記言，右史記事，事則春秋是也，言則尚書是也。至於楚書、鄭志、晉乘、楚杌之篇，皆所以昭述前史〔一〕，俾不泯於後。司馬遷制一家之言，始區別名題，至乎禮儀刑政，有所不盡，乃於紀傳之外，剏立八書，片文隻事，鴻纖備舉。班氏因之，靡違前式，網羅一代，條流遂廣。律曆禮樂，其名不變，以天官爲天文，改封禪爲郊祀，易貨殖、平準之稱，革河渠、溝洫之名，；綴孫卿之辭，以述刑法，采孟軻之書，用序食貨。劉向鴻範，始自春秋，劉歆七略，儒墨異部，朱贛博采風謠，尤爲詳洽，固並因仍，以爲三志。而禮樂疏簡，所漏者多，典章事數，百不記一。天文雖爲該舉，而不言天形，致使三天之説，紛然莫辨。是故蔡邕於朔方上書，謂宜載述者也。

漢興，接秦阬儒之後[二]，典墳殘缺，耆生碩老，常以亡逸爲慮。劉歆七略，固之藝文，蓋爲此也。河自龍門東注，橫被中國，每漂決所漸，寄重災深，堤築之功，勞役天下。且關、洛高塏，地少川源，是故鎬、酆、潦、潏，咸入禮典。漳、滏、鄭、白之饒，溝渠沾溉之利，皆民命所祖，國以爲天，溝洫立志，亦其宜也。世殊事改，於今可得而略。

竊以班氏律曆，前事已詳，自楊偉改創景初，而魏書闕志。及元嘉重造新法，大明博議回改，自魏至宋，宜入今書。

班固禮樂、郊祀，馬彪祭祀、禮儀，蔡邕朝會，董巴輿服，並各立志。夫禮之所苞，其用非一，郊祭朝饗，匪云別事，旗章服物，非禮而何？今總而裁之，同謂禮志。刑法、食貨，前説已該，隨流派別，附之紀傳。樂經殘缺，其來已遠，班氏所述，政抄舉樂記，馬彪後書，又不備續。至於八音衆器，並不見書，雖略見世本，所闕猶衆。爰及雅鄭，謳謡之節，一皆屏落，曾無概見。郊廟樂章，每隨世改，雅聲舊典，咸有遺文。又案今鼓吹鐃哥，雖有章曲，樂人傳習，口相師祖，所務者聲，不先訓以義。今樂府鐃哥，校漢、魏舊曲，曲名時同，文字永異，尋文求義，無一可了。不知今之鐃章，何代曲也。今志自郊廟以下，凡諸樂章，非淫哇之辭，並皆詳載。

天文、五行，自馬彪以後，無復記録。何書自黄初之始，徐志肇義熙之元。今以魏接漢，式遵何氏。然則自漢高帝五年之首冬，暨宋順帝昇明二年之孟夏，二辰六沴，甲子無差。聖帝哲王，咸有瑞命之紀，蓋所以神明寶位，幽贊禎符，欲使逐鹿弭謀，窺覬不作，握河括地，緑文赤字之書，言之詳矣。爰逮道至天而甘露下，德洞地而醴泉出，金芝玄秬之祥，朱草白鳥之瑞，斯固不可誣也。若夫衰世德爽，而嘉應不息，斯固天道茫昧，難以數推。亦由明主居上，而震蝕之災不弭；百靈咸順，而懸象之應獨違。今立符瑞志，以補前史之闕。

地理參差，事難該辨，魏、晉以來，遷徙百計，一郡分爲四五，一縣割成兩三，或昨屬荆、豫，今隸司、兖，朝爲零、桂之士，夕爲廬、九之民，去來紛擾，無暫止息，版籍爲之渾淆，職方所不能記。自戎狄内侮，有晉東遷，中土遺氓，播徙江外，幽、并、冀、雍、兖、豫、青、徐之境，幽淪寇逆。自扶莫而裏足奉首，免身於荆、越者，百郡千城，流寓比室。人佇鴻鴈之哥，士蓄懷本之念，莫不各樹邦邑，思復舊井。既而民單户約，不可獨建，故魏邦而有韓邑，齊縣而有趙民。且省置交加，日回月徙，寄寓遷流，迄無定託，邦名邑號，難或詳書。大宋受命，重啓邊隙，淮北五州，翦爲寇境，其或奔亡播遷，復立郡縣，斯則元嘉、泰始，同名異實。今以班固、馬彪二志，晉、宋起居，凡諸記注，悉加推討，隨條辨析，使悉該詳。

百官置省，備有前説，尋源討流，於事爲易。元嘉中，東海何承天受詔纂宋書，其志十五篇，以續馬彪漢志，其證引該博者，即而因之，亦由班固、馬遷共爲一家者也。其有漏闕，及何氏後事，備加搜采，隨就補綴焉。淵流浩漫，非孤學所盡；足蹇途遥，豈短策能運。雖斟酌前史，備覩妍嗤，而愛嗜異情，取捨殊意，每含毫握簡，杼軸忘飡，終不足與班、左並馳，董、南齊轡。庶爲後之君子削藁而已焉。

黄帝使伶倫自大夏之西，阮隃之陰，取竹之嶰谷生，其竅厚均者，斷兩節間而吹之，以爲黄鍾之宫〔三〕。制十二管，以聽鳳鳴，以定律吕。夫聲有清濁，故協以宫商；形有長短，故檢以丈尺；器有大小，故定以斛斗；質有輕重，故平以鈞石。故虞書曰：「乃同律、度、量、衡。」然則律吕，宫商之所由生也。

夫樂有器有文，有情有官。鍾鼓干戚，樂之器也；屈伸舒疾，樂之文也；「論倫無患，樂之情也；欣喜歡愛，樂之官也。」「是以君子反情以和志，廣樂以成教，故能情深而文明，氣盛而化神，和順積中，而英華發外。」故曰：「樂者，心之動也；聲者，樂之象也。」周禮曰：「乃奏黃鍾，哥大呂，舞雲門，以祀天神。乃奏太蔟，哥應鍾，舞咸池，以祭地祇。」四望山川先祖，各有其樂。又曰：「圜鍾爲宮，黃鍾爲角，太蔟爲徵〔四〕，姑洗爲羽，雷鼓雷鼗，孤竹之管，雲和之琴瑟，雲門之舞，冬日至，於地上之圜丘奏之。若樂六變，則天神皆降，可得而禮矣。」地祇人鬼，禮亦如之。其可以感物興化，若此之深也。

「道始於一，一生二，二生三，三而九。故黃鍾之數六，分而爲雌雄十二鍾。鍾以三成，故置一而三之，凡積分十七萬七千一百四十七，爲黃鍾之實。故黃鍾位子，主十一月，下生林鍾。林鍾之數五十四，主六月，上生太蔟。太蔟之數七十二，主正月，下生南呂。南呂之數四十八，主八月，上生姑洗。姑洗之數六十四，主三月，下生應鍾。應鍾之數四十三，主十月，上生蕤賓。蕤賓之數五十七，主五月，上生大呂。大呂之數七十六，主十二月，下生夷則。夷則之數五十一〔五〕，主七月，上生夾鍾。夾鍾之數六十七，主二月，下生無射。無射之數四十五，主九月，上生中呂。中呂之數六十，主四月，極不生。極不生，鍾律不能復相生。宮生徵，徵生商，商生羽，羽生角，角生姑洗，姑洗生應鍾，不比於正音，故爲和〔六〕。姑洗三月，應鍾十月，不與正音比，故爲和。和，從聲也〔七〕。應鍾生蕤賓，蕤賓不比於正音，故爲繆。繆，音相干也。周律故有繆、和，爲武王伐紂七音也。日冬至，音比林鍾浸以濁；日夏至，音比黃鍾浸以清。以十二月律應二十四時。甲子，中呂之徵也；丙子，夾鍾之羽也；戊子，黃鍾之宮也；庚子，無射之商也；壬子，夷則之角也。」

「古人爲度量輕重，皆生乎天道。黃鍾之律長九寸，物以三生，三三九，三九二十七，故幅廣二尺七寸，古之制也。音以八相生，故人長八尺，尋自倍，故八尺而爲尋。有形即有聲，音之數五，以五乘八，五八四十尺爲匹。匹者，中人之度也，一匹爲制。秋分而禾穮定，穮，禾穗芒也。穮定而禾孰。律之數十二，故十二穮而當一粟，十二粟而當一寸〔八〕。律以當辰，音以當日。日之數十，故十寸而爲尺，十尺爲丈。其以爲重，十二粟而當一分，十二分而當一銖，十二銖而當半兩。衡有左右，因而倍之，故二十四銖而當一兩。天有四時，以成一歲，因而四之，四四十六，故十六兩而一斤。三月而一時，三十日一月，故三十斤而爲一鈞。四時而一歲，故四鈞而一石。」「其爲音也，一律而生五音，十二律而爲六十音；因而六之，六六三十六，故三百六十音以當一歲之日。故律曆之數，天地之道也。下生者倍，以三除之；上生者四，以三除之。」

揚子雲曰：「聲生於日，謂甲己爲角，乙庚爲商，丙辛爲徵，丁壬爲羽，戊癸爲宮。律生於辰，謂子爲黃鍾，丑爲大呂之屬。聲以情質，質，正也。各以其行本情爲正也。律以和聲，當以律管鍾均，和其清濁之聲。聲律相協，而八音生。協，和。宮、商、角、徵、羽，謂之五聲。金、石、匏、革、絲、竹、土、木，謂之八音。聲和音諧，是謂五樂。」

夫陰陽和則景至，律氣應則灰除。是故天子常以冬夏至御前殿，合八能之士，陳八音，聽樂均，度晷景，候鍾律，權土炭，効陰陽。冬至陽氣應，則樂均清，景長極，黄鍾通，土炭輕而衡仰〔九〕。夏至陰氣應，則樂均濁，景短極，蕤賓通，土炭重而衡低。進退於先後五日之中，八能各以候狀聞。太史令封上。効則和，否則占。候氣之法，爲室三重，户閉，塗釁周密，布緹幔。室中以木爲案，每律各一，内庳外高，從其方位，加律其上。以葭莩灰布其内端，案曆而候之。氣至者灰動。其爲氣所動者其灰散，人及風所動者，其灰聚〔一〇〕。殿中候，用玉律十二。唯二至乃候靈臺，用竹律六十〔一一〕。取弘農宜陽縣金門山竹爲管，河内葭莩爲灰〔一二〕。

三代陵遲，音律失度。漢興，北平侯張蒼始定律曆。孝武之世，置協律之官。元帝時，郎中京房知五音六十律之數，受學於小黄令焦延壽。其下生、上生，終於中吕，而十二律畢矣。中吕上生執始，執始下生去滅，終於南事，而六十律畢矣。夫十二律之變至於六十，猶八卦之變至於六十四也。宓羲作易，紀陽氣之初，以爲律法。建日冬至之聲，以黄鍾爲宫，太蔟爲商，沽洗爲角，林鍾爲徵，南吕爲羽，應鍾爲變宫，蕤賓爲變徵。此聲氣之元，五音之正也。故各統一日。其餘以次運行，當日者各自爲宫，而商角徵羽以類從焉。

禮運篇曰：「五聲、六律、十二管還相爲宮。」此之謂也。以六十律分一朞之日，黄鍾自冬至始，及冬至而復，陰陽寒燠風雨之占於是生焉。房又曰：「竹聲不可以度調，故作準以定數。準之狀如瑟，長丈而十三弦，隱間九尺，以應黄鍾之律九寸；中央一弦，下有畫分寸，以爲六十律清濁之節。」房言律詳於歆所奏〔三〕，其術施行於史官，候部用之。續漢志具載其律準度數。

漢章帝元和元年，待詔候鍾律殷肜上言：「官無曉六十律以準調音者，故待詔嚴嵩具以準法教子男宣，願召宣補學官，主調樂器。」詔曰：「嵩子學審曉律，别其族，協其聲者，審試。不得依託父學，以聾爲聰。聲微妙，獨非莫知，獨是莫曉，以律錯吹，能知命十二律不失一，乃爲能傳嵩學耳。」試宣十二律，其二中，其四不中，其六不知何律，宣遂罷。自此律家莫能爲準。靈帝熹平六年，東觀召典律者太子舍人張光等問準意。光等不知。歸閲舊藏，乃得其器，形制如房書，猶不能定其絃緩急。音不可書以曉人〔四〕，知之者欲教而無從，心達者體知而無師，故史官能辨清濁者遂絶。其可以相傳者，唯候氣而已。

舊律度	新律度	舊律分	新律分新律小分母三十六〔五〕
黄鍾九寸	九寸	十七萬七千一百四十七	十七萬七千一百四

			十七
林鍾六寸	六寸一釐	十一萬八千九十八	十一萬八千二百九十六二十五
太簇八寸	八寸二釐	十五萬七千四百六十四	十五萬七千八百六十一十四
南呂五寸三分三釐少強〔一六〕	五寸三分六釐少強	十萬四千九百七十六	十萬五千五百七十二三
姑洗七寸一分一釐強	七寸一分五釐強〔一七〕	十三萬九千九百六十八	十四萬七百六十二二十八
應鍾四寸七〔一八〕	四寸七分九釐強	九萬三千三百一十二	九萬四千三百五十七
蕤賓六寸三分二釐強	六寸三分八釐強〔一九〕	十二萬四千四百一十六〔二〇〕	十二萬五千六百八六〔二一〕
大呂八寸四分二釐大強	八寸四分九釐大強	十六萬五千八百八十八	十六萬七千二百七十八三十一

夷則五寸六分一釐大强	五寸七分弱	十一萬五百九十二	十一萬二千一百八十一二十
夾鍾七寸四分九釐少强〔二二〕	七寸五分八釐〔二三〕	十四萬七千四百五十六	十四萬九千二百四十四九
無射四寸九分九釐半弱〔二四〕	五寸九釐半〔二五〕	九萬八千三百四	十萬二百九十三十四
中呂六寸六分六釐弱	六寸七分七釐	十三萬一千七十二	十三萬三千二百五十七二十三〔二六〕
黃鍾八寸八分八釐弱	九寸	十七萬四千七百六十二三分之二，不足二千三百八十四，三分之二〔二七〕	十七萬七千一百四十七

論曰：律呂相生，皆三分而損益之。先儒推十二律，從子至亥，每三之，凡十七萬七千一百四十七，而三約之，是爲上生。故漢志云：三分損一，下生林鍾，三分益一，上生太蔟。無射既上生中呂，則中呂又當上生黃鍾，然後五聲、六律、十二管還相爲宮。今上生不及黃鍾實二千三百八十四，九約實一千九百六十八爲一分，此則不周九寸之律一分有奇，豈得還爲宮乎？凡三分益一爲上生，三分損一爲下生，此其大略，猶周天斗分四分之

一耳。京房不思此意，比十二律微有所增，方引而伸之，中呂上生執始，執始下生去滅，至于南事，爲六十律，竟復不合，彌益其疎。班氏所志，未能通律呂本源，徒訓角爲觸，徵爲祉，陽氣施種於黄鍾，如斯之屬，空煩其文，而爲辭費。又推九六，欲符劉歆三統之數，假託非類，以飾其說，皆孟堅之妄矣。

蔡邕從朔方上書，云前漢志但載十二律〔二八〕，不及六十。六律尺寸相生，司馬彪皆已志之。漢末，亡失雅樂，黄初中，鑄工柴玉巧有意思，形器之中，多所造作。協律都尉杜夔令玉鑄鍾，其聲清濁，多不如法。數毁改作，玉甚猒之，謂夔清濁任意。更相訴白於魏王。魏王取玉所鑄鍾，雜錯更試，然後知夔爲精，於是罪玉及諸子，皆爲養馬士〔二九〕。

晉泰始十年〔三〇〕，中書監荀勗、中書令張華，出御府銅竹律二十五具，部太樂郎劉秀等校試，其三具與杜夔及左延年律法同，其二十二具，視其銘題尺寸，是笛律也。問協律中郎將列和，辭：「昔魏明帝時，令和承受笛聲，以作此律，欲使學者別居一坊，哥詠講習，依此律調。至於都合樂時，但識其尺寸之名，則絲竹哥詠，皆得均合。哥聲濁者，用長笛長律；哥聲清者，用短笛短律。凡絃哥調張清濁之制，不依笛尺寸名之，則不可知也。」

勗等奏：「昔先王之作樂也，以振風蕩俗，饗神祐賢〔三一〕，必協律呂之和，以節八音之中〔三二〕。是故郊祀朝宴，用之有制，哥奏分敘，清濁有宜。故曰『五聲十二律，還相爲宮』。

此經傳記籍可得而知者也。如和對辭，笛之長短，無所象則，率意而作，不由曲度。考以正律，皆不相應，吹其聲均，多不諧合。又辭：『先師傳笛，別其清濁，直以長短，工人裁制，舊不依律。』是爲作笛無法。而和寫笛造律[三三]，又令琴瑟哥詠，從之爲正，非所以稽古先哲，垂憲于後者也。謹條牒諸律，問和意狀如左。及依典制，用十二律造笛像十二枚，聲均調和，器用便利。講肄彈擊，必合律呂，況乎宴饗萬國，奏之廟堂者哉！雖伶、夔曠遠，至音難精，猶宜儀形古昔[三四]，以求厥衷，合于經禮，於制爲詳。若可施用，請更部笛工，選竹造作，下太樂、樂府施行[三五]。平議諸杜夔、左延年律可皆留。其御府笛正聲下徵各一具，皆銘題作者姓名。其餘無所施用，還付御府毁。」奏可。

勗又問和：「作笛爲可依十二律作十二笛，令一孔依一律，然後乃以爲樂不？」和辭：「太樂東廂長笛正聲已長四尺二寸，今當復取其下徵之聲；於法，聲濁者笛當長，計其尺寸，乃五尺有餘，和昔日作之，不可吹也。又笛諸孔，雖不校試，意謂不能得一孔輒應一律也。」案太樂，四尺二寸笛正聲均應蕤賓，以十二律還相爲宮，推法下徵之孔，當應律大呂。大呂笛長二尺六寸有奇，不得長五尺餘。令太樂郎劉秀、鄧昊等依律作大呂笛以示和。又吹七律，一孔一校，聲皆相應。然後令郝生鼓筝，宋同吹笛，以爲雜引、相和諸曲。和乃辭曰：「自和父祖漢世以來，笛家相傳，不知此法，而今調均與律相應，實非所及也。」郝生、魯基、种整、朱夏，皆與和同。

又問和：「笛有六孔，及其體中之空爲七。和爲能盡名其宫商角徵不？孔調與不調，以何檢知？」和辭：「先師相傳，吹笛但以作曲相語，爲某曲當與某指，初不知七孔盡應何聲也。若當作笛，其仰尚方笛工，依案舊像訖，但吹取鳴者，初不復校其諸孔調與不調也。」案周禮調樂金石，有一定之聲，是故造鍾磬者，先依律調之，然後施於廂懸。作樂之時，諸音皆受鍾磬之均，即爲悉應律也。至於饗宴殿堂之上，無廂懸鍾磬，以笛有一定調，故諸絃哥皆從笛爲正。是爲笛猶鍾磬，宜必合於律呂。如和所對，直以意造，率短一寸，七孔聲均，不知其皆應何律。調與不調，無以檢正。唯取竹之鳴者，爲無法制。輒令部郎劉秀、鄧昊、王豔、魏邵等與笛工參共作笛〔三六〕，工人造其形，律者定其聲，然後器象有制，音均和協。

又問和：「若不知律呂之義，作樂音均高下清濁之調，當以何名之？」和辭：「每合樂時，隨哥者聲之清濁，用笛有長短。假令聲濁者用三尺二笛，因名曰此三尺二調也。聲清者用二尺九笛，因名曰此二尺九調也。漢、魏相傳，施行皆然。」案周禮奏六樂，乃奏黄鍾，哥大吕；乃奏太蔟，哥應鍾。皆以律吕之義，紀哥奏清濁。而和所稱以二尺三尺爲名，雖漢、魏用之，俗而不典。部郎劉秀、鄧昊等以律作笛，三尺二寸者，應無射之律，若宜用長笛，執樂者曰「請奏無射」。周語曰：「無射所以宣布哲人之令德，示民軌儀也。」二尺八寸四分四釐應黃鍾之律，若宜用短笛，執樂者曰「請奏黃鍾」。周語曰：「黃鍾所以宣養六氣九德也。」是則哥奏之義，當合經禮，考之古典，於制爲雅。

書曰：「予欲聞六律五聲八音，在治忽〔三七〕。」周禮載六律六同。禮記又曰：「五聲十二律，還相爲宮。」劉歆、班固纂律曆志，亦紀十二律。唯京房始創六十律，至章帝時，其法已亡，蔡邕雖追紀其言〔三八〕，亦曰「今無能爲者」。依案古典及今音家所用六十律者，無施於樂。謹依典記，以五聲十二律還相爲宮之法，制十二笛象，記注圖側，如別。省圖，不如視笛之了，故復重作蕤賓伏孔笛。其制云：

黃鍾之笛，正聲應黃鍾，下徵應林鍾，長二尺八寸四分四釐有奇。周語曰：「黃鍾所以宣養六氣九德也。」正聲調法〔三九〕，以黃鍾爲宮，則姑洗爲角。翕笛之聲應姑洗，故以四角之長爲黃鍾之笛也。其宮聲正而不倍，故曰正聲。正聲調法，黃鍾爲宮，第一孔。應鍾爲變宮，第二孔〔四〇〕。南呂爲羽，第三孔。林鍾爲徵，第四孔。蕤賓爲變徵，第五附孔。姑洗爲角，笛體中聲。太蔟爲商。笛後出孔也。商聲濁於角，當在角下，而角聲以在體中，故上其商孔，令在宮上，清於宮也。然則宮商正也，餘聲皆倍也。是故從宮以下，孔轉下轉濁也。此章說笛孔上下次第之名也〔四一〕。下章說律呂相生，笛之制也。正聲調法，黃鍾爲宮，作黃鍾之笛，將求宮孔，以沽洗及黃鍾律從笛首下度之，盡二律之長而爲孔，則得宮聲也。**宮生徵，黃鍾生林鍾也。**以林鍾之律從宮孔下度之，盡律作孔，則得徵聲也。**徵生商，林鍾生太蔟也。**以太蔟律從徵孔上度之，盡律以爲孔，則得商聲也。**商生羽，太蔟生南呂也。**以南呂律從商孔下度之〔四二〕，盡律爲孔，則得羽聲也。**羽生角，南呂生沽洗也。**以沽洗律從羽孔上行度之，盡律而爲孔，則得角聲也。然則出於商孔之上，吹笛者左手所不及也。從羽孔下行度之，盡律而爲孔，亦得角聲，出於變徵附孔之下〔四三〕，則吹者右手所不逮也，故不作角孔。推而下之，復倍其均，是以角聲在笛體中，古之制也。音家舊法，雖一倍再倍〔四四〕，但令均同。適足爲唱和之聲，無害於曲均故也。周語曰，匏竹利制，議宜，謂便於事用從宜者也。**角生變宮，沽洗生應鍾也。**上句所謂當爲角孔而出商上者〔四五〕，墨點識之，以應律也。從此點下行度之，盡律爲孔〔四六〕，則得變宮之聲也。**變宮生變徵，應鍾生蕤賓也。**以蕤賓律從變宮下度之，盡律爲孔，則得變徵之聲。十二笛之制，各以其宮爲主〔四七〕。相生之法，或倍或半，其便事用〔四八〕，例皆一者也。**下徵調法，林鍾爲宮，**第四孔也。本正聲黃鍾之徵。徵清當在宮上，用笛之宜，倍令濁下，故曰下徵。下徵更爲宮者，記所謂「五聲十二律還相爲宮」也〔四九〕。然則正聲調清，下徵調濁也。**南呂爲商，**第三孔也〔五〇〕。本正聲黃鍾之羽，今爲下徵之商。**應鍾爲角，**第二孔也。本正聲黃鍾之變宮，今爲下徵之角也。**黃鍾爲變徵，**下徵之調，林鍾爲宮，大呂當變徵。而黃鍾笛本無大呂之聲，故假用黃鍾以爲變徵也。假用之法：當變徵之聲，則俱發黃鍾及太蔟、應鍾三孔。黃鍾應濁而太蔟清〔五一〕，大呂律在二律之間，俱發三孔而微磑礭之[五二]，則得大呂變徵之聲矣。諸笛下徵調求變徵之法，皆如此。**太蔟爲徵**，笛後出孔，本正聲之商，今爲下徵之徵。**沽洗爲羽**，笛體中翕聲也。本正聲之角，今爲下徵之羽也。**蕤賓爲變宮**，附孔是也。本正聲之變徵也，今爲下徵之變宮也。然則正聲之調，孔轉下轉濁；下徵之調，孔轉上轉清也。**清角之調：以沽洗爲宮**，即是笛體中翕聲也，於正聲爲角，於下徵爲羽。清角之調，乃以爲宮，而哨吹令清，故曰清角。唯得爲宛詩謠俗之曲，不合雅樂也。**蕤賓爲商**，正也。**林鍾爲角**，非正也。**南呂爲變徵**，非正也。**應鍾爲徵**，正也。**黄鍾爲羽**，非正也。**太蔟爲變宮**。非正也。清角之調，唯宮商及徵，與律相應，餘四聲非正者皆濁，一律哨吹令清，假而用之，其例一也。

凡笛體用角律，其長者八之，蕤賓、林鍾也。**短者四之**，其餘十笛，皆四角也。**空中實容，長者十六**，短笛竹宜受八律之黍也[五三]。若長短大小不合於此，或器用不便聲均法度之齊等也。然笛竹率上大下小，不能均齊，必不得已，取其聲均合。**三宮**一曰正聲，二曰下徵，三曰清角。**二十一變也**。宮有七聲，錯綜用之，故二十一變也。諸笛例皆一也。**伏孔四，所以便事用也**。一曰正角，出於商上者也。二曰倍角，近笛下者也。三曰變宮，近於宮孔，倍令下者也。四曰變徵，遠於徵孔，倍令高者也[五四]。或倍或半，或四分一，取則於琴徽也[五五]。四者皆不作其孔而取其度，以應進退上下之法，所以協聲均，便事用也。其本孔隱而不見，故曰伏孔。

大呂之笛：正聲應大呂，下徵應夷則，長二尺六寸六分三釐有奇。周語曰：「元間大呂，助宣物也。」

太蔟之笛：正聲應太蔟，下徵應南呂，長二尺五寸二分八釐有奇〔五六〕。周語曰：「太蔟所以金奏，贊陽出滯也。」

夾鍾之笛：正聲應夾鍾，下徵應無射，長二尺四寸。周語曰：「二間夾鍾，出四隙之細也。」

姑洗之笛：正聲應姑洗，下徵應應鍾，長二尺二寸四分七釐有奇。周語曰：「姑洗所以修潔百物，考神納賓也。」

中呂之笛：正聲應中呂，下徵應黃鍾，長二尺一寸三分三釐有奇〔五七〕。周語曰：「三間中呂，宣中氣也〔五八〕。」

蕤賓之笛：正聲應蕤賓，下徵應大呂，長三尺九寸九分五釐有奇。周語曰：「蕤賓所以安靜神人，獻酬交酢。」變宮近宮孔，故倍半令下〔五九〕，便於用也。林鍾亦如之。

林鍾之笛：正聲應林鍾，下徵應太蔟，長三尺七寸九分二釐有奇〔六〇〕。周語曰：「四間林鍾，和展百事，俾莫不任肅純恪。」

夷則之笛：正聲應夷則，下徵應夾鍾，長三尺六寸。周語曰：「夷則所以詠哥九則〔六一〕，平民無貳也。」變宮之法，亦如蕤賓，體用四角，故四分益一也。

南呂之笛：正聲應南呂，下徵應姑洗，長三尺三寸七分一氂有奇〔六二〕。周語曰：「五間南呂，贊陽秀也。」

無射之笛：正聲應無射，下徵應中呂，長三尺二寸。周語曰：「無射所以宣布哲人之令德，示民軌儀也。」

應鍾之笛：正聲應應鍾，下徵應蕤賓，長二尺九寸九分六氂有奇〔六三〕。周語曰：「六間應鍾，均利器用，俾應復也。」

勗又以魏杜夔所制律呂，檢校太樂、總章、鼓吹八音，與律乖錯。始知後漢至魏，尺度漸長於古四分有餘。夔依爲律呂，故致失韻。乃部佐著作郎劉恭依周禮更積黍起度〔六四〕，以鑄新律。既成，募求古器〔六五〕，得周時玉律，比之不差毫氂。又漢世故鍾，以律命之，不叩而自應。初勗行道，逢趙郡商人縣鐸於牛，其聲甚韻。至是搜得此鐸，以調律呂焉。

晉武帝以勗律與周、漢器合，乃施用之。散騎侍郎阮咸譏其聲高，非興國之音。咸亡後，掘地得古銅尺，果長勗尺四分，時人咸服其妙。

元康中，裴頠以爲醫方民命之急，而稱兩不與古同，爲害特重，宜因此改治權衡。不見省。

黄鍾箱笛，晉時三尺八寸，元嘉九年，太樂令鍾宗之減爲三尺七寸。十四年，治書令史奚縱又減五分，爲三尺六寸五分。列和云：「東箱長笛四尺二寸也。」太蔟箱笛，晉時三尺七寸，宗之減爲三尺三寸七分，縱又減一寸一分，爲三尺二寸六分。姑洗箱笛，晉時三尺五寸，宗之減爲二尺九寸七分，縱又減五分，爲二尺九寸二分。蕤賓箱笛，晉時二尺九寸，宗之減爲二尺六寸，縱又減二分，爲二尺五寸八分。

校勘記

〔一〕皆所以昭述前史　「昭」，原作「照」，據殿本改。

〔二〕漢興接秦阮儒之後　「秦」字原闕，據三朝本、南監本、北監本、汲本、殿本、局本補。又「之後」二字原疊，據三朝本、南監本、北監本、汲本、殿本、局本删。

〔三〕取竹之嶰谷生其竅厚均者斷兩節間而吹之以爲黄鍾之宫　「斷兩節間而吹之」，晉書卷一六律曆志上作「斷兩節間長三寸九分而吹之」，隋書卷一六律曆志上亦云：「傳稱黄帝命伶倫斷竹，長三寸九分，而吹以爲黄鍾之宫。」

〔四〕黄鍾爲角太蔟爲徵　「爲角太蔟」四字原闕，據周禮春官大司樂職文補。

〔五〕夷則之數五十一　「五十一」，原作「五十」，據淮南子天文訓、晉書卷一六律曆志上改。錢寶琮校勘記云：「夷則之數應得五〇·五七。若舉成數言之，當作『五十一』。」

〔六〕不比於正音故爲和　「不」字，淮南子天文訓無。下小字注文「不與正音比」之「不」字，淮南子天文訓亦無。

〔七〕故爲和和從聲也　「故」，原作「效」；「從」，原作「徙」，並據淮南子天文訓改。

〔八〕十二粟而當一寸　原作「一粟而當一寸」，南監本、殿本作「十粟而當一寸」，今據淮南子天文訓改。

〔九〕土炭輕而衡仰　「仰」，原作「卬」，當由「卬」之形似而訛。「卬」、「仰」古今字，續漢書律曆志上、晉書卷一六律曆志上作「仰」，今據改。

〔一〇〕氣至者灰動其爲氣所動者其灰散人及風所動者其灰聚　原作「氣至者次去散人及風所動者其灰聚」，殿本但「次」字作「吹」字，其餘文字並同。字句奪訛，義不可通。續漢書律曆志上、晉書卷一六律曆志上作「氣至者灰去其爲氣所動者其灰散人及風所動者其灰聚」，然下言「其爲氣所動者其灰散」，則上當是「氣至者灰動」。今據續漢志、晉志改，然則改續漢志、晉志之「去」爲「動」。

〔一一〕唯二至乃候靈臺用竹律六十　「靈臺用竹律六十」七字原闕，據續漢書律曆志上補。

〔一二〕取弘農宜陽縣金門山竹爲管河内葭莩爲灰　「爲管河内葭莩」六字原闕，據晉書卷一六律曆志上補。

〔三〕房言律詳於歆所奏　「於歆所奏」四字原闕，據續漢書律曆志上、晉書卷一六律曆志上補。

〔四〕音不可書以曉人　「書以」，原作「以書」，據晉書卷一六律曆志上乙正。

〔五〕新律小分母三十六　「母」，原作「十」，錢寶琮校勘記：「據術當作『新律小分母三十六』。」今據改。

〔六〕南呂五寸三分三釐少强　「三分」，原作「二分」，張文虎舒藝室隨筆卷六：「當作『五寸三分三釐少强』。」錢寶琮校勘記云：「太蔟舊律度八寸，二乘而三除之，正得五寸三分三釐少强也。」今據張、錢二家説改。

〔七〕七寸一分五釐强　「强」，原作「少强」，據律理校算改。

〔八〕應鍾四寸七　殿本、局本作「應鍾四寸七分」，錢寶琮校勘記以爲當作「應鍾四寸七分四釐强」。

〔九〕六寸三分八釐强　「强」，原作「少强」，據律理校算改。

〔一〇〕十二萬四千四百一十六　原作「十二萬四千四三十六」，據續漢書律曆志上改。

〔一一〕十二萬五千六百八六　原作「十二萬五千六八六」。錢寶琮校勘記云：「據術當作『十二萬五千六百八・六』。」今據改。

〔一二〕夾鍾七寸四分九釐少强　錢寶琮校勘記：「小注『少强』當作『少弱』。」

〔一三〕七寸五分八釐　錢寶琮校勘記以爲此下闕「少弱」二字。

〔一四〕無射四寸九分九釐半弱　「半弱」，原作「半强」，錢寶琮校勘記：「小注『半强』當作『半弱』。」

今據改。

〔二五〕五寸九釐半　錢寶琮校勘記：「據術當作『五寸九釐半強』。」

〔二六〕十三萬三千二百五十七二十三　「二十三」，原作「二十五」，據錢寶琮校勘記改。

〔二七〕三分之二不足二千三百八十四三分之一　原作「三分之二分二千四百八十四三分之一」，三朝本作「三分之二分二千二百八十四三分之一」，錢寶琮校勘記：「據術核算，注當作『三分之二，不足二千三百八十四，三分之一』。」今據改。

〔二八〕云前漢志但載十二律　「十二律」，原作「十律」，據漢書卷二一上律曆志上補。

〔二九〕於是罪玉及諸子皆爲養馬士　「士」，原作「主」，據三國志卷二九魏書杜夔傳改。

〔三〇〕晉泰始十年　「泰始」，原作「太始」，據殿本、局本改。下同改，不另出校。

〔三一〕饗神祐賢　「祐」，原作「佐」，據晉書卷一六律曆志上改。

〔三二〕以節八音之中　「中」，原作「用」，據晉書卷一六律曆志上改。

〔三三〕而和寫笛造律　「和」，原作「知」，據晉書卷一六律曆志上改。按和指協律中郎將列和。

〔三四〕猶宜儀形古昔　「儀」字原闕，據晉書卷一六律曆志上補。

〔三五〕下太樂樂府施行　「下」字原闕，據晉書卷一六律曆志上補。

〔三六〕輒令部郎劉秀鄧昊王豔魏邵等與笛工參共作笛　「輒令」，原作「輒」，嚴可均全晉文作「趣令」，今補「令」字。「王豔」二字，原作一字空格，北監本、殿本、局本作二字空格，據晉書卷一六律曆志上補。

〔三七〕在治忽　原作「在治七始」，三朝本、南監本、北監本、汲本、殿本、局本作「在治忽始」，今據尚書益稷改。按晉書卷一六律曆志上亦作「在治忽」。

〔三八〕蔡邕雖追紀其言　「紀」，原作一字空格，三朝本、南監本、北監本、汲本、殿本、局本作「古作」二字，今據晉書卷一六律曆志上補。

〔三九〕正聲調法　「正聲」，原作「主聲」，據晉書卷一六律曆志上改。

〔四〇〕應鍾爲變宫第二孔　「第二孔」，原作「第一孔」，據三朝本、南監本、北監本、汲本、殿本、局本、晉書卷一六律曆志上改。

〔四一〕此章說笛孔上下次第之名也　「次第」，原作「太律」，三朝本、南監本、北監本、汲本、殿本、局本作「大律」，今據晉書卷一六律曆志上改。

〔四二〕以南吕律從商孔下度之　「南吕律」下原有「度」字，據晉書卷一六律曆志上删。「商孔」，原作「角孔」，據晉書律曆志上改。

〔四三〕出於變徵附孔之下　「變徵附孔」，原作「附商孔」，晉書卷一六律曆志上作「商附孔」。錢寶琮校勘記云：「當作『出於變徵附孔之下』，變徵附孔，即上文所謂第五孔也。」今據錢說改。

〔四四〕雖一倍再倍　「一倍」，原作「一部」，據南監本、晉書卷一六律曆志上改。按張文虎舒藝室隨筆卷六：「當依晉志作『一倍再倍』。」

〔四五〕上句所謂當爲角孔而出商上者　「商上」，原作「商下」，據晉書卷一六律曆志上改。按張文虎舒藝室隨筆及錢寶琮校勘記並云「商下」當作「商上」。

〔四六〕盡律爲孔　「盡律」二字原闕，據晉書卷一六律曆志上補。

〔四七〕各以其宮爲主　「各」，原作「名」，據晉書卷一六律曆志上改。

〔四八〕其便事用　「便」，原作「使」，據晉書卷一六律曆志上改。

〔四九〕記所謂五聲十二律還相爲宮也　「也」，原作「者」，據晉書卷一六律曆志上改。

〔五〇〕第三孔也　「也」字原闕，據晉書卷一六律曆志上及前後文例補。

〔五一〕黄鍾應濁而太蔟清　錢寶琮校勘記：「句似衍一『應』字。」

〔五二〕俱發三孔而微磑礚之　「微」，原作「徵」，晉書卷一六律曆志上斠注改作「微」。張文虎舒藝室隨筆卷六云：「『徵』當作『微』，晉志亦誤。」按斠注蓋據張氏説改。今改正。

〔五三〕長者十六短笛竹宜受八律之黍也　錢寶琮校勘記：「注與正文不相屬，當有脱誤。」

〔五四〕四曰變徵遠於徵孔倍令高者也　錢寶琮校勘記：「當作『四曰變徵，近於徵孔，半令高者也』。」

〔五五〕取則於琴徽也　「徽」，原作「徵」，據局本改。按張文虎舒藝室隨筆卷六：「『徵』當作『徽』，晉志亦誤。」

〔五六〕長二尺五寸二分八釐有奇　原作「長二尺五寸三分一釐有奇」，錢寶琮校勘記：「『三分一釐』當作『二分八釐』。太簇笛之角爲蕤賓律，其長六寸三分二釐强。四倍之應得二尺五寸二分八釐有奇也。」錢說是，今據改。按張文虎舒藝室隨筆卷六：「分釐數有誤。」

〔五七〕「姑洗之笛正聲應姑洗下徵應應鍾長二尺二寸四分七釐有奇」至「長二尺一寸三分三釐有奇」「寸四分」至「二尺一」四十一字原闕，張文虎舒藝室隨筆卷六：「各笛下並引周語作注，此『姑洗笛』下脱去注文及『中呂笛』一條，而即以中呂笛繫于姑洗笛下，今爲補之，云：『周語曰：「姑洗所以修潔百物，考神納賓也。」此補注「姑洗之笛」下。中呂之笛：正聲應中呂，下徵應黄鍾，長二尺一寸三分三釐有奇。』」按張說是，今據補。

〔五八〕三間中呂宣中氣也　「宣」，原作「宫」，據國語周語下改。按晉書卷一六律曆志上亦作「宣」。

〔五九〕變宫近宫孔故倍半令下　「近宫孔」之「宫」字原闕，據晉書卷一六律曆志上補。「倍」，原作「陪」，據局本、晉書律曆志上改。

〔六〇〕長三尺七寸九分二釐有奇　「二釐」，原作「七釐」，據錢寶琮校勘記改。

〔六一〕夷則所以詠哥九則　「九則」，原作「九州」，據國語周語下改。

〔六二〕長三尺三寸七分一釐有奇　「一釐有奇」四字原闕，晉書卷一六律曆志上作「有奇」，今據錢寶琮校勘記補。

〔六三〕長二尺九寸九分六釐有奇　「二尺」，原作「三尺」，殿本作「五尺」。張文虎舒藝室隨筆卷六、錢寶琮校勘記並云「三尺」當作「二尺」。今據張、錢二家說改。

〔六四〕乃部佐著作郎劉恭依周禮更積黍起度　「乃」，原作「及」，據晉書卷一六律曆志上、隋書卷一六律曆志上改。「佐著作郎」，晉書律曆志上、隋書律曆志上作「著作郎」。

〔六五〕募求古器　「募」，原作「慕」，世說新語術解劉峻注引晉後略：「世祖命中書監荀勗依典制，定鍾律。即鑄律管，募求古器。」今據改。

宋書卷十二

志第二

律曆中

夫天地之所貴者生也，萬物之所尊者人也，役智窮神，無幽不察，是以動作云爲，皆應天地之象。古先聖哲，擬辰極，制渾儀。夫陰陽二氣，陶育羣品，精象所寄，是爲日月。羣生之性，章爲五才，五才之靈，五星是也。曆所以擬天行而序七耀，紀萬國而授人時。黄帝使大撓造六甲，容成制曆象，羲和占日，常儀占月。少昊氏有鳳鳥之瑞，以鳥名官，而鳳鳥氏司曆。顓頊之代，南正重司天，北正黎司地。堯復育重、黎之後，使治舊職，分命羲、和，欽若昊天。故虞書曰：「朞三百有六旬六日，以閏月定四時成歲。」其後授舜，曰：「天之曆數在爾躬。」舜亦以命禹。爰及殷、周二代，皆剏業革制，而服色從之。順其時氣，以應天道，萬物羣生，蒙其利澤。三王既謝，史職廢官，故孔子正春秋以明司曆之過。秦兼天下，自以爲水德，以十月爲正，服色上黑。

漢興，襲秦正朔，北平侯張蒼首言律曆之事，以顓頊曆比於六曆，所失差近。施用至武帝元封七年，太中大夫公孫卿、壺遂、太史令司馬遷等，言曆紀廢壞，宜改正朔，易服色，所以明受之於天也。乃詔遂等造漢曆。選鄧平、長樂司馬可及人間治曆者，二十餘人。方士唐都分天部，落下閎運筭轉曆。其法積八十一寸，則一日之分也。閎與鄧平所治同。於是皆觀星度，日月行，更以筭推，如閎、平法，一月之日二十九日八十一分日之四十三。詔遷用鄧平所造八十一分律曆，以平爲太史丞。至元鳳三年，太史令張壽王上書，以爲元年用黃帝調曆，「今陰陽不調，更曆之過」。詔下主曆使者鮮于妄人與治曆大司農中丞麻光等二十餘人雜候晦朔弦望二十四氣。又詔丞相、御史、大將軍、右將軍史各一人雜候上林清臺，課諸疏密，凡十一家。起三年盡五年。壽王課疏遠。又漢元年不用黃帝調曆，劾壽王逆天地〔一〕，大不敬。詔勿劾。復候，盡六年，太初曆第一。壽王曆乃太史官殷曆也。壽王再劾不服，竟下吏。至孝成時，劉向總六曆，列是非，作五紀論。向子歆作三統曆以說春秋，屬辭比事，雖盡精巧，非其實也。班固謂之密要，故漢曆志述之。校之何承天等六家之曆，雖六元不同，分章或異，至今所差，或三日，或二日數時，考其遠近，率皆六國及秦時人所造。其術斗分多，上不可檢於春秋，下不驗於漢、魏，雖復假稱帝王，祇足以惑時人耳。

光武建武八年，太僕朱浮上言曆紀不正，宜當改治。時所差尚微，未遑考正。明帝永平中，待詔楊岑、張盛、景防等典治曆，但改易加時弦望，未能綜校曆元也。至元和二年，太初失天益遠，宿度相覺浸多，候者皆知日宿差五度，冬至之日在斗二十一度，晦朔弦望，先天一日。章帝召治曆編訢、李梵等綜核意狀〔二〕。遂下詔書稱：「春秋保乾圖曰：『三百年斗曆改憲。』史官用太初鄧平術，有餘分一，在三百年之域，行度轉差，浸以繆錯，琁機不正，文象不稽。冬至之日，日在斗二十一度〔三〕，先立春一日，則四分之立春日也。而以折獄斷大刑，於氣已逆；用望平和，蓋亦遠矣。今改行四分，以遵堯順孔，奉天之文，同心敬授，儻獲咸熙。」於是四分法施行。黃帝以來諸曆以爲冬至在牽牛初者皆黜焉。

和帝永元十四年，待詔太史霍融上言：「官漏刻率九日增減一刻，不與天相應，或時差至二刻半，不如夏曆密。」其年十一月甲寅，詔曰：「漏所以節時分，定昏明。昏明長短，起於日去極遠近，日道周圜，不可以計率分。官漏九日增減一刻，違失其實，以晷景爲刻，密近有驗。今下晷景漏刻四十八箭。」其二十四氣日所在，并黃道去極、晷景、漏刻、昏明中星，並列載于續漢律曆志。

安帝延光三年[四]，中謁者亶誦上書言當用甲寅元，河南梁豐云當復用太初。尚書郎張衡、周興皆審曆，數難誦、豐，或不能對，或云失誤。衡等參案儀注，考往校今，以爲九道法最密。詔下公卿詳議。太尉愷等參議：「太初過天一度，月以晦見西方。元和改從四分，四分雖密於太初，復不正。皆不可用。甲寅元與天相應，合圖讖，可施行。」議者不同。尚書令忠上奏：「天之曆數，不可任疑從虛，以非易是。」亶等遂寢。

靈帝熹平四年，五官郎中馮光、沛相上計掾陳晃等言：「曆元不正，故盜賊爲害。曆當以甲寅爲元，不用庚申，乞本庚申元經緯明文。」詔下三府，與儒林明道術者詳議。羣臣會司徒府集議。議郎蔡邕曰：「曆數精微，術無常是。漢興承秦，曆用顓頊，元用乙卯。百有二歲，孝武皇帝始改太初，元用丁丑。行之百八十九歲，孝章帝改從四分，元用庚申。今光等以庚申爲非，甲寅爲是。按曆法，黄帝、顓頊、夏、殷、周、魯，各自有元。光、晃所援，則殷曆元也。昔始用太初丁丑之後，六家紛錯，爭訟是非。張壽王挾甲寅元以非漢曆，雜候清臺，課在下第。太初效驗，無所漏失。是則雖非圖讖之元，而有效於前者也。及用四分以來，考之行度，密於太初，是又新元有效於今者也。故延光中，亶誦亦非四分，言當用甲寅元，公卿參議，竟不施行。且三光之行，遲速進退，不必若一。故有古今之術。今術之不能上通於古，亦猶古術不能下通於今也。又光、晃以考靈耀爲本，二十八宿度數至日所在，錯異不可參校。元和二年用至今九十二歲，而光、晃言陰陽不和，姦臣盜賊，皆元之咎。元和詔書，文備義著，非羣臣議者所能變易。」三公從邕議，以光、晃不敬，正鬼薪法。詔書勿治辠。

何承天曰：夫曆數之術，若心所不達，雖復通人前識，無救其爲敝也。是以多歷年歲，未能有定。四分於天，出三百年而盈一日。積代不悟，徒云建曆之本，必先立元，假言讖緯，遂關治亂，此之爲蔽，亦已甚矣。劉歆三統法尤復疏闊，方於四分，六千餘年又益一日。揚雄心惑其説，采爲太玄，班固謂之最密，著于漢志；司彪因曰「自太初元年始用三統曆〔五〕，施行百有餘年」。曾不憶劉歆之生，不逮太初，二三君子言曆，幾乎不知而妄言歟。

光和中，穀城門候劉洪始悟四分於天疏闊，更以五百八十九爲紀法，百四十五爲斗分，造乾象法，又制遲疾曆以步月行。方於太初、四分，轉精微矣。魏文帝黄初中，太史丞韓翊以爲乾象減斗分太過，後當先天，造黄初曆，以四千八百八十三爲紀法，一千二百五爲斗分。其後尚書令陳羣奏，以爲「曆數難明，前代通儒多共紛爭。黄初之元，以四分曆久遠疏闊，大魏受命，宜正曆明時。韓翊首建黄初，猶恐不審，故以乾象互相參校。歷三年，更相是非，舍本即末，爭長短而疑尺丈，竟無時而決。按三公議，皆綜盡曲理，殊塗同歸，欲使效之璿機，各盡其法，一年之間，得失足定，合於事宜」。奏可。明帝時，尚書郎楊偉制景初曆，施用至于晉、宋。古之爲曆者，鄧平能脩舊制新，劉洪始減四分，又定月行遲疾，楊偉斟酌兩端，以立多少之衷，因朔積分設差，以推合朔月蝕。此三人，漢、魏之善曆者。然而洪之遲疾，不可以檢春秋，偉之五星，大乖於後代，斯則洪用心尚疏，偉拘於同出上元壬辰故也。

魏明帝景初元年，改定曆數，以建丑之月爲正，改其年三月爲孟夏四月。其孟仲季月，雖與正歲不同，至於郊祀、迎氣，祭祠、烝嘗，巡狩、蒐田，分至啓閉，班宣時令，皆以建寅爲正。三年正月，帝崩，復用夏正。

楊偉表曰：「臣攬載籍，斷考曆數，時以紀農，月以紀事，其所由來，遐而尚矣。乃自少昊，則玄鳥司分，顓頊、帝嚳，則重、黎司天，唐帝、虞舜則羲和掌日〔六〕。三代因之，則世有日官。日官司曆，則頒之諸侯，諸侯受之，則頒于境内。夏后之代，羲、和湎淫，廢時亂日，則書載胤征。由此觀之，審農時而重人事者，歷代然也。逮至周室既衰，戰國横騖，告朔之羊，廢而不紹，登臺之禮，滅而不遵。閏分乖次而不識，孟陬失紀而莫悟，大火猶西流，而怪蟄蟲之不藏也。是時也，天子不協時，司曆不書日，諸侯不受職，日御不分朔，人事不恤，廢棄農時。仲尼之撥亂於春秋，託褒貶糾正，司曆失閏，則譏而書之，登臺頒朔，則謂之有禮。自此以降，暨于秦、漢，乃復以孟冬爲歲首，閏爲後九月，中節乖錯，時月紕繆，加時後天，蝕不在朔，累載相襲〔七〕，久而不革也。至武帝元封七年，始乃寤其繆焉。於是改正朔，更曆數，使大才通人，造太初曆，校中朔所差，以正閏分，課中星得度，以考疏密，以建寅之月爲正朔，以黃鍾之月爲曆初。其曆斗分太多，後遂疏闊。至元和二年，復用四分曆，施而行之。至于今日，考察日蝕，率常在晦，是則斗分太多，故先密後疏而不可用也。是以臣前以制典餘日，推考天路，稽之前典，驗之食朔，詳而精之，更建密歷，則不先不後，古今中天。以昔在唐帝，協日正時，允釐百工，咸熙庶績也。欲使當今國之典禮，凡百制度，皆韜合往古，郁然備足，乃改正朔，更曆數，以大吕之月爲歲首，以建子之月爲曆初。臣以爲昔在帝代，則法曰顓頊，曩自軒轅，則曆曰黃帝。暨至漢之孝武，革正朔，更曆數，改元曰太初，因名太初曆。今改元爲景初，宜曰景初曆。臣之所建景初曆，法數則約要，施用則近密，治之則省功，學之則易知。雖復使研、桑心筭，隸首運籌，重、黎司晷，羲、和察景，以考天路，步驗日月，究極精微，盡術數之極者，皆未如臣如此之妙也。是以累代曆數，皆疏而不密，自黃帝以來，改革不已。

壬辰元以來，至景初元年丁巳，歲積四千四十六，筭上。此元以天正建子黃鍾之月爲曆初，元首之歲夜半甲子朔旦冬至。

元法，萬一千五十八。

紀法，千八百四十三。

紀月，二萬二千七百九十五。

章歲，十九。

章月，二百三十五。

章閏，七。

通數，十三萬四千六百三十。

日法，四千五百五十九。

餘數，九千六百七十。

周天，六十七萬三千一百五十。

歲中〔八〕，十二。

氣法，十二。

没分，六萬七千三百一十五。

没法，九百六十七。

月周，二萬四千六百三十八。
通法，四十七。
會通，七十九萬一百二十〔九〕。
朔望合數，六萬七千三百一十五。
入交限數，七十二萬二千七百九十五。
通周，十二萬五千六百二十一。
周日日餘，二千五百二十八。
周虛，二千三十一。
斗分，四百五十五。
甲子紀第一：
紀首合朔，月在日道裏。
交會差率，四十一萬二千九百一十九。
遲疾差率，十萬三千九百四十七。
甲戌紀第二：
紀首合朔，月在日道裏。

交會差率，五十一萬六千五百二十九。

遲疾差率，七萬三千七百六十七。

甲申紀第三：

紀首合朔，月在日道裏。

交會差率，六十二萬一百三十九。

遲疾差率，四萬三千五百八十七。

甲午紀第四：

紀首合朔，月在日道裏。

交會差率，七十二萬三千七百四十九。

遲疾差率，一萬三千四百七。

甲辰紀第五：

紀首合朔，月在日道裏〔一〇〕。

交會差率，三萬七千二百四十九。

遲疾差率，一十萬八千八百四十八。

甲寅紀第六：

紀首合朔，月在日道裏。

交會差率，十四萬八百五十九。

遲疾差率，七萬八千六百六十八。

交會紀差，十萬三千六百一十。求其數之所生者，置一紀積月以通數乘之，會通去之，所去之餘，紀差之數也。以之轉加前紀，則得後紀。加之未滿會通者，則紀首之歲天正合朔，月在日道裏。滿去之，則月在日道表。加表滿在裏，加裏滿在表。

遲疾紀差，三萬一百八十。求其數之所生者，置一紀積月，以通數乘之，通周去之，餘以減通周，所減之餘，紀差之數也。以之轉減前紀，則得後紀。不足減者，加通周。

求次元紀差率，轉減前元甲寅紀差率，餘則次元甲子紀差率也。求次紀，如上法也。

推朔積月術曰：置壬辰元以來，盡所求年，外所求，以紀法除之，所得筭外，所入紀第也，餘則入紀年數。年以章月乘之，如章歲而一爲積月，不盡爲閏餘。閏餘十二以上，其年有閏〔一一〕。閏月以無中氣爲正。

推朔術曰：以通數乘積月，爲朔積分，如日法而一爲積日，不盡爲小餘。以六十去積日，餘爲大餘。大餘命以紀，筭外，所求年天正十一月朔日也。

求次月，加大餘二十九，小餘二千四百一十九，小餘滿日法從大餘，命如前，次月朔日也。小餘二千一百四十以上，其月大也。

推弦望，加朔大餘七，小餘千七百四十四，小分一，小分滿二從小餘，小餘滿日法從大餘，大餘滿六十去之，餘命以紀，筭外，上弦日也。又加得望、下弦、後月朔。其月蝕望者，定小餘，如所近中節間限，限數以下者[一]，筭上爲日。望在中節前後各四日以還者，視限數；望在中節前後各五日以上者，視間限。

推二十四氣術曰：置所入紀年，外所求，以餘數乘之，滿紀法爲大餘，不盡爲小餘。大餘滿六十去之，餘命以紀，筭外，天正十一月冬至日也。

求次氣，加大餘十五，小餘四百二，小分十一，小分滿氣法從小餘，小餘滿紀法從大餘[二]，命如前，次氣日也。

推閏月術曰：以閏餘減章歲，餘以歲中乘之，滿章閏得一月，餘滿半法以上亦得一月。數從天正十一月起，筭外，閏月也。閏有進退，以無中氣御之。

大雪，十一月節。限數千二百四十二。間限千二百四十八。

冬至，十一月中。限數千二百五十四。間限千二百四十五。

小寒，十二月節。限數千二百三十五。間限千二百二十四。

大寒，十二月中。限數千二百一十三。間限千一百九十二。

立春，正月節。限數千一百七十二。間限千一百四十七〔一四〕。

雨水，正月中。限數千一百二十二〔一五〕。間限千九十三。

驚蟄，二月節。限數千六十五。間限千三十六〔一六〕。

春分，二月中。限數千八。間限九百七十九。

清明，三月節。限數九百五十一。間限九百二十五。

穀雨，三月中。限數九百。間限八百七十九。

立夏，四月節。限數八百五十七。間限八百四十。

小滿，四月中。限數八百二十三〔一七〕。間限八百一十二〔一八〕。

芒種，五月節。限數八百。間限七百九十九。

夏至，五月中。限數七百九十八。間限八百一〔一九〕。

小暑，六月節。限數八百五。間限八百一十五。

大暑，六月中。限數八百二十五。間限八百四十二。

立秋，七月節。限數八百五十九。間限八百八十三。

處暑，七月中。限數九百七。間限九百三十五。

白露，八月節。限數九百六十二。間限九百九十二。

秋分，八月中。限數千二十一。間限千五十一。

寒露，九月節。限數千八十。間限千一百七。

霜降，九月中。限數千一百三十三。間限千一百五十七〔二〇〕。

立冬，十月節。限數千一百八十二〔二一〕。間限千一百九十八。

小雪，十月中。限數千二百一十五。間限千二百二十九。

推没滅術曰：因冬至積日有小餘者，加積一，以没分乘之，以没法除之，所得爲大餘，不盡爲小餘。大餘滿六十去之，餘命以紀，筭外，即去年冬至後没日也。

求次没，加大餘六十九，小餘五百九十二，小餘滿没法得一，從大餘，命如前。小餘盡，爲滅也。

推五行用事日：立春、立夏、立秋、立冬者，即木、火、金、水始用事日也。各減其大餘十八，小餘四百八十三，小分六，餘命以紀，筭外，各四立之前土用事日也。大餘不足減者，加六十；小餘不足減者，減大餘一，加紀法；小分不足減者，減小餘一，加氣法。

推卦用事日：因冬至大餘，六其小餘，坎卦用事日也。加小餘萬九十一，滿元法從大餘，即中孚用事日也。

求次卦，各加大餘六，小餘九百六十七。其四正各因其中日〔二二〕，六其小餘。

推日度術曰：以紀法乘朔積日，滿周天去之，餘以紀法除之，所得爲度，不盡爲分。命度從牛前五起，宿次除之，不滿宿，則天正十一月朔夜半日所在度及分也。

求次日，日加一度，分不加，經斗除斗分，分少退一度。

推月度術曰：以月周乘朔積日，滿周天去之，餘以紀法除之，所得爲度，不盡爲分，命如上法，則天正十一月朔夜半月所在度及分也。

求次月，小月加度二十二，分八百六；大月又加一日，度十三，分六百七十九；分滿紀法得一度，則次月朔夜半月所在度及分也。其冬下旬，月在張心署也〔二三〕。

推合朔度術曰：以章歲乘朔小餘，滿通法爲大分，不盡爲小分。以大分從朔夜半日度分，分滿紀法從度〔二四〕，命如前，則天正十一月合朔日月所共合度也。

求次月，加度二十九，大分九百七十七，小分四十二，小分滿通法從大分，大分滿紀法從度。經斗除其分，則次月合朔日月所共合度也。

推弦望日所在度：加合朔度七，大分七百五，小分十，微分一，微分滿二從小分，小分滿通法從大分，大分滿紀法從度，命如前，則上弦日所在度也。又加得望、下弦、後月合也。

推弦望月所在度：加合朔度九十八，大分千二百七十九，小分三十四，數滿命如前，即上弦月所在度也。又加得望下弦後月合也。

推日月昏明度術曰：日以紀法，月以月周，乘所近節氣夜漏，二百而一，爲明分。日以減紀法，月以減月周，餘爲昏分。各以加夜半，如法爲度。

推合朔交會月蝕術曰：置所入紀朔積分，以所入紀交會差率之數加之，以會通去之，餘則所求年天正十一月合朔去交度分也。以通數加之，滿會通去之，餘則次月合朔去交度分也。以朔望合數各加其月合朔去交度分，滿會通去之，餘則各其月望去交度分也。朔望去交分如朔望合數以下〔二五〕，入交限數以上者，朔則交會，望則月蝕。

推合朔交會月蝕月在日道表裏術曰：置所入紀朔積分，以所入紀下交會差率之數加之，倍會通去之，餘不滿會通者，紀首表，天正合朔月在表，紀首裏，天正合朔月在裏。滿會通去之，表在裏，裏在表。

求次月，以通數加之，滿會通去之，加裏滿在表，加表滿在裏。先交會後月蝕者，朔在表則望在表，朔在裏則望在裏。先月蝕後交會者，看食月朔在裏則望在表，朔在表則望在裏。交會月蝕如朔望合數以下〔二六〕，則前交後會；如入交限數以上，則前會後交。其前交後會近於限數者，則豫伺之前月；前會後交近於限數者，則後伺之後月。

求去交度術曰：其前交後會者，今去交度分如日法而一〔二七〕，所得則却去交度也。其前會後交者，以去交度分減會通，餘如日法而一，所得則前去交度，餘皆度分也。去交度十五以上，雖交不蝕也。十以下是蝕，十以上虧蝕微少，光晷相及而已。虧之多少，以十五爲法。

求日蝕虧起角術曰：其月在外道，先交後會者，虧蝕西南角起；先會後交者，虧蝕東南角起。其月在內道，先交後會者，虧食西北角起；先會後交者，虧食東北角起。虧食分多少，如上以十五爲法。會交中者，蝕盡。月蝕在日之衝，虧角與上反也。

	月行遲疾度	損益率	盈縮積分	月行分
一日	十四度十四分	益二十六	盈初〔二八〕	二百八十
二日	十四度十一分	益二十三	盈積分一十一萬八千五百三十四	二百七十七〔二九〕
三日	十四度八分	益二十	盈積分二十二萬三千三百九十一	二百七十四
四日	十四度五分	益十七	盈積分三十一萬四千五百七十一	二百七十一〔三〇〕
五日	十四度一分	益十三	盈積分三十九萬二千七百七十四	二百六十七〔三一〕

六日	十三度十四分	益七	盈積分四十五萬一千三百四十一	二百六十一
七日	十三度七分	損	盈積分四十八萬三千二百五十四	二百五十四
八日	十三度一分	損六	盈積分四十八萬三千二百五十四	二百四十八
九日	十二度十六分	損十	盈積分四十五萬五千九百	二百四十四
十日	十二度十三分	損十三	盈積分四十一萬三百一十	二百四十一
十一日	十二度十一分	損十五	盈積分三十五萬一千四十三	二百三十九
十二日	十二度八分	損十八	盈積分二十八萬二千六百五十八	二百三十六
十三日	十二度五分	損二十一	盈積分二十萬五百九十六	二百三十三
十四日	十二度三分	損二十三	盈積分十萬四千八百五十七	二百三十一
十五日	十二度五分	益二十一	縮初	二百三十三
十六日	十二度七分	益十九	縮積分九萬五千七百三十九	二百三十五

十七日	十二度九分	益十七	縮積分十八萬二千三百六十	二百三十七
十八日	十二度十二分	益十四	縮積分二十五萬九千八百六十三	二百四十
十九日	十二度十五分	益十一	縮積分三十二萬三千六百八十九〔三二〕	二百四十三
二十日	十二度十八分	益八	縮積分三十七萬三千八百三十八	二百四十六
二十一日〔三三〕	十三度三分	益四	縮積分四十一萬三百一十	二百五十
二十二日	十三度七分	損	縮積分四十二萬八千五百四十六	二百五十四
二十三日	十三度十二分	損五	縮積分四十二萬八千五百四十六〔三四〕	二百五十九〔三五〕
二十四日	十三度十八分	損十一	縮積分四十萬五千七百五十一	二百六十五
二十五日	十四度五分	損十七	縮積分三十五萬五千六百二	二百七十一

二十六日　十四度十一分　損二十三　縮積分二十七萬八千九十　二百七十七
九〔三六〕
二十七日〔三七〕　十四度十一分　損二十四　縮積分十七萬三千二百四　二百七十八
十二
周日　十四度十三分　損二十五　縮積分六萬三千八百二十六　二百七十九有小
有小分六百二　有小分六　分六百二十六
十六　百二十六

推合朔交會月蝕入遲疾曆術曰：置所入紀朔積分，以所入紀下遲疾差率之數加之，以通周去之〔三八〕，餘滿日法得一日，不盡爲日餘，命日筭外，則所求年天正十一月合朔入曆日也。

求次月，加一日，日餘四千四百五十〔三九〕。求望，加十四日，日餘三千四百八十九。日餘滿日法成日，日滿二十七去之。又除餘如周日餘，日餘不足除者，減一日，加周虛。

推合朔交會月蝕定大小餘：以入曆日餘〔四〇〕，乘所入曆損益率，以損益盈縮積分爲定積分。以章歲減所入曆月行分，餘以除之，所得以盈減縮加本小餘。加之滿日法者，交會加時在後日；減之，不足者，交會加時在前日。月蝕者，隨定大小餘爲日加時。入曆在周日者，以周日日餘乘縮積分，爲定積分。以損率乘入曆日餘〔四一〕，又以周日日餘乘之，以周日日度小分并之，以損定積分，餘爲後定積分。以章歲減周日月行分，餘以周日日餘乘之，以周日度小分并之，以除後定積分，所得以加本小餘，如上法。

推加時：以十二乘定小餘，滿日法得一辰，數從子起，筭外，則朔望加時所在辰也。有餘不盡者四之，如日法而一爲少，二爲半，三爲太。又有餘者三之，如日法而一爲强，半法以上排成之，不滿半法廢棄之。以强并少爲少强，并半爲半强，并太爲太强。得二强者爲少弱，以之并少爲半弱，以之并半爲太弱，以之并太爲一辰弱。以所在辰命之，則各得其少、太、半及强、弱也。其月蝕望在中節前後四日以還者，視限數；五日以上者，視間限。定小餘如間限、限數以下者，以筭上爲日。

斗二十六分四百五十五　牛八　女十二　虚十　危十七　室十六　壁九

北方九十八度分四百五十五

奎十六　婁十二　胃十四　昴十一　畢十六　觜二　參九

西方八十度

井三十三　鬼四　柳十五　星七　張十八　翼十八　軫十七

南方百一十二度

角十二　亢九　氐十五　房五　心五　尾十八　箕十一

東方七十五度

中節	日所在度	日行黃道去極度	日中晷景	晝漏刻	夜漏刻	昏中星	明中星
冬至十一月中	斗二十一少	百一十五度	丈三尺	四十五	五十五	奎六弱	亢二少强
小寒十二月節	女二少	百一十三强	丈二尺三寸	四十五八分	五十四二分	婁六半强〔四二〕	氐七强
大寒十二月中	虛五半弱〔四三〕	百一十太弱	丈一尺	四十六八分	五十三二分	胃十一太强〔四四〕	心半
立春正月節	危十太弱	百六少弱	九尺六寸	四十八六分	五十一四分	畢五少弱	尾七半弱
雨水正月中	室八太强	百一强	七尺九寸五分	五十八分	四十九二分	參六半弱	箕半弱〔四五〕
驚蟄二月節	壁八强	九十五强	六尺五寸	五十三三分	四十六七分	井十七少弱	斗初少
春分二月中	奎十四少强	八十九少强	五尺二寸五分	五十五八分	四十四二分	鬼四	斗十一弱
清明三月節	胃一半	八十三少弱	四尺一寸五分	五十八三分	四十一七分	星四太	斗二十一半
穀雨三月中	昴二太	七十七太强	三尺二寸	六十五分	三十九五分	張十七	牛六半
立夏四月節	畢六太〔四六〕	七十三少弱	二尺五寸二分	六十二四分〔四七〕	三十七六分〔四八〕	翼十七太	女十少弱
小滿四月中	參四少弱	六十九太	尺九寸八分	六十三九分	三十六一分	角太弱	危太弱
芒種五月節	井十半弱	六十七少弱	尺六寸八分	六十四九分	三十五一分	亢五太	危十四强

夏至五月中	井二十五半强	六十七强	尺五寸	六十五	三十五	氐十二少弱	室十二强
小暑六月節	柳三太强	六十七太强	尺七寸	六十四七分	三十五三分	尾一太强	奎二太强
大暑六月中	星四强	七十	二尺	六十三八分	三十六二分〔四九〕	尾十五半强〔五〇〕	婁三太
立秋七月節	張十二少	七十三半强	二尺五寸五分	六十二三分	三十七七分	箕九太强	胃九太弱
處暑七月中	翼九半	七十八半强	三尺三寸三分	六十二分	三十九八分	斗十少	畢三太
白露八月節	軫六太	八十四少强	四尺三寸五分	五十七八分	四十二二分	斗二十一强	參五少强
秋分八月中	角五弱	九十半强	五尺五寸〔五一〕	五十五二分	四十四八分	牛五少	井十六少强
寒露九月節	亢八半弱〔五二〕	九十六太强	六尺八寸五分	五十二六分	四十七四分	女七太	鬼三少强
霜降九月中	氐十四少强	百二少强	八尺四寸	五十三分	四十九七分	虛六太	星三太
立冬十月節	尾四半强	百七少强	丈〔五三〕	四十八二分	五十一八分	危八强	張十五太强
小雪十月中	箕一太强	百一十一弱	丈一尺四寸	四十六七分	五十三三分	室三半强	翼十五太
大雪十一月節	斗六	百一十三太强	丈二尺五寸六分	四十五五分	五十四五分	壁半强	軫十五少强〔五四〕

右中節二十四氣，如術求之，得冬至十一月中也。加之得次月節，加節得其月中。中星以日所在爲正〔五五〕。置所求年二十四氣小餘四之，如法得一爲少，不盡少三之，如法爲强。所得以減其節氣昏明中星各定〔五六〕。

推五星術：

五星者，木曰歲星，火曰熒惑，土曰填星，金曰太白，水曰辰星。凡五星之行，有遲有疾，有留有逆。曩自開闢，清濁始分，則日月五星聚于星紀。發自星紀，並而行天，遲疾留逆，互相逮及。星與日會，同宿共度，則謂之合。從合至合之日，則謂之終。各以一終之日與一歲之日，通分相約，終而率之，歲數歲則謂之合終歲數，歲終則謂之合終合數〔五七〕。二率既定，則法數生焉。以章歲乘合數爲合月法，以紀法乘合數爲日度法，以章月乘歲數爲合月分，如合月法爲合月數，合月之餘爲月餘。以通數乘合月數，如日法而一爲大餘，以六十去大餘，餘爲星合朔大餘。大餘之餘爲朔小餘〔五八〕。以通數乘月餘，以合月法乘朔小餘，并之，以日法乘合月法除之，所得星合入月日數也。餘以通法約之〔五九〕，爲入月日餘〔六〇〕。以朔小餘減日法，餘爲朔虛分。以曆斗分乘合數，爲星度斗分。木、火、土各以合數減歲數，餘以周天乘之，如日度法而一，所得則行星度數也，餘則度餘。金、水以周天乘歲數，如日度法而一，所得則行星度數也，餘則度餘。

木：合終歲數，千二百五十五。

合終合數，千一百四十九。

合月法，二萬一千八百三十一。

日度法，二百一十一萬七千六百七。
合月數，十三。
月餘，萬一千一百二十二。
朔大餘，二十三。
朔小餘，四千九十三。
入月日，十五。
日餘，百九十九萬五千六百六十四。
朔虛分，四百六十六。
斗分，五十二萬二千七百九十五。
行星度，三十三。
度餘，百四十七萬二千八百六十九〔六一〕。
火：合終歲數，五千一百五。
合終合數，二千三百八十八。
合月法，四萬五千三百七十二。
日度法，四百四十萬一千八十四。

合月數，二十六。
月餘，二萬三。
朔大餘，四十七。
朔小餘，三千六百二十七。
入月日，十三。
日餘，三百五十八萬五千二百三十。
朔虚分，九百三十二。
斗分，百八萬六千五百四十。
行星度，五十。
度餘，百四十一萬二千一百五十。
土：合終歲數，三千九百四十三。
合終合數，三千八百九。
合月法，七萬二千三百七十一。
日度法，七百一萬九千九百八十七。
合月數，十二。

月餘，五萬八千一百五十三。
朔大餘，五十四。
朔小餘，千六百七十四。
入月日，二十四。
日餘，六十七萬五千三百六十四。
朔虛分，二千八百八十五。
斗分，百七十三萬三千九十五。
行星度，十二。
度餘，五百九十六萬二千二百五十六。
金：合終歲數，千九百七。
合終合數，二千三百八十五。
合月法，四萬五千三百一十五。
日度法，四百三十九萬五千五百五十五。
合月數，九。
月餘，四萬三百一十。

朔大餘，二十五。
朔小餘，三千五百三十五。
入月日，二十七。
日餘，十九萬四千九百九十。
朔虛分，千二十四。
斗分，百八萬五千一百七十五。
行星度，二百九十二。
度餘，十九萬四千九百九十。

水：合終歲數，一千八百七十。
合終合數，萬一千七百八十九。
合月法，二十二萬三千九百九十一。
日度法，二千一百七十二萬七千一百二十七。
合月數，一。
月餘，二十一萬五千四百五十九。
朔大餘，二十九。

朔小餘，二千四百一十九。

入月日，二十八。

日餘，二千三十四萬四千二百六十一〔六二〕。

朔虛分，二千一百四十。

斗分，五百三十六萬三千九百九十五。

行星度，五十七。

度餘，二千三十四萬四千二百六十一。

推五星術曰：置壬辰元以來盡所求年，以合終合數乘之，滿合終歲數得一，名積合，不盡名合餘。以合終合數減合餘，得一者星合往年，得二者合前往年，無所得，合其年。餘以減合終合數，爲度分。金、水積合，偶爲晨，奇爲夕。

推五星合月：以月數月餘各乘積合，餘滿合月法從月，爲積月，不盡爲月餘。以紀月除積月，所得筭外，所入紀也，餘爲入紀月。副以章閏乘之〔六三〕，滿章月得一爲閏，以減入紀月，餘以歲中去之，餘爲入歲月，命以天正起，筭外，星合月也。其在閏交際，以朔御之。

推合月朔：以通數乘入紀月，滿日法得一爲積日，不盡爲小餘。以六十去積日，餘爲大餘，命以所入紀，筭外，星合朔日也。

推入月日：以通數乘月餘，合月法乘朔小餘，并之，通法約之，所得滿日度法得一，則星合入月日也，不滿爲日餘。命日以朔，筭外，入月日也。

推星合度：以周天乘度分，滿日度法得一爲度，不盡爲餘，命以牛前五度起，筭外，星所合度也。

求後合月，以月數加入歲月，以餘加月餘，餘滿合月法得一月，月不滿歲中，即在其年；滿去之，有閏計焉，餘爲後年；再滿，在後二年。金、水加晨得夕，加夕得晨也。

求後合朔，以朔大小餘數加合朔月大小餘，其月餘上成月者，又加大餘二十九，小餘二千四百一十九〔六四〕。小餘滿日法從大餘，命如前法。

求後入月日〔六五〕，以入月日、日餘加入月日及餘〔六六〕，餘滿日度法得一。其前合朔小餘滿其虛分者，去一日；後小餘滿二千四百一十九以上，去二十九日；不滿，去三十日，其餘則後合入月日，命以朔。求後合度，以度數及分，如前合宿次命之。

木：晨與日合，伏，順，十六日九十九萬七千八百三十二分，行星二度百七十九萬五千二百三十八分，而晨見東方，在日後。順，疾，日行五十七分之十一，五十七日行十一度。順，遲，日行九分，五十七日行九度而留。不行，二十七日而旋。逆，日行七分之一，八十四日退十二度，而復留二十七日。復遲，日行九分，五十七日行九度而復順。疾，日行十一分，五十七日行十一度，在日前，夕伏西方。順，十六日九十九萬七千八百三十二分，行星二度百七十九萬五千二百三十八分，而與日合。凡一終，三百九十八日百九十萬五千六百六十四分，行星三十三度百四十七萬二千八百六十九分。

火：晨與日合，伏，七十二日百七十九萬二千六百一十五分，行星五十六度百二十四萬九千三百四十五分，而晨見東方，在日後。順，日行二十三分之十四，百八十四日行百一十二度。更順，遲，日行十二分，九十二日行四十八度而留。不行，十一日而旋。逆，日行六十二分之十七，六十二日退十七度，而復留十一日。復順，遲，日行十二分，九十二日，行四十八度而復疾。日行十四分，百八十四日行百一十二度，在日前，夕伏西方。順，七十二日百七十九萬二千六百一十五分，行星五十六度百二十四萬九千三百四十五分，而與日合。凡一終，七百八十日三百五十八萬五千二百三十分，行星四百一十五度二百四十九萬八千六百九十分。

土：晨與日合，伏，十九日三百八十四萬七千六百七十五分半，行星二度六百四十九萬一千一百二十一分半，而晨見東方，在日後。順，行百七十二分之十三，八十六日行六度半而留。不行，三十二日半而旋。逆，日行十七分之一，百二日退六度而復留。不行，三十二日半復順，日行十三分，八十六日行六度半，在日前，夕伏西方。順，十九日三百八十四萬七千六百七十五分半，行星二度六百四十九萬一千一百二十一分半，而與日合。凡一終，三百七十八日六十七萬五千三百六十四分，行星十二度五百九十六萬二千二百五十六分。

金：晨與日合，伏，六日退四度，而晨見東方，在日後而逆。遲，日行五分之三，十日退六度。留，不行，七日而旋。順，遲，日行四十五分之三十三，四十五日行三十三度而順。疾，日行一度九十一分之十四，九十一日行百五度而順。益疾，日行一度九十一分之二十一，九十一日行百一十二度，在日後，而晨伏東方。順，四十二日十九萬四千九百九十分，行星五十二度十九萬四千九百九十分，而與日合。一合，二百九十二日十九萬四千九百九十分，行星如之。

金：夕與日合，伏，順，四十二日十九萬四千九百九十分，行星五十二度十九萬四千九百九十分，而夕見西方，在日前。順，疾，日行一度九十一分之二十一，九十一日行百一十二度而更順。遲，日行一度十四分，九十一日行百五度而順。益遲，日行四十五分之三十三，四十五日行三十三度而留。不行，七日而旋。逆，日行五分之三，十日退六度，在日前，夕伏西方。逆，六日，退四度，而與日合。凡再合一終，五百八十四日三十八萬九千九百八十分，行星如之。

水：晨與日合，伏，十一日退七度，而晨見東方，在日後。逆，疾，一日退一度而留。不行，一日而旋。順，遲，日行八分之七，八日行七度而順。疾，日行一度十八分之四，十八日行二十二度，在日後，晨伏東方。順，十八日二千三十四萬四千二百六十一分，行星三十六度二千三十四萬四千二百六十一分，而與日合。凡一合，五十七日二千三十四萬四千二百六十一分，行星如之。

水：夕與日合，伏，十八日二千三十四萬四千二百六十一分，行星三十六度二千三十四萬四千二百六十一分，而夕見西方，在日前。順，疾，日行一度十八分之四，十八日行二十二度而更順。遲，日行八分之七，八日行七度而留。不行，一日而旋。逆，一日退一度，在日前，夕伏西方。逆，十一日退七度，而與日合。凡再合一終，百一十五日千八百九十六萬一千三百九十五分，行星如之。

五星曆步術：以法伏日度餘，加星合日度餘，餘滿日度法得一從全，命之如前〔六七〕，得星見日及度餘也。以星行分母乘見度分，如日度法得一，分不盡，半法以上，亦得一，而日加所行分，分滿其母得一度。逆順母不同，以當行之母乘故分，如故母而一，當行分也。留者承前，逆則減之，伏不書度，除斗分〔六八〕，以行母爲率。分有損益，前後相御。

凡五星行天，遲疾留逆，雖大率有常，至犯守逆順，難以術推。月之行天，猶有遲疾，況五星乎。唯日之行天有常，進退有率，不遲不疾，不外不內，人君德也。

求木合終歲數法，以木日度法乘一木終之日，內分，周天除之，即得也。

求木合終合數法，以木日度法乘周天，滿紀法，所得復以周天除之，即得。五星皆放此也。

魏黃初元年十一月小，己卯蔀首，己亥歲，十一月己卯朔旦冬至，臣偉上。」

劉氏在蜀，不見改曆，當是仍用漢四分法。吳中書令闞澤受劉洪乾象法於東萊徐岳字公河。故孫氏用乾象曆，至于吳亡。

晉武帝泰始元年〔六九〕，有司奏：「王者祖氣而奉其□終，晉於五行之次應尚金，金生於己，事於酉，終於丑，宜祖以酉日，臘以丑日。改景初曆爲泰始曆。」奏可。

史臣按鄒衍五德，周爲火行。衍生在周時，不容不知周氏行運。且周之爲曆年八百，秦氏即有周之建國也。周之火木，其事易詳。且五德更王，唯有二家之說。鄒衍以相勝立體，劉向以相生爲義。據以爲言，不得出此二家者。假使即劉向之說，周爲木行，秦氏代周，改其行運。若不相勝，則克木者金；相生則木實生火。秦氏乃稱水德，理非謬然。斯則劉氏所證爲不值矣。臣以爲張蒼雖是漢臣，生與周接，司秦柱下，備覩圖書。且秦雖滅學，不廢術數，則有周遺文雖不畢在，據漢水行，事非虚作。賈誼取秦云：「漢土德。」蓋以是漢代秦。詳論二説，各有其義。張蒼則以漢水勝周火，廢秦不班五德。賈誼則以漢土勝秦水，以秦爲一代。論秦、漢雖殊，而周爲火一也。然則相勝之義，於事爲長。若同蒼黜秦，則漢水、魏土、晉木、宋金；若同賈誼取秦，則漢土、魏木、晉金、宋火也。難者云：「漢高斷虵而神母夜哭，云赤帝子殺白帝子，然則漢非火而何？」斯又不然矣。漢若爲火，則當云赤帝，不宜云赤帝子也。白帝子又何義況乎？蓋由漢是土德，土生乎火〔七〇〕，秦是水德，水生乎金，斯則漢以土爲赤帝子，秦以水德爲白帝子也。難者又曰：「向云五德相勝，今復云土爲赤帝子，何也？」答曰：「五行自有相勝之義，自有相生之義。不得以相勝廢相生，相生廢相勝也。相勝者，以土勝水耳；相生者，土自火子，義豈相關。」

崔寔四民月令曰：祖者，道神。黄帝之子曰累祖，好遠遊，死道路，故祀以爲道神。嵇含祖道賦序曰〔七一〕：漢用丙午，魏用丁未，晉用孟月之酉。曰莫識祖之所由。説者云祈請道神，謂之祖有事於道者，君子行役，則列之於中路，喪者將遷，則稱名於階庭。或云，百代遠祖，名謚彫滅，墳塋不復存於銘表，游魂不得託於廟祧，故以初歲良辰，建華蓋，揚綵旌，將以招靈爽，庶衆祖之來憑云爾〔七二〕。

晉武帝時，侍中平原劉智〔七三〕，推三百年斗曆改憲，以爲四分法三百年而減一日，以百五十爲度法，三十七爲斗分。飾以浮說，以扶其理。江左中領軍琅邪王朔之以其上元歲在甲子，善其術，欲以九萬七千歲之甲子爲開闢之始，何承天云「悼於立意」者也。景初日中晷景，即用漢四分法，是以漸就乖差。其推五星，則甚疎闊。晉江左以來，更用乾象五星法以代之，猶有前却。

宋太祖頗好曆數，太子率更令何承天私撰新法。元嘉二十年，上表曰：

臣授性頑惰，少所關解。自昔幼年，頗好曆數，耽情注意，迄于白首。臣亡舅故祕書監徐廣，素善其事，有既往七曜曆，每記其得失。自太和至太元之末，四十許年。臣因比歲考校，至今又四十載。故其疎密差會，皆可知也。

夫圓極常動，七曜運行，離合去來，雖有定勢，以新故相涉，自然有毫末之差，連日累歲，積微成著。是以虞書著欽若之典，周易明治曆之訓，言當順天以求合，非爲合以驗天也。漢代雜候清臺，以昬明中星，課日所在，雖不可見，月盈則蝕，必當其衝，以月推日，則躔次可知焉。捨易而不爲，役心於難事，此臣所不解也。

堯典云「日永星火，以正仲夏」。今季夏則火中。又「宵中星虛，以殷仲秋」。今季秋則虛中。爾來二千七百餘年，以中星檢之，所差二十七八度。則堯令冬至〔七四〕，今日在須女十度左右也。漢之太初曆，冬至在牽牛初，後漢四分及魏景初法〔七五〕，同在斗二十一。臣以月蝕檢之，則景初今之冬至，應在斗十七。又史官受詔，以土圭測景，考校二至，差三日有餘。從來積歲及交州所上，檢其增減，亦相符驗。然則今之二至，非天之二至也。天之南至〔七六〕，日在斗十三四矣。此則十九年七閏，數微多差。復改法易章，則用筭滋繁，宜當隨時遷革，以取其合。案後漢志，春分日長，秋分日短，差過半刻。尋二分在二至之間，而有長短，因識春分近夏至，故長；秋分近冬至，故短也。楊偉不悟，即用之，上曆表云：「自古及今，凡諸曆數，皆未能並己之妙。」何此不曉，亦何以云。是故臣更建元嘉曆，以六百八爲一紀，半之爲度法，七十五爲室分，以建寅之月爲歲首，雨水爲氣初，以諸法閏餘一之歲爲章首。冬至從上三日五時。日之所在，移舊四度。又月有遲疾，合朔月蝕，不在朔望，亦非曆意也。故元嘉皆以盈縮定其小餘，以正朔望之日。

伏惟陛下允迪聖哲，先天不違，劬勞庶政，寅亮鴻業，究淵思於往籍，探妙旨於未聞，窮神知化，罔不該覽。是以愚臣欣遇盛明，効其管穴。伏願以臣所上元嘉法下史官考其疎密。若謬有可採，庶或補正闕謬，以備萬分。

詔曰：「何承天所陳，殊有理據。可付外詳之。」

太史令錢樂之、兼丞嚴粲奏曰：

太子率更令領國子博士何承天表更改元嘉曆法，以月蝕檢今冬至日在斗十七，以土圭測影，知冬至已差三日。詔使付外檢署。以元嘉十一年被勑，使考月蝕，土圭測影，檢署由來用偉景初法，冬至之日，日在斗二十一度少。檢十一年七月十六日望月蝕，加時在卯，到十五日四更二唱丑初始蝕，到四唱蝕既，在營室十五度末。景初其日日在軫三度。以月蝕所衝考之，其日日應在翼十五度半〔七七〕。又到十三年十二月十六日望月蝕，加時在酉，到亥初始食，到一更三唱蝕既，在鬼四度。景初其日日在女三。以衝考之，其日日應在牛六度半。又到十四年十二月十六日望月蝕〔七八〕，加時在戌之半，到二更四唱亥末始蝕，到三更一唱食既，在井三十八度〔七九〕。景初其日日在斗二十五。以衝考之，其日日應在斗二十二度半。到十五年五月十五日望月蝕，加時在戌，其日月始生而已，蝕光已生四分之一格，在斗十六度許。景初其日日在井二十四。考取其衝，其日日應在井二十。又到十七年九月十六日望月蝕，加時在子之少，到十五日未二更一唱始蝕，到三唱蝕十五分之十二格，在昴一度半。景初其日日在房二。以衝考之，則其日日在氐十三度半。凡此五蝕，以月衝一百八十二度半考之，冬至之日，日並不在斗二十一度少，並在斗十七度半間，悉如承天所上。

又去十一年起，以土圭測景。其年景初法十一月七日冬至，前後陰不見影。到十二年十一月十八日冬至，其十五日影極長。到十三年十一月二十九日冬至，其二十六日影極長。到十四年十一月十一日冬至，其前後並陰不見。到十五年十一月二十一日冬至，十八日影極長。到十六年十一月二日冬至，其十月二十九日影極長。到十七年十一月十三日冬至，其十日影極長。到十八年十一月二十五日冬至，二十一日影極長。到十九年十一月六日冬至，其三日影極長。到二十年十一月十六日冬至，其前後陰不見影。尋校前後，以影極長爲冬至，並差三日。以月蝕檢日所在，已差四度。土圭測影，冬至又差三日。今之冬至，乃在斗十四間，又如承天所上。

又承天法，每月朔望及弦，皆定大小餘，於推交會時刻雖審，皆用盈縮，則月有頻三大、頻二小，比舊法殊爲異。舊日蝕不唯在朔，亦有在晦及二日。公羊傳所謂「或失之前，或失之後」。愚謂此一條自宜仍舊。

員外散騎郎皮延宗又難承天：「若晦朔定大小餘，紀首值盈，則退一日，便應以故歲之晦，爲新紀之首。」承天乃改新法依舊術，不復每月定大小餘，如延宗所難，太史所上。

有司奏：「治曆改憲，經國盛典，爰及漢、魏，屢有變革。良由術無常是，取協當時。方今皇猷載暉，舊域光被，誠應綜覈晷度，以播惟新。承天曆術，合可施用。宋二十二年，普用元嘉曆。」詔可。

校勘記

〔一〕劾壽王逆天地　「劾」上原有「效」字，據漢書卷二一上律曆志上删。「天地」，漢書律曆志上作「天道」。

〔二〕章帝召治曆編訢李梵等綜核意狀　「綜核意狀」，續漢書律曆志中作「綜校其狀」。

〔三〕日在斗二十一度　「二十一度」，原作「二十二度」，盧文弨羣書拾補續漢書律志云下「二」字當作「一」，今據改。

〔四〕安帝延光三年　「三年」，續漢書律曆志中作「二年」，同卷蔡邕議中作「元年」。

〔五〕司虨因曰自太初元年始用三統曆　「司虨」，殿本、局本作「司馬虨」。

〔六〕唐帝虞舜則羲和掌日　「羲和」，原作「羲官」，據南監本、北監本、汲本、殿本、局本、晉書卷一八律曆志下改。

〔七〕累載相襲　「襲」字原闕，據局本、晉書卷一八律曆志下補。

〔八〕歲中　「歲中」上原衍「紀日」二字。按古曆無「紀日歲中」之名，開元占經卷一〇五景初曆條下即作「歲中」，無「紀日」，今據删。

〔九〕會通七十九萬一百二十　「二十」，局本、晉書卷一八律曆志下作「一十」。

〔一〇〕紀首合朔月在日道裏　按下術文謂，以交會紀差轉加前紀，得後紀交會差率。加之滿會通者去之，則月在日道表。本紀及下甲寅紀交會率皆滿會通去之後所得之數。故此紀首合朔俱應作「月在日道表」。

〔一一〕閏餘十二以上其年有閏　「上」字原闕，據殿本、局本、晉書卷一八律曆志下補。

〔一二〕如所近中節間限限數以下者　按文義，「如」下應有「在」字。

〔一三〕小餘滿紀法從大餘　原作「滿紀從大餘」，據殿本、局本、晉書卷一八律曆志下補正。

〔一四〕間限千一百四十七　「四十七」，原作「三十七」，據局本、晉書卷一八律曆志下改。

〔一五〕限數千一百二十二　「二十二」，原作「一十二」，據局本改。

〔一六〕間限千三十六　「三十六」，原作「二十五」，據局本改。

〔一七〕限數八百二十三　「二十三」，原作「二十二」，據局本、晉書卷一八律曆志下改。

〔一八〕間限八百一十二　「一十二」，原作「一十三」，據局本改。

〔一九〕間限八百一　「一」字原闕，據局本、晉書卷一八律曆志下補。

〔二〇〕間限千一百五十七　「千」字原闕，據局本、晉書卷一八律曆志下補。

〔二一〕限數千一百八十一　「八十一」，原作「八十」，據局本、晉書卷一八律曆志下改。

〔二二〕其四正各因其中日　原作「其四正名因其中曰」，據殿本、局本、晉書卷一八律曆志下改。

〔二三〕月在張心署也　「月」，原作「夕」，據局本、續漢書律曆志下改。

〔二四〕以大分從朔夜半日度分分滿紀法從度　「分」字原不疊，據晉書卷一八律曆志下補。

〔二五〕朔望去交分如朔望合數以下　「如」，原作「加」，據局本、晉書卷一八律曆志下改。

〔二六〕交會月蝕如朔望合數以下　「合數」，原作「會數」，據晉書卷一八律曆志下改。

〔二七〕今去交度分如日法而一　「今」，依文義當作「令」。

〔二八〕盈初　原作「盈一初」，據局本、晉書卷一八律曆志下刪正。

〔二九〕二百七十七　原作「一百七十七」，據殿本、局本、晉書卷一八律曆志下改。

〔三〇〕二百七十一　「二」字原闕，據局本、晉書卷一八律曆志下補。

〔三一〕二百六十七　原作「三百六十七」，據殿本、局本、晉書卷一八律曆志下改。

〔三二〕縮積分三十二萬三千六百八十九　「二」字原疊，據南監本、北監本、汲本、殿本、局本、晉書卷一八律曆志下刪。

〔三三〕二十一日　原作「二十百」，據南監本、北監本、汲本、殿本、局本、晉書卷一八律曆志下訂正。

〔三四〕縮積分四十二萬八千五百四十六　「四十二萬」，原作「四十一萬」，據殿本、局本、晉書卷一八律曆志下改。

〔三五〕二百五十九　此五字原作空白，北監本、汲本作「二百」二字，今據殿本、局本、晉書卷一八律曆志下補。

〔三六〕縮積分二十七萬八千九十九　「九十九」，原作「六十九」，據局本、晉書卷一八律曆志下改。

〔三七〕二十七日　原作「七十七日」，據北監本、汲本、殿本、局本、晉書卷一八律曆志下改。

〔三八〕以通周去之　「通周」，原作「通界」，據殿本、局本、晉書卷一八律曆志下改。

〔三九〕日餘四千四百五十　「日」字原闕，據局本補。

〔四〇〕以入曆日餘　「餘」字原闕，據晉書卷一八律曆志下補。

〔四一〕以損率乘入曆日餘　「損率」，原作「率損」，據局本、晉書卷一八律曆志下乙正。

〔四二〕婁六半强　原作「婁五半强」，誤，今改正。按景初曆二十四氣各數，基本上沿用四分曆，數字雖間有出入，則由於兩曆斗分微有差異所致。本表數字均據李銳四分術注所述方法，加以推算。以下凡差異較大者，加以改正。如僅尾數有出入，則指出正確之數，不加改正。

〔四三〕虛五半弱　原作「虛女半强」，並爲小字注文，誤，今改正。

〔四四〕胃十一太强　按當作「胃十一半强」。

〔四五〕箕半弱　按當作「箕半强」。

〔四六〕畢六太　按當作「畢七」。

〔四七〕六十二四分　「分」字原闕，據南監本、北監本、汲本、殿本、局本、續漢書律曆志下、晉書卷一八律曆志下補。

〔四八〕三十七六分　「分」字原闕，據南監本、北監本、汲本、殿本、局本、續漢書律曆志下、晉書卷一八律曆志下補。

〔四九〕三十六二分　「二分」二字原闕，據南監本、北監本、汲本、殿本、局本、續漢書律曆志下、晉書卷一八律曆志下補。

〔五〇〕尾十五半強　按續漢書律曆志下作「尾十五半弱」，疑是。

〔五一〕五尺五寸　原作「五尺五寸二分」，據續漢書律曆志下删正。

〔五二〕九八半弱　按當作「九八少弱」。

〔五三〕丈　原作「丈八寸三分」，據續漢書律曆志下删正。

〔五四〕軫十五少強　按當作「軫十五少」。

〔五五〕中星以日所在爲正　「在」，原作「求」，據殿本、局本、晉書卷一八律曆志下改。

〔五六〕所得以減其節氣昏明中星各定　「得」字原闕，據晉書卷一八律曆志下補。又「定」下疑脱「數」字。

〔五七〕歲數歲則謂之合終歲數歲終則謂之合終合數　依文義當作「歲則謂之合終歲數，終則謂之合終合數」。

〔五八〕大餘之餘爲朔小餘　「大餘」二字原闕，據局本、晉書卷一八律曆志下補。

〔五九〕餘以通法約之　「以」下原衍「朔」字，據晉書卷一八律曆志下删。

〔六〇〕爲入月日餘　「餘」字原闕，據局本補。

〔六一〕度餘百四十七萬二千八百六十九　「六十九」三字原闕，據局本、晉書卷一八律曆志下補。

〔六二〕日餘二千三十四萬四千二百六十一　「四千」，原作「千」，據局本、晉書卷一八律曆志下改。

〔六三〕副以章閏乘之　依文義，「副」字疑衍。

〔六四〕小餘二千四百一十九　「二千」，原作「一千」，據局本、晉書卷一八律曆志下改。

〔六五〕求後入月日　按所求者爲後合入月日，「後」下當有「合」字。

〔六六〕以入月日日餘加入月日及餘　「以入」，原作「入以」，據局本、晉書卷一八律曆志下乙正。按所加者爲一合之入月日及餘，「加」下當有「合」字。

〔六七〕加星合日度餘餘滿日度法得一從全命之如前　「餘」字原不疊，據局本、晉書卷一八律曆志下補。又「之如」，原作「如之」，據局本、晉志乙正。

〔六八〕除斗分　按依文義當作「經斗除斗分」。

〔六九〕晉武帝泰始元年　「始元年」，原作三字空格，據三朝本、南監本、北監本、汲本、殿本、局本補。

〔七〇〕土生乎火　「乎」字原闕，據南監本、北監本、汲本、殿本、局本補。

〔七一〕嵇含祖道賦序曰　原作「合祖賦序曰」，沈濤銅熨斗齋隨筆卷五云：「此乃嵇含祖道賦序文，見初學記十三禮部所引。『合』乃『含』字之誤，傳寫又奪『嵇』字耳。」今據改。

〔七二〕「崔寔四民月令曰」至「庶衆祖之來憑云爾」　張元濟曰：「與上文不接，是禮志錯簡。」孫彪考論卷一：「此節論祖道，不當入之曆志。」又「四民月令」，原作「四人月令」，蓋後人避唐諱追改，今據局本改回。

〔七三〕晉武帝時侍中平原劉智　「晉武帝時」，原作「晉江左時」，據晉書卷一八律曆志下改。錢大昕考異卷二三云：「智字子房，司空寔之弟也。仕武帝朝，非江左時，志誤。」

〔七四〕則堯令冬至　原作「則堯冬令至」，據局本乙正。

〔七五〕後漢四分及魏景初法　「後漢」，原作「復漢」，據南監本、汲本、殿本、局本改。

〔七六〕天之南至　「至」字原闕，據通鑑卷一二四宋紀元嘉二十一年補。

〔七七〕其日日應在翼十五度半　按蝕既在營室十五度末，以月衝一百八十二度考之，其日日應在翼十六度半。

〔七八〕又到十四年十二月十六日望月蝕　按元嘉十三年十二月望月蝕，至元嘉十四年十二月望，已超過一蝕年，不當有月蝕。今推是年十一月丁亥望（十六日）月蝕，原文有誤。

〔七九〕在井三十八度　按井僅有三十三度，原數顯誤。今推元嘉十四年十一月望月蝕應在井二十六度。

宋書卷十三

志第三

律曆下

元嘉曆法

上元庚辰甲子紀首至太甲元年癸亥，三千五百二十三年，至元嘉二十年癸未，五千七百三年，筭外。

元法，三千六百四十八。

章歲，十九。

紀法，六百八。

章月，二百三十五。

紀月，七千五百二十。
章閏，七。
紀日，二十二萬二千七十。
度分，七十五。
度法，三百四。
氣法，二十四。
餘數，一千五百九十五。
歲中，十二。
日法，七百五十二。
没餘，一百九十六〔一〕。
通數，二萬二千二百七。
通法，四十七。
没法，三百一十九。
月周，四千六十四。
周天，十一萬一千三十五〔二〕。

通周，二萬七百二十一。

周日日餘，四百一十七。

周虛，三百三十五。

會數，一百六十。

交限數，八百五十九。

會月，九百三十九〔三〕。

朔望合數，八十。

甲子紀第一 遲疾差一萬七千六百六十三 交會差八百七十七

甲戌紀第二 遲疾差三千四十三 交會差二百七十九

甲申紀第三 遲疾差九千一百四十四 交會差六百二十〔四〕

甲午紀第四 遲疾差一萬五千二百四十五 交會差二十二

甲辰紀第五 遲疾差六百二十五 交會差三百六十三

甲寅紀第六 遲疾差六千七百二十六 交會差七百四

推入紀法：置上元庚辰盡所求年，以元法除之，不滿元法，以紀法除之，餘不滿紀法入紀年也。滿法去之，得後紀。入甲午紀壬辰歲來，至今元嘉二十年歲在癸未，二百三十一年，筭外。

推積月術：置入紀年數筭外，以章月乘之，如章歲爲積月，不盡爲閏餘。閏餘十二以上，其年閏。

推朔術：以通數乘積月〔五〕，爲朔積分，滿日法爲積日，不盡爲小餘。以六旬去積日，不盡爲大餘，命以紀，筭外，所求年正月朔日也。

求次月，加大餘二十九〔六〕，小餘三百九十九，小餘滿日法從大餘，即次月朔也。小餘三百五十三以上，其月大也。

推弦望法：加朔大餘七，小餘二百八十七，小分三，小分滿四從小餘，小餘滿日法從大餘，命如前，上弦日也。又加之得望，又加之得下弦〔七〕。

推二十四氣術：置入紀年筭外，以餘數乘之，滿度法三百四爲積没，不盡爲小餘。六旬去積没，不盡爲大餘，命以紀，筭外，所求年雨水日也。求次氣，加大餘十五，小餘六十六，小分十一，小分滿氣法從小餘，小餘滿度法從大餘，次氣日也。雨水在十六日以後者，如法減之，得立春。

推閏月法：以閏餘減章歲，餘以歲中乘之，滿章閏得一，數從正月起，閏所在也。閏有進退，以無中氣御之。

立春正月節	限數一百九十四 間數一百九十		雨水正月中	限數一百八十六 間數一百八十二
驚蟄二月節	限數一百七十七 間數一百七十二		春分二月中	限數一百六十七 間數一百六十二
清明三月節	限數一百五十八 間數一百五十四		穀雨三月中	限數一百四十九 間數一百四十五
立夏四月節	限數一百四十二 間數一百三十九		小滿四月中	限數一百三十六 間數一百三十四
芒種五月節	限數一百三十三 間數一百三十二		夏至五月中	限數一百三十一 間數一百三十二
小暑六月節	限數一百三十三 間數一百三十四		大暑六月中	限數一百三十六 間數一百三十九
立秋七月節	限數一百四十二 間數一百四十五		處暑七月中	限數一百四十九 間數一百五十三
白露八月節	限數一百五十七 間數一百六十二		秋分八月中	限數一百六十七 間數一百七十二
寒露九月節	限數一百七十七 間數一百八十二		霜降九月中	限數一百八十六 間數一百九十
立冬十月節	限數一百九十四 間數一百九十七		小雪十月中	限數二百 間數二百三
大雪十一月節	限數二百五 間數二百六		冬至十一月中	限數二百七 間數二百六
小寒十二月節	限數二百五 間數二百三		大寒十二月中	限數二百 間數一百九十七

推没滅術：因雨水積〔八〕，以没餘乘之，滿没法爲大餘，不盡爲小餘，如前〔九〕，所求年爲雨水前没日也〔一〇〕。求次没，加大餘六十九，小餘一百九十六，滿没法從大餘，命如前，雨水後没日也。雨水前没多在故歲，常有五没，官以没正之，一年常有五没或六没。小餘盡爲滅日

也。雨水小餘三十九以還，雨水六旬後乃有〔一一〕。

推土用事法：置立春大小餘小分之數，減大餘十八，小餘七十九，小分十八，命以紀，筭外，立春前土用事日也。大餘不足加六十，小餘不足減，減大餘一，加度法而後減之。立夏、立冬求土用事皆如上法。

推日所在度法：以度法乘朔積日，周天去之，餘滿度法爲積度〔一二〕，不盡爲分。命度起室二，次宿除之，筭外，正月朔夜半日在度及分也。求次日，日加一度，經室去度分。

推月所在度法：以月周乘朔積日，周天去之，餘滿度法爲積度，不盡爲分，命度如前，正月朔夜半月所在度及分〔一三〕。求次月，小月加度二十二，分一百三十三，大月加度三十五，分二百四十五，分滿度法成一度，命如前，次月朔月所在度及分也。曆先月法：以十六除月行分爲大分，如所入遲疾加之，經室去度分。

推合朔月食術：置所求年積月，以會數一百六十。乘之，以所入交會紀差二十二加之，滿會月去之，餘則其年正月朔去交分也。求次月，以會數加之，滿會月去之。求望，加合數。朔望去交分如合數以下，交限數以上，朔則交會，望則月食。

推入遲疾曆法：置所求年朔積分，所入遲疾差一萬五千二百四十五。加之，滿通周去之，餘滿日法得一日〔一四〕，不盡爲日餘，命日筭外，所求年正月朔入曆。求次月，加一日，日餘七百三十四。求望，加十四日，日餘五百七十五半。餘滿日法成一日，日滿二十七去之，除日餘如周日日餘，不足減，減一日，加周虛。日滿二十七而日餘不滿周日日餘，爲損。周日滿去之，爲入曆一日。

推合朔月食定大小餘法：以入曆日餘乘入曆下損益率，入一日，益二十五是也。以損益盈縮積分，值損則損之，值益則益之。爲定積分。以入曆日餘乘列差，滿日法盈減縮加差法，爲定差法。以除定積分，所得減加本朔望小餘，值盈則減，縮則加之。爲定小餘。加之滿日法，合朔月食進一日；減之不足減者，加日法而後減之，則退一日。值周日者，用周日定數〔一五〕。

推加時：以十二乘定小餘，滿日法得一辰，數從子起，筭外，則朔望加時所在辰也。有餘者四之，滿日法得一爲少，二爲半，三爲太〔一六〕。又有餘者三之，滿日法得一爲强，半法以上排成一，不滿半法棄之。以强并少爲少强，并半爲半强，并太爲太强。得二者爲少弱〔一七〕，以并少爲半弱，以并半爲太弱，以并太爲一辰弱。以所在辰名之。

推合朔月食加時滿刻法〔一八〕：各以百刻乘定小餘，如日法而一；不盡什之，求分。先除夜漏之半，即晝漏加時刻及分也。晝漏盡，又入夜漏。在中節前後四日以還者，視限數。在中節前後五日以上者，視間限數。月食加時定小餘不滿限數、間數者〔一九〕，皆以筭上爲日。

	月行遲疾度	損益率	盈縮積分	列差	差法
一日	十四度十三分	益二十五	盈	二	二百六十
二日	十四度十一分	益二十三	盈萬八千八百	三【二〇】	二百五十八
三日	十四度八分	益二十	盈三萬六千九十六	四【二一】	二百五十五
四日	十四度四分	益十六	盈五萬一千一百三十六	五	二百五十一
五日	十三度十八分	益十一	盈六萬三千一百六十八	五	二百四十六
六日	十三度十三分	益六	盈七萬一千四百四十	六	二百四十一
七日	十三度七分	益	盈七萬五千九百五十二	五	二百三十五
八日	十三度二分	損五	盈七萬五千九百五十二	四	二百三十【二二】
九日	十二度十七分【二三】	損九	盈七萬二千一百九十二	三	二百二十六
十日	十二度十四分	損十二	盈六萬五千四百二十四	三	二百二十三
十一日	十二度十一分	損十五	盈五萬六千四百	三	二百二十
十二日	十二度八分	損十八	盈四萬五千一百二十	二	二百一十七
十三日	十二度六分	損二十	盈三萬一千五百八十四	二	二百一十五

十四日	十二度四分	損二十二	盈一萬六千五百四十四	二	二百一十三
十五日	十二度二分	益二十四	縮	二〔二四〕	二百一十一
十六日	十二度四分	益二十二	縮一萬八千四十八	二	二百一十三
十七日	十二度六分	益二十	縮三萬四千五百九十二	三	二百一十五
十八日	十二度九分	益十七	縮四萬九千六百三十二	五	二百一十八
十九日	十二度十四分	益十二	縮六萬二千四百一十六	六	二百二十三
二十日	十三度一分	益六	縮七萬一千四百四十	六	二百二十九
二十一日	十三度七分	益	縮七萬五千九百五十二	五	二百三十五
二十二日	十三度十二分	損五	縮七萬五千九百五十二	四	二百四十
二十三日	十三度十六分	損九	縮七萬二千一百九十二	四	二百四十四
二十四日	十四度一分	損十三	縮六萬五千四百二十四	四	二百四十八
二十五日	十四度五分	損十七	縮五萬五千六百四十八	三	二百五十二
二十六日	十四度八分	損二十	縮四萬二千八百六十四	三	二百五十五
二十七日	十四度十一分	損二十三	縮二萬七千八百二十四	二	二百五十八
周日	十四度十三分	損二十五定	縮一萬五百二十八定備九		一百六十定意差

小分一百三　損二百二十四　萬三千四百八[二五]　法二千三百九[二六]

推合朔度：以章歲乘朔小餘，滿通法爲大分，不盡爲小分。以大分從朔夜半日日分，滿度命如前，正月朔日月合朔所在共合度也。

求次月，加度二十九，大分一百六十一，小分十四，小分滿通法從大分，大分滿度法從度。經室除度分。求望，加十四度，大分二百三十二，小分三十半。求望月所在度，加日度一百八十二，分一百八十九，小分二十三半。

二十四氣	日所在度[二七]	日中晷影	晝漏刻	夜漏刻	昏中星	明中星
雨水	室一太強	八尺二寸八分	五十五分	四十九五分	觜一少強	尾十一強
驚蟄	壁一強	六尺七寸二分	五十二九分	四十七一分	井九半強	箕四少弱
春分	奎七少強	五尺三寸九分	五十五五分	四十四五分	井二十九半強	斗四弱
清明	婁六半	四尺二寸五分	五十八	四十二	柳十二太	斗十四半
穀雨	胃九太弱	三尺二寸五分	六十三分	三十九七分	張十	斗二十五半
立夏	昴十一弱	二尺五寸	六十二三分	三十七七分[二八]	翼十太弱	女三少
小滿	畢十五少弱	一尺九寸七分	六十三九分	三十六一分	軫十弱	虛二弱

芒種	井三半弱	一尺六寸九分	六十四八分	三十五二分	角十太弱	危七弱
夏至	井十八	一尺五寸	六十五	三十五	氐五少弱	室五少强
小暑	鬼一弱	一尺六寸九分	六十四八分	三十五二分	房四太弱	壁六太弱
大暑	柳十二弱	一尺九寸七分	六十三九分	三十六一分	尾八太弱	奎十二太弱
立秋	張五半强	二尺五寸	六十二三分	三十七七分	箕三	胃二太弱
處暑	翼二半	三尺二寸五分	六十三分	三十九七分〔二九〕	斗三半	昴七太弱
白露	翼十七太弱	四尺二寸五分	五十八	四十二	斗十四半弱	畢十六半弱
秋分	軫十五	五尺三寸九分	五十五五分	四十四五分	斗二十五少强〔三〇〕	井九少强
寒露	亢一少	六尺七寸二分	五十二九分	四十七一分	牛八半强	井二十九弱
霜降	氐七半	八尺二寸八分	五十五分	四十九五分	女十一半弱	柳十一半强
立冬	心二半弱	九尺九寸一分	四十八四分	五十一六分	危二弱	張八太弱
小雪	尾十二太强	一丈一尺三寸四分	四十六七分	五十三三分	危十三半强	翼八太强
大雪	箕十	一丈二尺四寸八分	四十五六分	五十四四分	室九半强	軫八少强
冬至	斗十四强	一丈三尺	四十五	五十五	壁八太强	角七少强
小寒	牛三半强	一丈二尺四寸八分	四十五六分	五十四四分	奎十五少	亢九

大寒	女十半强	一丈一尺三寸四分	四十六七分	五十三三分	胃四半强	氐十三太强
立春	危四	九尺九寸一分	四十八四分	五十一六分	昴九少[三]	心四强

推五星法：

	合歲	合數	日度法	室分
木	三百四十四	三百一十五	九萬五千七百六十	二萬三千六百二十五
火	四百五十九	二百一十五	六萬五千三百六十	一萬六千一百二十五
土	三百八十三	三百七十	一十一萬二千四百八十	二萬七千七百五十
金	二百六十七	一百六十七	五萬七百六十八	一萬二千五百二十五
水	七十九	二百四十九	七萬五千六百九十六	一萬八千六百七十五

木後元丙戌，晉咸和元年，至元嘉二十年癸未，百十八年筭上。

火後元乙亥，元嘉十二年，至元嘉二十年癸未，九年筭上。

土後元甲戌，元嘉十一年，至元嘉二十年癸未，十年筭上。

金後元甲申，晉太元九年，至元嘉二十年癸未，六十年筭上。

水後元乙丑，元嘉二年，至元嘉二十年癸未，十九年筭上。

推五星法：各設其元至所求年筭上[三]，以合數乘之，滿合歲爲積合，不盡曰合餘，多者以合數除之，得一，星合往年，得二，合前往年，不滿合數，其年。木、土、金則有往年合，火有前往年合，水一年三合或四合也。以合餘減合數爲度分，水度分滿合歲則去之也。以周天十一萬一千三十五乘度分，滿日度法爲積度，不盡曰度餘。命度以室二，筭外，星合所在度也。以合數乘其年，內雨水小餘，并度餘爲日餘，滿日度法從積度爲日，命以雨水，筭外，星合日也。求星見日法，以法伏日及餘木則十六日及餘是也〔三三〕。加星合日及餘，滿日度法成一日，命如前，星見日也。求星見度法，以法伏度及餘木則二度及餘是也。加星合度及餘，滿日度法成一度，命如前，所見度也〔三四〕。以星行分母木則二十三見也〔三五〕。乘見度餘，滿日度法得一，分乃日加所行分。木順日行四分。分滿其母成一度，逆順母不同，木逆分母七也。當各乘度餘，留者承前，逆則減之，伏不書度〔三六〕，經室去分，不足減者，破全度。五星室分各異，若在行分，各依室分去之。

木：初與日合，伏，十六日，日餘四萬一千七百八十，行二度，餘七萬七千八百四十七半，晨見東方。去日十三度半强。順，日行二十三分之四，一百一十五日行二十度。留，不行，二十六日而逆。日行七分之一，八十四日退十二度。又留二十六日。順，一百一十五日行二十度，夕伏西方，日度餘如初，與日合。一終三百九十八日，日餘八萬三千五百六十，行星三十三度，餘五萬九千九百三十五。

火：初與日合，伏，七十一日，日餘二萬四千八百一十二半〔三七〕，行五十四度，度餘四萬九千四百三十，晨見東方。去日十六度半强〔三八〕。順，疾，日行七分之五，一百八日半行七十七度半。小遲，日行七分之四，一百二十六日行七十二度而大遲。日行七分之二，四十二日行十二度。留，不行，十二日而逆〔三九〕。日行十分之三，六十日退十八度。又留十二日。順，遲，四十二日行十二度。小疾，一百二十六日，行七十二度。一百八日半行七十七度半，夕伏西方，日度餘如初，與日合。一終七百七十九日，日餘四萬九千六百二十五，行星四百一十四，度餘三萬三千五百。除一周，行星定四十九度，度餘一萬七千三百七十五〔四〇〕。

土：初與日合，伏，十八日，日餘四千四百八十二半，行二度，度餘四萬六千八百四十七半，晨見東方。去日十五度半强〔四一〕。順，日行十二分之一，八十四日，行七度。留，不行，三十六日而逆。日行十七分之一，一百二日退六度。又留三十六日。順，八十四日行七度，夕伏西方，日度餘如初，與日合。一終三百七十八日，日餘八千九百六十五，行星十二度，度餘九萬三千六百九十五。

金：初與日合，伏，四十一日，日餘四萬九千六百八十四半，行五十一度〔四二〕，度餘四萬九千六百八十四半，見西方。去日十度。順，疾，日行一度十三分之三，九十一日行一百十二度而小遲。日行一度十三分之二，九十一日行一百五度。又大遲。日行十五分之十一，四十五日行三十三度。留，不行，八日而逆〔四三〕。日行三分之二，九日退六度，伏西方。伏六日，退四度而與日合。又六日退四度，晨見東方。逆，九日退六度。又留八日。順，四十五日行三十三度。小疾，九十一日行一百五度。大疾，九十一日行百一十二度，晨伏東方，日度餘如初，與日合。一終五百八十三日，日餘四萬八千六百一〔四四〕。除一周，行星定二百一十八度，度餘三萬六千七十六。一合二百九十一日，餘四萬九千六百八十四半，行星如之。

水：初與日合，伏，十七日，日餘七萬一千二百一十半，行三十四度，度餘七萬一千二百一十半，見西方。去日十七度〔四五〕。順，疾，日行一度三分之一，十八日行二十四度而遲〔四六〕。日行七分之五，七日行五度。留，不行，四日，夕伏西方。伏十一日，退六度，而與日合。又十一日退六度，而晨見東方。留四日。順，遲，七日行五度。疾，十八日行二十四度，晨伏東方，日度餘如初，與日合。一終一百一十五日，日餘六萬六千七百二十五，行星如之。一合五十七日，日餘七萬一千二百一十半，行星亦如之。盈加縮減，十六除月行分，日法除盈縮分，以減度分，盈加縮減。

推卦：因雨水大小餘，加大餘六，小餘三百一十九，小餘滿三千六百四十八成日。日滿二十七日餘不足加減不加周虚〔四七〕。

元嘉二十年，承天奏上尚書：「今既改用元嘉曆，漏刻與先不同，宜應改革。按景初曆春分日長，秋分日短，相承所用漏刻，冬至後晝漏率長於冬至前。且長短增減，進退無漸，非唯先法不精，亦各傳寫謬誤。今二至二分，各據其正。則至之前後，無復差異。更增損舊刻，參以晷影，删定爲經，改用二十五箭。請臺勒漏郎將考驗施用。」從之。

前世諸儒依圖緯云，月行有九道。故畫作九規，更相交錯，檢其行次，遲疾换易，不得順度。劉向論九道云：「青道二出黄道東，白道二出黄道西，黑道二出北，赤道二出南。」又云：「立春、春分，東從青道；立夏、夏至，南從赤道。秋白冬黑，各隨其方。」按日行黄道，陽路也，月者陰精，不由陽路，故或出其外，或入其内，出入去黄道不得過六度。入十三日有奇而出，出亦十三日有奇而入，凡二十七日而一入一出矣。交於黄道之上，與日相掩，則蝕焉。漢世劉洪推檢月行，作陰陽曆法。元嘉二十年，太祖使著作令史吴癸依洪法，制新術，令太史施用之。

元嘉曆月行陰陽法：

陰陽曆	損益率	兼數
一日	益十七	初

二日（前限餘六百六十五 微分一千七百三十八）	益十六	十七
三日	益十五	三十三
四日	益十二	四十八
五日	益八	六十
六日	益四	六十八
七日	益一	七十二
八日	損二	七十三
九日	損六	七十一
十日	損十	六十五
十一日	損十三	五十五
十二日	損十五	四十二
十三日（後限餘二千一十九 微分一千七十九）	損十六	二十七
分日（二千六百八十五半）	損十六大（大者五千三百七十一分之三千四百七十二）	十一

曆周，五萬五千五百一十七半。

差率，一萬一百九十。

微分法，一千八百七十八。

推入陰陽曆術曰：以會月去入紀積月，餘以會數乘之，以所入紀交會差加之，周天乘之，滿微分法爲大分，不盡爲微分。大分滿周天去之，餘不滿曆周者爲入陽曆〔四八〕。餘，皆如月周得一日，筭外，所求年正月合朔入曆也。不盡爲日餘。

求次月，加二日，日餘一千三百三十一，微分一千五百九十八，如法成日，日滿十三去之，除日餘如分日。陰陽曆竟互入端〔四九〕，入曆在前限餘前，後限餘後者，月行中道。

求朔弦望定數：各置入遲疾曆盈縮定積分，以章歲乘之，差法除之，所得滿通法爲大分。不盡，以微分法乘之，如法爲微分。盈減縮加陰陽日餘，盈不足，以月周進退日而定，以定日餘乘損益兼數〔五〇〕，爲加時定數〔五一〕。

推夜半入曆：以差率乘朔小餘〔五二〕，如微分法得一，以減入曆餘，不足，加月周而減之，卻一日，卻得分日，加其分〔五三〕，半微分爲小分〔五四〕，即朔日夜半入曆曆餘小分也。

求次日，加一日，日餘十六，小分三百二十，小分如會月從餘〔五五〕，餘滿月周去之，又加一日。曆竟，下日餘滿分日去之，互入曆初也〔五六〕。不滿分日者，值之，加餘一千三百九十四，小分七百八十九半〔五七〕，爲入次曆。

求夜半定日：以朔小餘減入遲疾曆日餘，不足一日，却得周日，加餘四百一十七，即月夜半入曆日及餘也。以日餘乘損益率，以損益盈縮積分〔五八〕，爲定積分。滿通法爲大分，不盡以會月乘之，如法爲小分，以盈加縮減入陰陽日餘，盈不足進退日而定也。以定日餘乘損益率，如月周，以損益兼數，爲夜半定數。

求昏明數：以損益率乘所近節氣夜漏，二百而一爲明，以減損益率爲昏，而以損益夜半數爲昏明定數也。

求月去黄道度：置加時若昏明定數，以十二除之爲度，其餘三而一爲少，不盡爲强，二少弱也。所得爲月去黄道度。

大明六年，南徐州從事史祖沖之上表曰：

古曆踈舛，頗不精密，羣氏糾紛，莫審其要〔五九〕。何承天所奏，意存改革，而置法簡略，今已乖遠。以臣校之，三覩厥謬：日月所在，差覺三度；二至晷影，幾失一日；五星見伏，至差四旬，留逆進退，或移兩宿。分至乖失，則節閏非正；宿度違天，則伺察無準。臣生屬聖辰，逮在昌運，敢率愚瞽，更刱新曆。謹立改易之意有二，設法之情有三。

改易者，其一〔六〇〕，以舊法一章十九歲有七閏，閏數爲多，經二百年，輒差一日。節閏既移，則應改法，曆紀屢遷，寔由此條。今改章法，三百九十一年有一百四十四閏。令卻合周、漢，則將來永用，無復差動。其二，以堯典云：「日短星昴，以正仲冬。」以此推之，唐代冬至，日在今宿之左五十許度〔六一〕。漢代之初，即用秦曆，冬至日在牽牛六度。漢武改立太初曆，冬至日在牛初。後漢四分法，冬至日在斗二十一〔六二〕。晉時姜岌以月蝕檢日，知冬至在斗十七。今參以中星，課以蝕望，冬至之日，在斗十一。通而計之，未盈百載，所差二度。舊法並令冬至日有定處，天數既差，則七曜宿度漸與曆舛。乖謬既著，輒應改制，僅合一時，莫能通遠，遷革不已，又由此條。今令冬至所在，歲歲微差，卻檢漢注，並皆審密，將來久用，無煩屢改。

又設法者，其一，以子爲辰首，位在正北，爻應初九，斗氣之端，虛爲北方，列宿之中，元氣肇初，宜在此次。前儒虞喜，備論其義。今曆上元日度，發自虛一。其二，以日辰之號，甲子爲先，曆法設元，應在此歲。而黃帝以來，世代所用，凡十一曆，上元之歲，莫值此名。今曆上元，歲在甲子。其三，以上元之歲，曆中衆條，並應以此爲始，而景初曆交會遲疾，元首有差。又承天法，日月五星，各自有元，交會遲疾，亦並置差〔六三〕，裁合朔氣而已。條序紛互，不及古意。今設法，日月五緯，交會遲疾，悉以上元歲首爲始。則合璧之曜，信而有徵，連珠之暉，於是乎在，羣流共源，寔精古法。

若夫測以定形，據以實效，縣象著明，尺表之驗可推，動氣幽微，寸管之候不忒。

今臣所立，易以取信。但深練始終，大存整密，革新變舊，有約有繁。用約之條，理不自懼，用繁之意，顧非謬然。何者？夫紀閏參差，數各有分，分之爲體，非細不密。臣是用深惜毫氂，以全求妙之準，不辭積累，以成永定之制。非爲思而莫悟，知而不改也。竊恐讚有然否，每崇遠而隨近，論有是非，或貴耳而遺目。所以竭其管穴，俯洗同異之嫌，披心日月，仰希葵藿之照。若臣所上，萬一可采，伏願頒宣羣司，賜垂詳究，庶陳錙銖，少增盛典。

曆法

上元甲子至宋大明七年癸卯，五萬一千九百三十九年筭外。

元法，五十九萬二千三百六十五。

紀法，三萬九千四百九十一。

章歲，三百九十一。

章月，四千八百三十六。

章閏，一百四十四。

閏法，十二。

月法，十一萬六千三百二十一。

日法，三千九百三十九。
餘數，二十萬七千四十四。
歲餘，九千五百八十九。
没分，三百六十萬五千九百五十一。
没法，五萬一千七百六十一。
周天，一千四百四十二萬四千六百六十四。
虚分，萬四百四十九。
行分法，二十三。
小分法，一千七百一十七。
通周，七十二萬六千八百一十。
會周，七十一萬七千七百七十七。
通法，二萬六千三百七十七。
差率，三十九。

推朔術：置入上元年數，筭外，以章月乘之，滿章歲爲積月，不盡爲閏餘。閏餘二百四十七以上，其年有閏。以月法乘積月，滿日法爲積日，不盡爲小餘。六旬去積日，不盡爲大餘。大餘命以甲子，筭外，所求年天正十一月朔也。小餘千八百四十九以上，其月大。

求次月，加大餘二十九，小餘二千九十，小餘滿日法從大餘〔六四〕，大餘滿六旬去之，命如前，次月朔也。

求弦望：加朔大餘七，小餘千五百七，小分一，小分滿四從小餘，小餘滿日法從大餘，命如前，上弦日也。又加得望，又加得下弦，又加得後月朔也。

推閏術：以閏餘減章歲，餘滿閏法得一月，命以天正，筭外，閏所在也。閏有進退，以無中氣爲正〔六五〕。

推二十四氣術：置入上元年數，筭外，以餘數乘之，滿紀法爲積日，不盡爲小餘。六旬去積日，不盡爲大餘。大餘命以甲子，筭外，天正十一月冬至日也。

求次氣，加大餘十五，小餘八千六百二十六，小分五，小分滿六從小餘，小餘滿紀法從大餘，命如前，次氣日也。

求土用事：加冬至大餘二十七，小餘萬五千五百二十八，季冬土用事日也。又加大餘九十一，小餘萬二千二百七十，次土用事日也。

推没術：以九十乘冬至小餘，以減没分，滿没法爲日，不盡爲日餘，命日以冬至，筭外，没日也。

求次没，加日六十九，日餘三萬四千四百四十二，餘滿没法從日，次没日也。日餘盡爲滅。

推日所在度術：以紀法乘朔積日爲度實，周天去之，餘滿紀法爲積度，不盡爲度餘，命以虚一，次宿除之，筭外，天正十一月朔夜半日所在度也。

求次月，大月加度三十，小月加度二十九，入虚去度分。

求行分，以小分法除度餘，所得爲行分，不盡爲小分。小分滿法從行分，行分滿法從度。

求次日，加一度。入虚去行分六，小分百四十七。

推月所在度術：以朔小餘乘百二十四爲度餘。又以朔小餘乘八百六十爲微分。微分滿月法從度餘〔六六〕，度餘滿紀法爲度，以減朔夜半日所在，則月所在度。

求次月，大月加度三十五，度餘三萬一千八百三十四，微分七萬七千九百六十七，小月加度二十二，度餘萬七千二百六十一，微分六萬三千七百三十六，入虚去度分也〔六七〕。

遲疾曆：

月行度	損益率	盈縮積分	差法

一日	十四行分十三	益七十	盈初	五千三百四
二日	十四十一	益六十五	盈百八十四萬二千三百一十六	五千二百七十
三日	十四八	益五十七	盈三百五十五萬七百六	五千二百一十九
四日	十四四	益四十七	盈五百五萬八千二百八〔六八〕	五千一百五十一
五日	十三二十二〔六九〕	益三十四	盈六百二十九萬七千八百五十七	五千六十六
六日	十三十七	益二十二	盈七百二十萬二千六百九十一	四千九百八十一
七日	十三十一	益六	盈七百七十七萬二千一百一十一	四千八百七十九
八日	十三五	損九	盈七百九十四萬九百五十二	四千七百七十七
九日	十二二十二	損二十四	盈七百七十萬七千四百一十五	四千六百七十五
十日	十二十六	損三十九	盈七百七萬二千一百	四千五百七十三
十一日	十二十一	損五十二	盈六百三萬五千七	四千四百八十八
十二日	十二八	損六十	盈四百六十六萬三千一百	四千四百三十七
十三日	十二六	損六十五	盈三百九萬三百三	四千四百三
十四日	十二四	損七十	盈百三十八萬三千五百八十	四千三百六十九
十五日	十二五	益六十七	縮四十五萬七千六百六十九	四千三百八十六

十六日	十二七	益六十二	縮二百二十三萬七百五十五	四千四百二十
十七日	十二十	益五十五	縮三百八十七萬五百一十四〔七〇〕	四千四百七十一
十八日	十二十四	益四十四	縮五百三十萬九千三百八十五〔七一〕	四千五百三十九
十九日	十二十九	益三十二	縮六百四十八萬四百四	四千六百二十四
二十日	十三一	益十九	縮七百三十一萬六千六百八	四千七百九〔七二〕
二十一日	十三七	益四	縮七百八十一萬七千九百九十六	四千八百一十一
二十二日	十三十三	損十一	縮七百九十一萬七千六百七	四千九百一十三
二十三日	十三十九	損二十七	縮七百六十一萬五千四百四十	五千一十五
二十四日	十四一	損三十九	縮六百九十萬一千四百九十五	五千一百
二十五日	十四六〔七三〕	損五十二	縮五百八十七萬二千七百三十五	五千一百八十五
二十六日	十四十	損六十二	縮四百四十九萬九千一百五十九	五千二百五十三
二十七日	十四十二	損六十七	縮二百八十五萬七千七百三十二	五千二百八十七
二十八日	十四十四〔七四〕	損七十四	縮百八萬二千三百七十九	五千三百二十一〔七五〕

推入遲疾曆術：以通法乘朔積日爲通實，通周去之，餘滿通法爲日，不盡爲日餘。命日筭外，天正十一月朔夜半入曆日也。

求次月，大月加二日，小月加一日，日餘皆萬一千七百四十六。曆滿二十七日，日餘萬四千六百三十一，則去之。

求次日，加一日。

求日所在定度：以夜半入曆日餘乘損益率，以損益盈縮積分，如差率而一，所得滿紀法爲度，不盡爲度餘，以盈加縮減平行度及餘爲定度。益之或滿法，損之或不足，以紀法進退。求度行分如上法。求次日，如所入遲疾加之，虛去分如上法。

陰陽曆	損益率	兼數
一日	益十六	初
二日	益十五	十六
三日	益十四	三十一
四日	益十二	四十五
五日	益九	五十七
六日	益五	六十六
七日	益一	七十一
八日	損二	七十二

九日	損六	七十
十日	損十	六十四
十一日	損十三	五十四
十二日	損十五	四十一
十三日	損十六	二十六
十四日	損十六	十

推入陰陽曆術：置通實以會周去之，不滿交數三十五萬八千八百八十八半爲朔入陽曆分，滿去之〔七六〕，爲朔入陰曆分。各滿通法得一日，不盡爲日餘，命日筭外，天正十一月朔夜半入曆日也。

求次月，大月加二日，小月加一日，日餘皆二萬七百七十九。曆滿十三日，日餘萬五千九百八十七半則去之。陽竟入陰，陰竟入陽。

求次日，加一日。

求朔望差，以二千二十九乘朔小餘，滿三百三爲日餘，不盡倍之爲小分，則朔差數也。加一十四日，日餘二萬一百八十六，小分百二十五，小分滿六百六從日餘，日餘滿通法爲日，即望差數也。又加之，後月朔也。

求合朔月食：置朔望夜半入陰陽曆日及餘，有半者去之，置小分三百三，以差數加之，小分滿六百六從日餘，日餘滿通法從日，日滿一曆去之。命日筭外，則朔望加時入曆也。朔望加時入曆一日，日餘四千一百九十八，小分四百二十八以下，十二日，日餘萬一千七百八十八，小分四百八十一以上，朔則交會，望則月食。

求合朔月食定大小餘：令差數日餘加夜半入遲疾曆餘，日餘滿通法從日，則朔望加時入曆也。以入曆餘乘損益率，以損益盈縮積分，如差法而一，以盈減縮加本朔望小餘，爲定小餘。益之或滿法，損之或不足，以日法進退日。

求合朔月食加時：以十二乘定小餘，滿日法得一辰，命以子，筭外，加時所在辰也。有餘者四之，滿日法得一爲少，二爲半，三爲太。又有餘者三之，滿日法得一爲强，以强并少爲少强，并半爲半强，并太爲太强。得二者爲少弱，以并太爲一辰弱〔七七〕，以前辰名之。

求月去日道度：置入陰陽曆餘乘損益率，如通法而一，以損益兼數爲定，定數十二而一爲度，不盡三而一，爲少、半、太。又不盡者，一爲强，二爲少弱，則月去日道數也。陽曆在表，陰曆在裏。

二十四氣	日中影	晝漏刻	夜漏刻	昏中星度	明中星度
冬至	一丈三尺	四十五	五十五	八十二行分二十一	二百八十三行分八

小寒	一丈二尺四寸三分	四十五六	五十四四〔七八〕	八十四	二百八十二六
大寒	一丈一尺二寸	四十六七	五十三三	八十六一	二百八十五〔七九〕
立春	九尺八寸	四十八四	五十一六	八十九三	二百七十七三
雨水	八尺一寸七分	五十五	四十九五	九十三	二百七十三六〔八〇〕
驚蟄	六尺六寸七分	五十二九	四十七一	九十七九〔八一〕	二百六十八二十
春分	五尺三寸七分	五十五五	四十四五	百二三	二百六十四三
清明	四尺二寸五分	五十八一	四十一九	百六二十一	二百五十九八
穀雨	三尺二寸六分	六十四	三十九六	百一十一三	二百五十五三〔八二〕
立夏	二尺五寸三分	六十二四	三十七六	百一十四十八	二百五十一十一
小滿	一尺九寸九分	六十三九	三十六一	百一十七十二	二百四十八十七
芒種	一尺六寸九分	六十四八〔八三〕	三十五二	百一十九四	二百四十七二
夏至	一尺五寸	六十五	三十五	百一十九十二	二百四十六十七
小暑	一尺六寸九分	六十四八	三十五二	百一十九四	二百四十七二
大暑	一尺九寸九分	六十三九	三十六一	百一十七十二	二百四十八十七
立秋	二尺五寸三分	六十二四	三十七六	百一十四十八	二百五十一十一

處暑	三尺二寸六分	六十四	三十九六	百一十一三	二百五十五三〔八四〕
白露	四尺二寸五分	五十八一	四十一九	百六二十一	二百五十九八
秋分	五尺三寸七分	五十五五	四十四五	百二三	二百六十四三
寒露	六尺六寸七分	五十二九	四十七一	九十七九	二百六十八二十
霜降	八尺一寸七分	五十五	四十九五	九十三	二百七十三六〔八五〕
立冬	九尺八寸	四十八四	五十一六	八十九三	二百七十七三
小雪	一丈一尺二寸	四十六七	五十三三〔八六〕	八十六一	二百八十五〔八七〕
大雪	一丈二尺四寸三分	四十五六	五十四四	八十四	二百八十二六

求昏明中星：各以度數加夜半日所在〔八八〕，則中星度也。

推五星術

木率：千五百七十五萬三千八十二。

火率：三千八十萬四千一百九十六。

土率：千四百九十三萬三百五十四。

金率：二千三百六萬一十四。

水率：四百五十七萬六千二百四。

推五星術：置度實各以率去之，餘以減率，其餘如紀法而一，爲入歲日，不盡爲日餘。命以天正朔，筭外，星合日。

求星合度：以入歲日及餘從天正朔日積度及餘，滿紀法從度，滿三百六十餘度分則去之，命以虛一，筭外，星合所在度也。

求星見日術：以伏日及餘〔八九〕，加星合日及餘，餘滿紀法從日，命如前，見日也。

求星見度術：以伏度及餘〔九〇〕，加星合度及餘，餘滿紀法從度，入虛去度分，命如前，星見度也。

行五星法：以小分法除度餘，所得爲行分，不盡爲小分，及日加所行分滿法從度，留者因前，逆則減之，伏不書度〔九一〕。從行入虛，去行分六，小分百四十七；逆行出虛，則加之。

木：初與日合，伏，十六日，餘萬七千八百三十二，行二度，度餘三萬七千五百四，晨見東方。從，日行四分，百一十二日，行十九度十一分。留二十八日。逆，日行三分，八十六日，退十一度五分。又留二十八日。從，日行四分，百一十二日，夕伏西方。日度餘如初。一終，三百九十八日，日餘三萬五千六百六十四，行三十三度，度餘二萬五千二百一十五。

火：初與日合，伏，七十二日，日餘六百八，行五十五度，度餘二萬八千八百六十五，晨見東方。從，疾，日行十七分，九十二日，行六十八度。小遲，日行十四分，九十二日，行五十六度。大遲，日行九分，九十二日，行三十六度。留十日。逆，日行六分，六十四日，退十六度十六分〔九二〕。又留十日。從，遲，日行九分，九十二日。小疾，日行十四分，九十二日。大疾，日行十七分，九十二日，夕伏西方，日度餘如初。一終，七百八十日，日餘千二百一十六，行四百一十四度，度餘三萬二百五十八。除一周，定行四十九度，度餘萬九千八百九。

土：初與日合，伏，十七日，日餘千三百七十八，行一度，度餘萬九千三百三十三，晨見東方。行順，日行二分，八十四日，行七度七分。留三十三日。行逆，日行一分，百一十日，退四度十八分。又留三十三日。從，日行二分，八十四日，夕伏西方，日度餘如初。一終，三百七十八日，日餘二千七百五十六，行十二度，度餘三萬一千七百九十八。

金：初與日合，伏，三十九日，餘三萬八千一百二十六，行四十九度，度餘三萬八千一百二十六，夕見西方。從，疾，日行一度五分，九十二日，行百十二度。小遲，日行一度四分，九十二日，行百八度。大遲，日行十七分，四十五日，行三十三度六分。留九日。遲，日行十六分，退六度六分。夕伏西方。伏五日，退五度，而與日合。又五日退五度，而晨見東方。逆，日行十六分，九日。留九日。從，遲〔九三〕，日行十七分，四十五日。小疾，日行一度四分，九十二日。大疾，日行一度五分，九十二日，晨伏東方，日度餘如初。一終，五百八十三日，日餘三萬六千七百六十一，行星如之。除一周，定行二百十八度，度餘二萬六千三百一十二。一合，二百九十一日，日餘三萬八千一百二十六，行星亦如之。

水：初與日合，伏，十四日，日餘三萬七千一百十五，行三十度，度餘三萬七千一百一十五，夕見西方。從，疾，日行一度六分，二十三日，行二十九度〔九四〕。遲，日行二十分，八日，行六度二十二分。留二日。逆，日行十一分，二日，退二十二分〔九五〕。夕伏西方。伏八日，退八度，而與日合。又八日，退八度，晨見東方。逆，日行十一分，二日。留二日。從，遲，日行二十分，八日。疾，日行一度六分，二十三日，晨伏東方，日度餘如初。一終，百一十五日，日餘三萬四千七百三十九，行星如之。一合，五十七日，日餘三萬七千一百一十五，行星亦如之。

上元之歲，歲在甲子，天正甲子朔夜半冬至，日月五星，聚于虛度之初，陰陽遲疾，並自此始。

世祖下之有司，使內外博議，時人少解曆數，竟無異同之辯。唯太子旅賁中郎將戴法興議，以爲：

三精數微，五緯會始，自非深推測，窮識晷變，豈能刊古革今，轉正圭宿。案沖之所議，每有違舛，竊以愚見，隨事辨問。

案沖之新推曆術，「今冬至所在，歲歲微差」。臣法興議：夫二至發斂，南北之極，日有恒度，而宿無改位。古曆冬至，皆在建星。戰國橫騖，史官喪紀，爰及漢初，格候莫審，後雜覘知在南斗二十一度〔九六〕，元和所用，即與古曆相符也。逮至景初，而終無毫忒。書云：「日短星昴，以正仲冬。」直以月維四仲，則中宿常在衞陽，羲、和所以正時，取其萬世不易也。沖之以爲唐代冬至日在今宿之左五十許度，遂虛加度分，空撤天路。其置法所在，近違半次，則四十五年九月，率移一度。在詩「七月流火」，此夏正建申之時也。「定之方中」，又小雪之節也。若冬至審差，則豳公火流，晷長一尺五寸，楚宮之作，晝漏五十三刻，此詭之甚也。仲尼曰：「丘聞之，火伏而後蟄者畢。今火猶西流，司曆過也。」就如沖之所誤，則星無定次，卦有差方。名號之正，古今必殊，典誥之音，代不通軌，堯之開、閉，今成建、除，今之壽星，乃周之鶉尾，即時東壁，已非玄武，軫星頓屬蒼龍，誣天背經，乃至於此。

沖之又改章法三百九十一年有一百四十四閏。臣法興議：夫日有緩急，故斗有闊狹，古人制章，立爲中格，年積十九，常有七閏，晷或虛盈，此不可革。沖之削閏壞章，倍減餘數，則一百三十九年二月，於四分之科，頓少一日；七千四百二十九年，輒失一閏。夫日少則先時，閏失則事悖。竊聞時以作事，事以厚生，以此乃生人之大本，曆數之所先，愚恐非沖之淺慮妄可穿鑿。

沖之又命上元日度發自虛一，云虛爲北方列宿之中。臣法興議：沖之既云冬至歲差，又謂虛爲北中，舍形責影，未足爲迷。何者？凡在天非日不明，居地以斗而辨。借令冬至在虛，則黃道彌遠，東北當爲黃鍾之宮，室壁應屬玄枵之位，虛宿豈得復爲北中乎？曲使分至屢遷，而星次不改，招搖易繩，而律呂仍往，則七政不以璣衡致齊，建時亦非攝提所紀，不知五行何居，六屬安託。

沖之又令上元年在甲子。臣法興議：夫置元設紀，各有所尚，或據文於圖讖，或取效於當時。沖之云「羣氏糾紛，莫審其會」。昔黃帝辛卯，日月不過，顓頊乙卯，四時不忒，景初壬辰，晦無差光，元嘉庚辰，朔無錯景，豈非承天者乎。沖之苟存甲子，可謂爲合以求天也。

沖之又令日月五緯，交會遲疾，悉以上元爲始。臣法興議：夫交會之元，則食既可求，遲疾之際，非凡夫所測。昔賈逵略見其差，劉洪觕著其術。至於疏密之數，莫究其極。且五緯所居，有時盈縮，即如歲星在軫，見超七辰[九七]，術家既追筭以會今，則往之與來，斷可知矣。景初所以紀首置差，元嘉兼又各設後元者，其並省功於實用，不虛推以爲煩也。沖之既違天於改易，又設法以遂情，愚謂此治曆之大過也。

臣法興議：日有八行，各成一道，月有一道，離爲九行，左交右疾，倍半相違，其一終之理，日數宜同。沖之通周與會周相覺九千四十〔九八〕，其陰陽七十九周有奇，遲疾不及一帀〔九九〕。此則當縮反盈，應損更益。

沖之隨法興所難辯折之曰：

臣少銳愚尚，專功數術，搜練古今，博采沈奧，唐篇夏典，莫不揆量，周正漢朔，咸加該驗。罄策籌之思，究疏密之辨。至若立圓舊誤，張衡述而弗改，漢時斛銘〔一〇〇〕，劉歆詭謬其數，此則筭氏之劇疵也。乾象之弦望定數，景初之交度周日，匪謂測候不精，遂乃乘除翻謬，斯又曆家之甚失也。及鄭玄、闞澤、王蕃、劉徽，並綜數藝，而每多疏舛。臣昔以暇日，撰正衆謬，理據炳然，易可詳密，此臣以俯信偏識，不虛推古人者也。按何承天曆，二至先天，閏移一月，五星見伏，或違四旬，列差妄設，當益反損，皆前術之乖遠，臣曆所改定也。既沿波以討其源，删滯以暢其要，能使躔次上通，晷管下合，反以譏詆，不其惜乎。尋法興所議六條，並不造理難之關楗。謹陳其目。

其一，日度歲差，前法所略，臣據經史辨正此數，而法興設難，徵引詩書，三事皆謬。其二，臣校晷景，改舊章法，法興立難，不能有詰，直云「恐非淺慮，所可穿鑿」。其三，次改方移，臣無此法，求術意誤，橫生嫌貶。其四，曆上元年甲子，術體明整，則苟合可疑。其五，臣其曆七曜，咸始上元，無隙可乘，復云「非凡夫所測」〔一〇〕。其六，遲疾陰陽，法興所未解，誤謂兩率日數宜同。凡此衆條，或援謬目譏，或空加抑絶，未聞折正之談，厭心之論也。謹隨詰洗釋，依源徵對。仰照天暉，敢罄管穴。

法興議曰：「夫二至發斂，南北之極，日有恒度，而宿無改位。故古曆冬至，皆在建星。」沖之曰：「周漢之際，疇人喪業，曲技競設，圖緯寔繁，或借號帝王以崇其大，或假名聖賢以神其說。是以讖記多虛，桓譚知其矯妄；古曆舛雜，杜預疑其非直。按五紀論黄帝曆有四法，顓頊、夏、周並有二術，詭異紛然，則孰識其正，此古曆可疑之據一也。夏曆七曜西行，特違衆法，劉向以爲後人所造，此可疑之據二也。殷曆日法九百四十，而乾鑿度云殷曆以八十一爲日法。若易緯非差，殷曆必妄，此可疑之據三也。顓頊曆元，歲在乙卯，而命曆序云：「此術設元，歲在甲寅。」此可疑之據四也。春秋書食有日朔者凡二十六，其所據曆，非周則魯。以周曆考之，檢其朔日，失二十五，魯曆校之，又失十三。二曆並乖，則必有一僞，此可疑之據五也。古之六術，並同四分，四分之法，久則後天。以食檢之，經三百年，輒差一日。古曆課今，其甚疎者，朔後天過二日有餘。以此推之，古術之作，皆在漢初周末，理不得遠。且却校春秋，朔並先天，此則非三代以前之明徵矣，此可疑之據六也。尋律曆志，前漢冬至日在斗牛之際，度在建星，其勢相隣，自非帝者有造，則儀漏或闕，豈能窮密盡微，纖毫不失。建星之說，未足證矣。

法興議曰：「戰國橫鶩，史官喪紀，爰及漢初，格候莫審，後雜覘知在南斗二十一度〔一〇二〕，元和所用，即與古曆相符也。逮至景初，終無毫忒。」沖之曰：古術詭雜，其詳闕聞，乙卯之曆，秦代所用，必有効於當時，故其言可徵也。漢武改創，檢課詳備，正儀審漏，事在前史，測星辨度，理無乖遠。今議者所是不實見，所非徒爲虛妄，辨彼駭此，既非通談，運今背古，所誣誠多，偏據一說，未若兼今之爲長也。景初之法，寔錯五緯，今則在衝口，至曩已移日。蓋略治朔望，無事檢候，是以晷漏昏明，並即元和，二分異景，尚不知革，日度微差，宜其謬矣。

法興議曰：「書云『日短星昴，以正仲冬』。直以月推四仲〔一〇三〕，則中宿常在衞陽，羲、和所以正時，取其萬代不易也。沖之以爲唐代冬至，日在今宿之左五十許度，遂虛加度分，空撤天路。」沖之曰：書以四星昏中審分至者，據人君南面而言也。且南北之正，其詳易准，流見之勢，中天爲極。先儒注述，其義僉同，而法興以爲書說四星，皆在衞陽之位，自在巳地，進失向方，退非始見，迂迴經文，以就所執，違訓詭情，此則甚矣。捨午稱巳，午上非無星也。必據中宿，餘宿豈復不足以正時。若謂舉中語兼七列者，觜參尚隱，則不得言，昴星雖見，當云伏矣。奎婁已見，復不得言伏見□□不得以爲辭，則名將何附。若中宿之通非允，當寔謹檢經旨，直云星昴，不自衞陽，衞陽無自顯之義，此談何因而立。苟理無所依，則可愚辭成説，曾泉、桑野，皆爲明證，分至之辨，竟在何日，循復再三，竊深歎息。

法興議曰：「其置法所在，近違半次，則四十五年九月率移一度。」沖之曰：元和日度，法興所是，唯徵古曆在建星，以今考之，臣法冬至亦在此宿，斗二十一了無顯證〔一〇四〕，而虚貶臣曆乖差半次，此愚情之所駭也。又年數之餘有十一月，而議云九月，涉數每乖，皆此類也。月盈則食，必在日衝，以檢日則宿度可辨，請據效以課疏密。按太史注記，元嘉十三年十二月十六日甲夜月蝕盡〔一〇五〕，在鬼四度，以衝計之，日當在牛六。依法興議曰「在女七」。又十四年五月十五日丁夜月蝕盡，在斗二十六度，以衝計之，日當在井三十。依法興議曰：「日在柳二。」又二十八年八月十五日丁夜月蝕，在奎十一度，以衝計之，日當在角二。依法興議曰：「日在角十二。」又大明三年九月十五日乙夜月蝕盡，在胃宿之末，以衝計之，日當在氐十二。依法興議曰：

「日在心二。」凡此四蝕，皆與臣法符同，纖豪不爽，而法興所據，頓差十度，違衡移宿，顯然易覩。故知天數漸差，則當式遵以爲典，事驗昭晳，豈得信古而疑今。

法興議曰：「在詩『七月流火』，此夏正建申之時也。『定之方中』，又小雪之節也。若冬至審差，則豳公火流，晷長一尺五寸，楚宮之作，晝漏五十三刻，此詭之甚也。」沖之曰：臣按此議三條皆謬。詩稱流火，蓋略舉西移之中，以爲驚寒之候。流之爲言，非始動之辭也。就如始説，冬至日度在斗二十一〔一〇六〕，則火星之中，當在大暑之前，豈鄰建申之限。此專自攻糾，非謂矯失。夏小正：「五月昏，大火中。」此復在衞陽之地乎。又謂臣所立法，楚宮之作，在九月初。按詩傳箋皆謂定之方中者，室辟昏中，形四方也。然則中天之正，當在室之八度。臣曆推之，元年立冬後四日，此度昏中，乃自十月之初，又非寒露之日也。議者之意，蓋誤以周世爲堯時，度差五十，故致此謬。小雪之節，自信之談，非有明文可據也。

法興議曰：「仲尼曰：『丘聞之，火伏而後蟄者畢。今火猶西流，司曆過也。』就如沖之所誤，則星無定次，卦有差方，名號之正，古今必殊，典誥之音，時不通軌。堯之開、閉，今成建、除，今之壽星，乃周之鶉尾也。即時東壁，已非玄武，軫星頓屬蒼龍，誣天背經，乃至於此。」沖之曰：臣以爲辰極居中，而列曜貞觀，羣像殊體，而陰陽區別，故羽介咸陳，則水火有位，蒼素齊設，則東西可準，非以日之所在，定其名號也。何以明之？ 夫陽爻初九，氣始正北，玄武七列，虚當子位。若圓儀辨方，以日爲主，冬至所舍，當在玄枵；而今之南極，乃處東維，違體失中，其義何附。若南北以冬夏禀稱，則卯酉以生殺定號，豈得春躔義方，秋麗仁域，名舛理乖，若此之反哉！ 因茲以言，固知天以列宿分方，而不在於四時，景緯環序，日不獨守故轍矣。 至於中星見伏，記籍每以審時者，蓋以曆數難詳，而天驗易顯，各據一代所合，以爲簡易之政也。亦猶夏禮未通商典，護容豈襲韶節，誠天人之道同差，則蓺之興，因代而推移矣。 月位稱建，諒以氣之所本，名隨實著，非謂斗杓所指，近校漢時，已差半次，審斗節時，其效安在。 或義非經訓，依以成説，將緯候多詭，僞辭間設乎？ 次隨方名，義合宿體，分至雖遷，而厥位不改，豈謂龍火貿處，金水亂列，名號乖殊之譏，抑未詳究。 至如壁非玄武，軫屬蒼龍，瞻度察晷，實效咸然。 元嘉曆法，壽星之初，亦在翼限，參校晉注，顯驗甚衆。 天數差移，百有餘載，議者誠能馳辭騁辯，令南極非冬至，望不在衝，則此談乃可守耳。 若使日遷次留，則無事屢嫌，乃臣曆之良證，非難者所宜列也。 尋臣所執，必據經史，遠考唐典，近徵漢籍，讖記碎言，不敢依述，竊謂循經之論也。 月蝕檢日度，事驗昭著，史注詳論，文存禁閣，斯又稽天之説也。 堯典四星，並在衞陽，今之日度，遠準元和，誣背之誚，寔此之謂。

法興議曰：「夫日有緩急，故斗有闊狹，古人制章，立爲中格，年積十九，常有七閏，晷或盈虛，此不可革。沖之削閏壞章，倍減餘數，則一百三十九年二月，於四分之科，頓少一日；七千四百二十九年，輒失一閏。夫日少則先時，閏失則事悖。竊聞時以作事，事以厚生，此乃生民之所本，曆數之所先。愚恐非沖之淺慮，妄可穿鑿。」沖之曰：按後漢書及乾象說，四分曆法，雖分章設蔀，㓞自元和，而晷儀衆數定於熹平三年〔一〇七〕。四分志，立冬中影長一丈，立春中影九尺六寸。尋冬至南極，日晷最長，二氣去至，日數既同，則中影應等，而前長後短，頓差四寸，此曆景冬至後天之驗也。二氣中影，日差九分半弱，進退均調，略無盈縮，以率計之，二氣各退二日十二刻，則晷影之數，立冬更短，立春更長，並差二寸，二氣中影俱長九尺八寸矣。即立冬、立春之正日也。以此推之，曆置冬至，後天亦二日十二刻也。熹平三年，時曆丁丑冬至，加時正在日中。以二日十二刻減之，天定以乙亥冬至，加時在夜半後三十八刻。又臣測景歷紀，躬辨分寸，銅表堅剛，暴潤不動，光晷明潔，纖毫㦙然。據大明五年十月十日，影一丈七寸七分半，十一月二十五日，一丈八寸一分太，二十六日，一丈七寸五分强，折取其中，則中天冬至，應在十一月三日。求其蚤晚，令後二日影相減，則一日差率也。倍之爲法，前二日減，以百刻乘之爲實，以法除實，得冬至加時在夜半後三十一刻，在元嘉曆後一日，天數之正也。量檢竟年，則數減均同，異歲相課，則遠近應率。臣因此驗，考正章法。今以臣曆推之，刻如前，竊謂至密，永爲定式。尋古曆法並同四分，四分之數久則後天，經三百年，朔差一日。是以漢載四百，食率在晦。魏代已來，遂革斯法，世莫之非者，誠有效於天也。章歲十九，其疏尤甚，同出前術，非見經典。而議云此法自古，數不可移。若古法雖疏，永當循用，謬論誠立，則法興復欲施四分於當今矣，理容然乎？臣所未譬也。若謂今所革刱，違舛失衷者，未聞顯據有以矯奪臣法也。元嘉曆術，減閏餘二，直以襲舊分臝，故進退未合。至於棄盈求正，非爲乖理。就如議意，率不可易，則分無增損，承天置法，復爲違謬。節氣蚤晚，當循景初，二至差三日，曾不覺其非，横謂臣曆爲失，知日少之先時，未悟增月之甚惑也。誠未覩天驗，豈測曆數之要，生民之本，諒非率意所斷矣。又法興始云窮識晷變，可以刊舊革今〔一〇八〕，復謂晷數盈虚，不可爲准，互自違伐，罔識所依。若推步不得准，天功絶於心目，未詳歷紀何因而立。案春秋以來千有餘載，以食檢朔，曾無差失，此則日行有恒之明徵也。且臣考影彌年，窮察毫微，課驗以前，合若符契，孟子以爲千歲之日至，可坐而知，斯言實矣。日有緩急，未見其證，浮辭虚貶，竊非所懼。

法興議曰：「沖之既云冬至歲差，又謂虛爲北中，捨形責影，未足爲迷。何者？凡在天非日不明，居地以斗而辨。借令冬至在虛，則黃道彌遠，東北當爲黃鍾之宮，室壁應屬玄枵之位，虛宿豈得復爲北中乎？曲使分至屢遷，而星次不改，招搖易繩，而律呂仍往，則七政不以機衡致齊，建時亦非攝提所紀，不知五行何居，六屬安託。」沖之曰：此條所嫌，前牒已詳。次改方移，虛非中位，繁辭廣證，自構紛惑，皆議者所謬誤，非臣法之違設也。七政致齊，寔謂天儀，鄭、王唱述，厥訓明允，雖有異說，蓋非實義。

法興議曰：「夫置元設紀，各有所尚，或據文於圖讖，或取効於當時。沖之云『羣氏糾紛，莫審其會』。昔黃帝辛卯，日月不過，顓頊乙卯，四時不忒，景初壬辰，晦無差光，元嘉庚辰，朔無錯景，豈非承天者乎。沖之苟存甲子，可謂爲合以求天也。」沖之曰：夫曆存効密，不容殊尚，合讖乖說，訓義非所取，雖驗當時，不能通遠，又臣所未安也。元值始名，體明理正。未詳辛卯之說何依，古術詭謬，事在前牒，溺名喪實，殆非索隱之謂也。若以曆合一時，理無久用，元在所會，非有定歲者，今以効明之。夏、殷以前，載籍淪逸，春秋漢史，咸書日蝕[一〇九]，正朔詳審，顯然可徵。以臣歷檢之，數皆協同，誠無虛設，循密而至，千載無殊，則雖遠可知矣。備閱曩法，疎越寔多，或朔差三日，氣移七晨，未聞可以下通於今者也。元在乙丑，前説以爲非正，今值甲子，議者復疑其苟合，無名之歲，自昔無之，則推先者，將何從乎？歷紀之作，幾於息矣。夫爲合必有不合，願聞顯據，以覈理實。

法興曰：「夫交會之元，則蝕既可求，遲疾之際，非凡夫所測。昔賈逵略見其差，劉洪粗著其術，至於疎密之數，莫究其極。且五緯所居，有時盈縮，即如歲星在軫，見超七辰，術家既追筭以會今，則往之與來，斷可知矣。景初所以紀首置差，元嘉兼又各設後元者，其並省功於實用，不虛推以爲煩也。沖之既違天於改易，又設法以遂情，愚謂此治曆之大過也。」沖之曰：遲疾之率，非出神怪，有形可檢，有數可推，劉、賈能述，則可累功以求密矣。議又云「五緯所居，有時盈縮」。「歲星在軫，見超七辰」。謂應年移一辰也。案歲星之運，年恒過次，行天七帀，輒超一位。代以求之，曆凡十法，並合一時，此數咸同，史注所記，天驗又符。此則盈次之行，自其定准，非爲衍度濫徙，頓過其衝也。若審由盈縮，豈得常疾無遲。夫甄耀測象者，必料分析度，考往驗來，准以實見，據以經史。曲辯碎説，類多浮詭，甘、石之書，互爲矛楯。今以一句之經，誣一字之謬，堅執偏論，以罔正理，此愚情之所未厭也。筭自近始，衆法可同，但景初之二差，承天之後元〔一〇〕，寔以奇偶不協，故數無同盡，爲遺前設後，以從省易。夫建言倡論，豈尚矯異，蓋令實以文顯，言勢可極也。稽元曩歲，羣數咸始，斯誠術體，理不可容譏；而譏者以爲過，謬之大者。然則元嘉置元，雖七率舛陳，而猶紀協甲子，氣朔俱終，此又過謬之小者也。必當虛立上元，假稱曆始，歲違名初，日避辰首，閏餘朔分，月緯七率，並不得有盡，乃爲允衷之製乎？設法情寔，謂意之所安；改易違天，未覩理之譏者也。

法興曰：「日有八行，合成一道，月有一道，離爲九行，左交右疾，倍半相違，其一終之理，日數宜同。沖之通周與會周相覺九千四十〔一二〕，其陰陽七十九周有奇，遲疾不及一帀，此則當縮反盈，應損更益。」沖之曰：此議雖游漫無據，然言迹可檢。按以日八行譬月九道，此爲月行之軌，當循一轍，環帀於天，理無差動也。然則交會之際，當有定所，豈容或斗或牛，同麗一度。去極應等，安得南北無常。若日月非例，則八行之說是衍文邪？左交右疾，語甚未分，爲交與疾對？爲舍交即疾？若舍交即疾，即交在平率入曆七日及二十一日是也。值交蝕既當在盈縮之極，豈得損益，或多或少。若交與疾對，則在交之衝，當爲遲疾之始，豈得入曆或深或淺，倍半相違，新故所同，復摽此句，欲以何明。臣覽曆書，古今略備，至如此說，所未前聞，遠乖舊準，近背天數，求之愚情，竊所深惑。尋遲疾陰陽不相生，故交會加時，進退無常，昔術著之久矣，前儒言之詳矣。而法興云日數同。竊謂議者未曉此意，乖謬自著，無假驟辯。既云盈縮失衷，復不備記其數，或自嫌所執，故汎略其說乎？又以全爲率，當互因其分，法興所列二數皆誤，或以八十爲七十九，當縮反盈，應損更益，此條之謂矣。總檢其議，豈但臣曆不密，又謂何承天法乖謬彌甚。若臣曆宜棄，則承天術益不可用。法興所見既審，則應革㭊。至非景極，望非日衝，凡諸新說，必有妙辯乎？

時法興爲世祖所寵，天下畏其權，既立異議，論者皆附之。唯中書舍人巢尚之是沖之之術，執據宜用。上愛奇慕古，欲用沖之新法，時大明八年也。故須明年改元，因此改曆。未及施用，而宮車晏駕也。

校勘記

〔一〕没餘一百九十六　「一百九十六」，原作「三十六」。按以没法三百一十九去通數二萬二千二百七，不盡爲没餘一百九十六，今據改。

〔二〕周天十一萬一千三十五　「三十五」，原作「二十五」，據局本改。

〔三〕會月九百三十九　「三十九」，原作「二十九」，據局本改。

〔四〕交會差六百二十　「六百二十」，原作「六百二十一」。按以各紀交會差率五百九十八減前紀交會差二百七十九，不足減，加會月九百三十九而後減，得甲申紀交會差六百二十，今據刪正。

〔五〕以通數乘積月　「月」，原作「分」，據局本改。

〔六〕加大餘二十九　「加」，原作「如」，據殿本、局本改。

〔七〕又加之得下弦　「加」，原作「如」，據殿本、局本改。

〔八〕因雨水積　按依文義當作「因雨水積没」。

〔九〕如前　按依文義當作「命如前」。

〔一〇〕所求年爲雨水前没日也　按依文義當作「爲所求年雨水前没日也」。

〔一一〕雨水六旬後乃有　按依文義「有」下當有「没日」二字。

〔一二〕以度法乘朔積日周天去之餘滿度法爲積度　「積日周天去之餘滿度法爲」十一字原闕，據局本補。

〔一三〕正月朔夜半月所在度及分　「度及分」，原作「及度分」，據局本乙正。

〔一四〕餘滿日法得一日　「法」字原闕，據局本補。

〔一五〕用周日定數　「周日」，原作「日日」，據殿本、局本改。

〔一六〕三爲太　「太」，原作「太半」，據局本删正。

〔一七〕得二者爲少弱　「少」，原作「小」，按此節上下文均作「少」，此處亦不當作「小」，今改正。

〔一八〕推合朔月食加時滿刻法　「滿刻」，依文義當作「漏刻」。

〔一九〕月食加時定小餘不滿限數間數者　「限」字原闕，據殿本、局本補。

〔二〇〕三　原作「二」，據局本改。

〔二一〕四　原作「四分」，據局本刪正。

〔二二〕二百三十　原作「一百三十」，據局本改。

〔二三〕十七分　「分」字原闕，據北監本、汲本、殿本、局本補。

〔二四〕二　原作「一」，據局本改。

〔二五〕定備九萬三千四百八　「定備」，依文義當作「定縮」。

〔二六〕定意差法二千三百九　「定意差法」，依文義當作「定差法」。

〔二七〕日所在度　「在」字原闕，據局本補。

〔二八〕三十七七分　「三十七」，原作「四十七」，據局本改。張元濟校勘記云：「當作『三十七七分』，與晝漏刻『六十二三分』，相加得一百。」

〔二九〕三十九七分　「七分」，原作「三分」，南監本作「五分」，今據局本改。張元濟校勘記云：「『三分』當作『七分』。與晝漏刻相加合百分。」

〔三〇〕斗二十五少強　「強」字原闕，據南監本、北監本、汲本、殿本、局本補。

〔三一〕昴九少　「少」下原衍「四」字，據殿本、局本刪。

〔三二〕各設其元至所求年筭上 「求」字原闕，據局本補。

〔三三〕木則十六日及餘是也 「餘」，原作「金」，據局本改。

〔三四〕所見度也 「度」，原作「日」，據局本改。

〔三五〕木則二十三見也 「見」，依文義當作「是」。

〔三六〕伏不書度 「書」，原作「盡」，據續漢書律曆志下及本志景初曆術文改。

〔三七〕伏七十一日日餘二萬四千八百一十二半 「一十二半」，原作「一十半」。按火僅初伏與後伏日數有日餘，且兩數相等，則當爲一終日餘四萬九千六百二十五之半，即二萬四千八百一十二半。今據改。

〔三八〕去日十六度半强 「十六」，原作「十七」。按以火行度五十四度，度餘四萬九千四百三十，減日行度七十一度，度餘二萬四千八百一十二半，得十六度半强。今據改。

〔三九〕不行十二日而逆 「逆」，原作「遲」。按下謂「日行十分之三，六十日退十八度」，顯由留而逆，不當謂遲，今改正。

〔四〇〕除一周行星定四十九度度餘一萬七千三百七十五 「行星」及「度餘」四字原闕，據下金星例補。

〔四一〕去日十五度半强 「日」字原誤在「度」字下，據汲本、殿本、局本乙正。

〔四二〕行五十一度 「行」下原衍「半」字。按五星行度例，並據金星各行度相加之和與一終總行度核，此處不當有「半」字，今據删。

〔四三〕不行八日而逆　「逆」，原作「遲」。按下謂「日行三分之二，九日退六度」，則星由留而逆，不當謂遲，今據改。

〔四四〕一終五百八十三日日餘四萬八千六百一　按此句下，依文義當有「行星如之」四字。

〔四五〕去日十七度　原作「去日中七度」，據局本改。

〔四六〕十八日行二十四度而遲　「日行」二字原闕，據殿本、局本補。

〔四七〕日滿二十七日餘不足加減不加周虚　按此段文字與推卦術不相涉，或由前推入遲疾曆法末段術文錯簡於此，且又有脱誤，更不成文義。

〔四八〕餘不滿曆周者爲入陽曆　按依曆理，於此下當有「滿去之，餘爲入陰曆」數字。

〔四九〕陰陽曆竟互入端　「互」，原作「平」，據晉書卷一七律曆志中乾象曆推朔入陰陽曆術文改。

〔五〇〕以定日餘乘損益兼數　按依曆理當作「以定日餘乘損益率，如月周得一，以損益兼數」。「乘」字下，疑脱「損益率如月周得一以」九字。

〔五一〕爲加時定數　原作「爲時如定數」，據局本訂正。

〔五二〕以差率乘朔小餘　「乘」字原闕，依曆理補。

〔五三〕加其分　「加」，原作「如」，依曆理改。

〔五四〕半微分爲小分　「小分」之「分」字原闕，殿本作「小餘」，據晉書卷一七律曆志中補。

〔五五〕小分如會月從餘　「月」字原闕，依曆理補。

〔五六〕互入曆初也　「互」，原作「于」。張元濟校勘記：「『于』，當是『互』字。互古作𠀋，與于相似而誤。互入曆初，言互入次曆之初。互即參錯之意。」今據改。

〔五七〕加餘一千三百九十四小分七百八十九半　「三百」，原作「二百」。按曆竟，下日餘不滿分日者，以分日日分二千六百八十五半減月周四千六十四，加一日之日餘十六，小分三百二十，得一千三百九十四，小分七百八十九半。今據改。

〔五八〕以損益盈縮積分　「以損益」三字原闕，依曆理補。

〔五九〕莫審其要　按下戴法興議沖之曆及沖之駁法興議引，皆作「莫審其會」。

〔六〇〕改易者其一　「易」字原闕，據南齊書卷五二文學祖沖之傳補。

〔六一〕日在今宿之左五十許度　「在」字原闕，據南監本、北監本、汲本、殿本、局本補。

〔六二〕冬至日在斗二十一　「二十一」，原作「二十二」，據續漢書律曆志下改。

〔六三〕而景初曆交會遲疾元首有差又承天法日月五星各自有元交會遲疾亦並置差　按此段文字原作「而景初曆交會遲疾亦置紀差」，據南齊書卷五二文學祖沖之傳訂正。

〔六四〕小餘滿日法從大餘　「小」字原闕，據局本補。

〔六五〕以無中氣爲正　「中氣」，原作「干氣」，據殿本、局本改。

〔六六〕微分滿月法從度餘　「餘」字原闕，依曆理補。

〔六七〕入虚去度分也　「分」字原闕，依曆理補。

〔六八〕盈五百五萬八千二百八　「二百八」，原作「三百」，今改正。按大明曆月行遲疾曆表中各數之求法爲：（一）損益率：以一日之月平行分五千二百二十七減各日之月實行分，得損益率小分。以日法乘之，約以通法，小數四捨五入，即得表上之損益率數。（二）盈縮積分：以各日盈縮率小分乘二百一，以三十減之，餘乘三十九，再加三十四或三十五，得各日之盈縮分。以各日前盈縮分累加之，即得各日之盈縮積分。（三）差法：各日之月實行分減以一日之日行分三百九十一，即得各日之差法。本表數字均經校算，以下僅指出其校改之處，其具體運算不贅述。

〔六九〕十三二十二　「二十二」，原作「二十一」，據局本改。

〔七〇〕縮三百八十七萬五百一十四　「五百一十四」，原作「五十四」，今改正。

〔七一〕縮五百三十萬九千三百八十五　「三十萬」，原作「三十一萬」，今改正。

〔七二〕四千七百九　此五字原闕，據局本補。

〔七三〕十四六　原誤作「十四十六」，今改正。

〔七四〕十四十四　原作「十四十日」，據局本改。

〔七五〕五千三百二十一　「二十一」，原作「三十一」，據局本改。

〔七六〕滿去之　原作「各去之」，據局本改。

〔七七〕得二者爲少弱以并太爲一辰弱　依文義，此段文字當作「得二者爲少弱，以并少爲半弱，并半爲太弱，并太爲一辰弱」。

〔七八〕五十四四　行分「四」下原衍「分」字，據局本删。

〔七九〕二百八十五　行分「五」，原誤作「六」。按昏中星度與明中星度之和應爲三百六十六度、分六，本表此兩項數字，均據此加以校算改正。

〔八〇〕二百七十三六　行分「六」，原作「七」，北監本、殿本作「十」，今據校算改正。

〔八一〕九十七九　行分「九」字原闕，據校算補。

〔八二〕二百五十五三　原作「二百五十四四」，今改正。

〔八三〕六十四八　行分「八」下原衍「分」字，據局本删。

〔八四〕二百五十五三　原作「二百五十四四」，今改正。

〔八五〕二百七十三六　行分「六」，原作「七」，今改正。

〔八六〕五十三三　行分「三」，原作「二」。張元濟校勘記云：「與大寒比，當作『三』字。」按張說是，今據改。

〔八七〕二百八十五　行分「五」，原作「六」，今改正。

〔八八〕各以度數加夜半日所在　「加」，原作「如」，據局本改。

〔八九〕求星見日術以伏日及餘　「術以」，原作「以術」，據前後文例乙正。

〔九〇〕求星見度術以伏度及餘　「術以」，原作「以術」，據殿本乙正。

〔九一〕伏不書度　「書」，原作「盡」，據續漢書律曆志下及本志景初曆術文改。

〔九二〕退十六度十六分　「分」字原闕，據前後文例補。

〔九三〕從遲　「從」下原衍「日」字，據局本刪。

〔九四〕行二十九度　原作「二十九」，據三朝本、南監本、北監本、殿本、局本改。

〔九五〕逆日行十一分二日退二十二分　「逆」，原作「遲」。按下既云「退二十二分」，則顯由留而逆，今改正。

〔九六〕後雜覘知在南斗二十一度　「二十一」，原作「二十二」，據續漢書律曆志下改。

〔九七〕見超七辰　「辰」，原作「晨」，據本卷下文沖之駁戴法興議所引文改。

〔九八〕沖之通周與會周相覺九千四十　「通周」，原作「通同」，據本卷上文大明曆本文改。

〔九九〕遲疾不及一帀　「一」，原作「二」，據三朝本、南監本、北監本、汲本、殿本、局本改。

〔一〇〇〕漢時斛銘　「斛」，原作「解」，據隋書卷一六律曆志上、九章算術方田章注改。

〔一〇一〕復云非凡夫所測　「夫」字原闕，據南監本、北監本、汲本、殿本、局本補。

〔一〇二〕後雜覘知在南斗二十一度　「二十一」，原作「二十二」，據續漢書律曆志下改。

〔一〇三〕直以月推四仲　「推」，本卷上文戴法興議作「維」。

〔一〇四〕斗二十一了無顯證　「二十一」，原作「二十二」，據續漢書律曆志下改。

〔一〇五〕元嘉十三年十二月十六日甲夜月蝕盡　「甲夜」，原作「中夜」。按漢魏以來，自昏至曉分爲五更或五夜。樂府詩集卷八三引樂府廣題云漢時舊儀「夜漏起，省中黄門持五夜，甲夜畢傳乙夜，乙夜畢傳丙夜，丙夜畢傳丁夜，丁夜畢傳戊夜，戊夜畢，是爲五更」，無中夜之名，今推元嘉十三年十二月十六日（癸巳）月蝕，食既約在下午八時，正值甲夜。今改正。

〔一〇六〕冬至日度在斗二十一　「二十一」，原作「二十二」，據續漢書律曆志下改。

〔一〇七〕而晷儀衆數定於熹平三年　「熹平」，原作「嘉平」。按四分曆雖創自元和，而晷儀諸數於後逐步製定。續漢書律曆志下末謂「從上元太歲在庚辰以來，盡熹平三年，歲在甲寅，積九千四百五十五歲也」，此係劉洪撰四分曆經時所記，則衆數之定不當遲於熹平三年。以四分術推是年冬至，爲丁丑，加時近日中。以今術推是年冬至，爲乙亥九時，加時正夜半後三十八刻。更足證非嘉平三年。今改正。下同改，不另出校。陳美東歷代律曆志校證云：「若爲熹平三年，冬至日應在庚辰日，丁丑則在先天三日，乙亥更在先天五日。若改爲熹平二年，冬至正爲乙亥日，而丁丑確是後天二日有餘。」

〔一〇八〕可以刊舊革今　「革」字原闕，據本卷上文戴法興議補。「今」，原作「令」，據北監本、汲本、殿本、局本改。

〔一〇九〕咸書日蝕　「日蝕」，原作「月蝕」，據南監本、殿本改。

〔二〇〕承天之後元　「後」字原闕，據本卷上文補。

〔二一〕沖之通周與會周相覺九千四十　「通周」，原作「通同」，據本卷上文大明曆本文改。